T0032852

A TRAVÉS DEL MUNDO INVISIBLE

A TRAVÉS *del* MUNDO INVISIBLE

Enseñanzas de un chamán peruano

sobre el arte de la sanación

con plantas sagradas

HACHUMAK

en colaboración con David L. Carroll
Traducción de Raúl Silva y Alicia Reardon

HarperCollins *Español*

A TRAVÉS DEL MUNDO INVISIBLE. Copyright © 2023 de Jorge Antonio Flores Araoz y David L. Carroll. Todos los derechos reservados. Impreso en los Estados Unidos de América. Ninguna sección de este libro podrá ser utilizada ni reproducida bajo ningún concepto sin autorización previa y por escrito, salvo citas breves para artículos y reseñas en revistas. Para más información, póngase en contacto con HarperCollins Publishers, 195 Broadway, New York, NY 10007.

Los libros de HarperCollins Español pueden ser adquiridos con fines educativos, empresariales o promocionales. Para más información, envíe un correo electrónico a SPsales@harpercollins.com.

Título original: *Journeying Through the Invisible*
Publicado en inglés por Harper Wave en los Estados Unidos de América en 2022

PRIMERA EDICIÓN EN ESPAÑOL
Traducción: Raúl Silva y Alicia Reardon
Copyright de la traducción de HarperCollins Publishers

Diseño adaptado de la versión en inglés de Bonni Leon-Berman

Este libro ha sido debidamente catalogado en la Biblioteca del Congreso de los Estados Unidos.

ISBN 978-0-06-304183-7

23 24 25 26 27 LBC 5 4 3 2 1

Quiero dedicar este libro a todos los recién nacidos y a los que están por venir al planeta tierra y que han sido dotados con la fuerza de la Medicina.

Algunos de estos jóvenes tendrán la oportunidad de crecer en las pocas comunidades tradicionales que aún quedan, donde podrán desarrollar sus dones y recibir la guía adecuada. La mayoría nacerá en zonas del planeta donde la cultura no ofrece ningún nicho para que sus capacidades florezcan. Es probable que muchos de ellos tengan que luchar y se vean arrastrados por las corrientes negativas de la vida, de manera que desviarán su atención del mundo de las realidades sutiles. Pero unos cuantos se mantendrán firmes y tomarán decisiones sabias en sus vidas. Buscarán y recuperarán los fragmentos de la sabiduría antigua que estén a su alcance y serán capaces de ofrecer ayuda al mundo mientras mantienen la fuerza de la Medicina como vehículo de expresión personal.

Este libro es para los que no han nacido, los que acaban de nacer y los que aún son muy jóvenes. Aquellos, mejores que nosotros, que están por venir.

La clave de todas tus conductas está oculta en una caja que no se puede abrir con herramientas comunes. Tu subconsciente necesita una fórmula distinta de la que has estado usando.

Gerard Armond Powell, fundador de Life Advancement Center

CONTENIDO

NOTA ACLARATORIA

Si bien la mayoría de los chamanes son hombres, en Perú hay muchas mujeres que también practican el chamanismo y se hacen llamar brujas, mujeres de conocimiento, mujeres de poder, hechiceras y demás. Aunque en este libro nos referimos a los chamanes utilizando pronombres masculinos, lo hacemos para que la lectura sea más fluida, sin tener que repetir «él» o «ella». Por favor, tengan paciencia si nuestro uso habitual del masculino les resulta molesto. Aunque reconocemos las limitaciones de abordar el tema en forma binaria —hombres o mujeres practicantes—, no queremos faltarles al respeto a quienes se identifican como no binarios y ejercen como tales.

INTRODUCCIÓN

La medicina natural, ese arte curativo ancestral, ha logrado sobrevivir a través del tiempo gracias a que sus prácticas se han mantenido a flote bajo la superficie de la cultura formal. Desde los
opresivos tiempos del periodo colonial y los tiempos de la cultura
moderna, en exceso racional e industrializada, los guardianes de
este conocimiento se han visto obligados a protegerlo en un mundo
subterráneo. Algunos de los pueblos tradicionales que han logrado
vivir relativamente en paz todavía preservan mucha de su sabiduría
ancestral. En todo el mundo, la población rural que ha transmitido
y conservado el conocimiento de la curación nunca ha sido prota-
gonista en nuestra historia moderna; son personas a las que se les
ha dado muy poca atención. Este conocimiento ha estado allí todo
el tiempo, oculto, sirviendo como siempre a las necesidades de los
pueblos tradicionales.

En años recientes, buena parte del arte del curanderismo ancestral —el uso de plantas medicinales— se ha hecho más visible y
se encuentra ahora en el centro de la atención internacional. En
sí mismo, esto no es negativo, porque puede ofrecer mucho y es
muy probable que sea más necesario que nunca y en una mayor
magnitud. Pero esta notoriedad trae consigo una serie de retos y
peligros, no sólo para el público sino también para el conocimiento mismo.

Ahora, en pleno siglo XXI, nuevamente estamos siendo testigos
de un choque de culturas similar al que se vivió en tiempos de la
Colonia. Cuando un conocimiento espiritual tradicional es asimilado

con rapidez, sin que se tome el tiempo necesario para entender sus principios y delicadezas, se transforma en un producto de consumo.

Las probabilidades de que la cultura moderna necesite asimilar y adoptar este conocimiento tradicional son altas, aunque es muy importante que el mundo occidental se esfuerce en hacerlo con una actitud respetuosa, para así recibir y entender los beneficios de las ancestrales artes del curanderismo.

Nunca he realizado mi práctica a gran escala. Luego de ser estudiante y aprendiz, estuve trabajando muchos años en zonas rurales de mi país de origen, Perú. Allí, la mayoría de mis amigos y mis pacientes viven una vida muy conectada con la tierra; sus vidas no están colmadas de posesiones materiales, pero sus mundos internos tienen una gran riqueza y estructura. Con el tiempo, la vida me dio la oportunidad de ayudar a gente de otros países. Siempre lo he hecho de la misma manera en que lo hago con mis paisanos peruanos, buscando que también comprendan la mentalidad que se requiere para recibir la fuerza curativa. Durante estos años, muchas veces me han dicho, sobre todo gente muy experimentada en ceremonias con plantas medicinales y otras prácticas, que algún día debería escribir un libro. Uno donde comparta mis conocimientos a propósito de la fuerza curativa y los protocolos de las plantas medicinales: cómo funcionan las plantas, cómo entender y navegar en sus experiencias, cuáles son los códigos del lenguaje invisible y las sutilezas de este arte de la sanación. Cuántas veces no he escuchado decir: «Ojalá hubiera sabido esto antes, así mi experiencia con las plantas no habría sido tan difícil», o «Si hubiera sabido esto, habría entendido mejor las experiencias que tuve durante las ceremonias con plantas». Este libro se propone responder a esas peticiones y espero sea una contribución positiva para la comunidad internacional.

Desde lo más profundo de mi corazón, con gratitud y vocación de servicio hacia la gente que lo necesita, así como para los hermosos espíritus de la naturaleza y en memoria de los difuntos maestros del pasado, ahora comparto de manera abierta algunos de mis conocimientos e historias. El trabajo con las plantas sagradas es una parte muy importante del arte de la medicina natural, pero este libro no sólo trata de eso. Lo que quiero es ofrecer un amplio panorama de este arte, para propiciar el aprecio hacia otros de sus aspectos fundamentales que están en peligro de desaparecer o no han sido lo suficientemente comprendidos.

He aprendido de mis maestros a ser prudente, a ofrecer mis conocimientos sólo cuando es necesario, para luego retirarme y ser uno más del grupo. Prefiero que no me nombren con ningún título; mis capacidades no son superiores a las de un buen cazador, un buen narrador o cualquier otra persona. Mantenerse discreto en lo visible incrementa el poder en lo invisible.

Uno de los mayores retos que todos enfrentamos está en lo que llamamos superstición. La superstición es la gran enemiga de toda manifestación del verdadero conocimiento, ya sea científico o tradicional, pues falsea la percepción de la realidad y crea verdades artificiales motivadas por las necesidades de nuestros temores y ambiciones personales. Por desgracia, la superstición ha corrompido parte del conocimiento tradicional y representa una de las malas acciones que los falsos practicantes usan para imponer su poder sobre las mentes de la gente ingenua en nombre del curanderismo. Para un espectador externo, a veces es muy difícil discernir qué proviene de una observación real, de un proceso experimental auténtico, en contraste con lo que sólo es una construcción artificial impuesta a la mente. En este libro escribo sobre experiencias directas, pero también explico y denuncio algunas de las prácticas supersticiosas que rondan por el mundo.

Las artes ancestrales del curanderismo son profundas y vastas

—nunca se deja de aprender, porque lo que se estudia en la vida siempre será sólo una pequeña parte de lo que hay por aprender—. Son muchas las cosas que he comprendido a lo largo de los años, y aún existen muchas más que debo entender. Como un ser humano que ha aprendido de ambos mundos —el moderno, racional y científico, y el tradicional con sus múltiples realidades—, hace mucho que decidí fundamentar la construcción de mi conocimiento en la observación directa. No me creo todo lo que escucho, por eso en este libro simplemente comparto mis experiencias y mis observaciones.

La realidad se percibe a través de los filtros de nuestros lenguajes internos, los lenguajes que aprendemos de nuestros parientes y de nuestra cultura, y los lenguajes internos que se crean en nuestra mente a través de buenas o malas experiencias. Esos lenguajes, los filtros que nos sirven para percibir la realidad, difieren del lenguaje de la naturaleza y el de los espíritus. Lo más cercano al lenguaje de los espíritus que tiene la cultura humana es la poesía. Las metáforas, las analogías y los símbolos les hablan a las profundidades de nuestra conciencia. Se manifiestan de una manera más flexible y fluida que las construcciones obtusas de nuestros conceptos elaborados, logrando así superar las diferentes barreras de nuestro pensamiento, para también adentrarse en las realidades de seres no humanos. Los símbolos verdaderos abarcan varias cosas al mismo tiempo. Son como los nudos de una red que conecta los hilos de distintas realidades. Un símbolo es la llave para acceder a espacios diferentes, un camino hacia otras dimensiones, por lo que no hay que esperar una sucesión lógica de conceptos mientras se dialoga con los otros mundos.

En la medicina natural, los mensajes recibidos buscan conectarse con la capa central de nuestra conciencia capaz de entender ese lenguaje. A menudo, la parte más profunda de la conciencia se encuentra dormida u oculta, pero en realidad es tan poderosa que cuando se la estimula correctamente, puede reemplazar la confusión e iniciar el proceso para disolver el conflicto interno, cambiar los comportamientos autodestructivos y navegar por el laberinto de los recuerdos dolorosos que nos atormentan. Más allá de eso, puede llevarnos a entender cómo adoptar una forma de vida que ayude al mundo de una manera constructiva y colectiva.

PRIMERA PARTE

EL INICIO DEL VIAJE CHAMÁNICO

CAPÍTULO 1

EL CAMINO HACIA

EL CAMINO

Primero, un aviso. Permítanme ofrecer en este capítulo una sección sobre mi historia, antes de internarme de una manera profunda en la explicación de lo que es el Arte de la persona que cura. De esa manera, al mismo tiempo que me presento, podré referirme a los conceptos fundamentales del chamanismo que serán explicados a lo largo del libro. Al familiarizarse con el camino que recorrí para convertirme en curandero, espero que entiendan mejor cómo las plantas medicinales y la sanación tradicional contribuyen a una curación profunda y prolongada.

Trampas y falsas promesas

Nunca, ni por un momento, me he visto a mí mismo como un guardaespaldas.

Yo tenía veintiún años y eran los últimos años de la década de los ochenta. Perú se tambaleaba debido a la criminal embestida de la insurgencia maoísta del Sendero Luminoso. Varios años después, el antiguo profesor de filosofía y líder de esa organización, Abimael Guzmán, sería capturado y encarcelado de por vida. Pero en ese momento, él y sus seguidores estaban eliminando a miles de enemigos y personas inocentes, asesinándolas y realizando atentados. Incluso, en las plazas de los pueblos apedreaban a la gente hasta matarla. La violencia y el peligro estaban presentes en todos los niveles de la sociedad peruana.

Ese estado de brutalidad generalizada también convertía a Lima, la ciudad capital, en un lugar extremadamente precario para vivir. Por eso me sorprendió cuando mis amigas Martina y Chaska me pidieron que las acompañara, como su escolta (léase guardaespaldas), a un peligroso distrito en las afueras de la ciudad. En la década de los ochenta, algunas zonas de esos lugares eran riesgosas durante el día y demasiado peligrosas de noche. Durante esa época, me pasaba nueve horas al día practicando artes marciales (de esto hablaré más adelante), y era raro que pensara en valerme de mis habilidades de combate para convertirme en guardia personal.

Pero lo que más me sorprendió fue cuando Martina me dijo que estaban planeando visitar a una bruja, o hechicera, que vivía en esa zona marginal. La anciana era muy conocida como una poderosa hacedora de milagros, capaz de ayudar a la gente para que resolviera cualquier problema que se llevara ante su altar, ya fuera hacer dinero en la bolsa de valores, ganarse el afecto de alguien o curar el cáncer. Martina y Chaska sabían que yo estaba entrenándome en artes marciales y que, durante esos tiempos inestables, había participado en más de una pelea en las calles de Lima. Necesitaban protección y tenían miedo de visitar solas esa zona de la ciudad. ¿Podría acompañarlas?

Cuando los espíritus andan libres

Era la media noche y la oscuridad le daba a la casa un aspecto particularmente deteriorado y siniestro. La bruja, le dijo por teléfono a Martina uno de sus asistentes, sólo atendía después de la media noche, cuando «los espíritus andan en libertad». Tanto a Martina como a Chaska se les pidió que enviaran por adelantado un escrito con sus nombres y la descripción de sus problemas. Martina estaba profundamente deprimida y no sabía por qué, aunque sospechaba que alguien le había hecho brujería. Chaska había dilapidado buena parte de sus ahorros de toda la vida en lo que resultó ser un fraude financiero y buscaba que la magia la ayudara a recuperarlos. Habría otras personas en la sesión de consultas, les dijeron. El costo era extraordinariamente caro y obligaba a que los pacientes pobres consiguieran un dinero que de otra manera gastarían en comprar comida.

Aunque el costo de la consulta representaba más dinero del que yo había visto en bastante tiempo, preferí guardarme el comentario, mientras estacionábamos el auto frente a la casa de la bruja y tocábamos a la puerta principal. La abrió un hombre joven bien vestido, con el pelo engominado y una sonrisa aduladora. Le expliqué que estaba allí como acompañante de mis amigas y que no participaría en la ceremonia de la noche. Asintió sin dejar de sonreír y nos encaminó por un largo corredor, donde había de diez a doce personas paradas y casi en posición de firmes, que se veían tan asustadas como impacientes.

El joven desapareció brevemente y luego regresó con un recipiente lleno de sobres vacíos. En ese momento, cada quien sacó un fajo de billetes para meterlo en el sobre, escribió su nombre en él y luego se lo entregó al hombre. Algunos lo hicieron de forma tan rutinaria que supuse que ya habían estado allí antes.

Cuando terminó el ritual del pago, nos quedamos en silencio durante varios minutos hasta que una puerta se abrió al fondo del pasillo y apareció una anciana mestiza. Nos hizo señas para que entráramos en una sala, señalando una enorme mesa redonda de madera. Todos nos sentamos alrededor de ella.

Era una mujer grande, más corpulenta que obesa, con muchas cuentas coloridas en el cuello, pesados aretes de plata que jalaban sus lóbulos y enormes anillos de metal en cada dedo. Probablemente tendría unos sesenta años, y me pareció que era una combinación de española, africana y originaria. Su rostro era inexpresivo, bastante maquillado y de líneas muy profundas. Sus enormes ojos negros se movían constantemente, pero no parecían mirar a nadie en particular. Olía mucho a varios perfumes comerciales de flores, como Agua de Florida. Delante de ella, sobre la mesa, había una daga, un juego de cascabeles, lo que parecía ser un fémur de humano y algunos otros objetos de hechicería.

Después de que todos nos sentamos, comenzó a oírse en el estéreo una música popular de moda, y la bruja leyó los nombres de una lista pidiéndole a la gente que levantara la mano cuando se les nombrara.

Mientras lo hacía, un hombre mayor que estaba sentado en una banca al fondo de la sala se paró y comenzó a dar vueltas alrededor de la mesa, sorbiendo el líquido de una botella y rociándolo luego sobre cada paciente. Ese espray tenía el mismo olor que el perfume barato y denso que usaba la bruja. Para mí, este hecho fue una señal de alerta inmediata. Aunque entonces yo no estaba familiarizado con las prácticas del chamanismo, sabía que las costumbres peruanas indicaban que cuando alguien utilizaba la fragancia de alguna flor en algo sagrado, siempre debía prepararlo él mismo. Nunca se debía comprar perfumes chatarra en el mercado. Miré alrededor de la mesa para ver cómo estaba reaccionando la gente. Muchos parecían nerviosos o asombrados, pero nadie se mostraba escéptico. Me conmovió su fe y algo que me dejó muy pensativo: su candidez.

Cuando el pase de lista terminó, nuestra anfitriona miró varias veces alrededor de la mesa con un gesto severo y pidió que nadie cruzara los brazos o las piernas, porque, explicó, eso podría bloquear el flujo de la energía curativa o de sanación. Luego pronunció unas oraciones, invocando santos y espíritus. La audiencia se mostraba tranquila y respetuosa, evidentemente atemorizada por el supuesto poder de esa mujer.

De repente se apagaron las luces y la habitación quedó a oscuras.

Pasaron varios minutos en silencio, luego la bruja comenzó a sacudir sus sonajeros, cada vez más y más rápido, golpeando con violencia sus anillos contra la mesa. En medio de su exaltación comenzó a cantar, silbando y emitiendo extraños ruidos como de ahogo. También murmuraba una singular mezcla de oraciones e invocaciones. En la oscuridad pude ver los contornos de su cuerpo agitándose convulsivamente y balanceándose de un lado a otro. Mientras observaba esta curiosa danza, de pronto escuché un ruido de algo que se estrellaba en el otro lado de la habitación. Algo pesado había caído al suelo. De esta manera: «¡Blop, blam, blom!».

Un momento después la hechicera llamó a una mujer por su nombre.

—¡María! ¡María! ¡Veamos qué sucede con María! ¿Qué puedo hacer para ayudarle a tu padre y sanarlo de su enfisema?

Ella recitó varios versos «mágicos», y volví a escuchar otro sonido intenso de algo que caía. Cada vez que esto sucedía, ella nombraba a una persona distinta y anunciaba qué tipo de curación estaba realizando. «Ahora estoy expulsando a los espíritus de la enfermedad que tiene el padre de María», decía ella, o se dirigía a otro paciente: «Te han hecho una brujería, Arsenio, por eso se incendió tu oficina. Estoy deshaciéndome de toda esa energía abrasante y de esas maldiciones».

De vez en cuando hacía una pausa, se inclinaba hacia una u otra dirección y gritaba frases misteriosas como: «¡Hay algo denso, hola! ¡Voy por él! ¡No hay viento del oeste!». Luego se escuchaba otro estruendo sobre el suelo.

En medio del ruido, la bruja no dejaba de mover el sonajero con ímpetu. Qué buena artimaña, pensé, para disimular los ruidos que sus ayudantes están haciendo, golpeando puertas o tirando cosas en el piso. Además, ella le daba a cada uno de sus pacientes consejos vagos que podrían adecuarse a cualquiera. «Veo que tienes problemas en casa», les decía, o «tienes un bloqueo que interfiere con tu habilidad para ganar dinero». O «tienes un enemigo que está envenenando tus relaciones en el trabajo»; generalizaciones que le quedan a cualquiera, como esas que durante décadas han utilizado los que supuestamente tienen poderes psíquicos.

Esto duró como media hora más hasta que la bruja anunció que necesitaba descansar.

Se encendieron las luces y el joven que nos había recibido en la puerta apareció con un bote de basura. Rápidamente comenzó a levantar varios frascos pequeños y unos bultos negros que estaban desparramados en el piso y que de seguro eran los objetos que provocaron el escándalo. Los bultos estaban envueltos con telas y cuerdas, mientras que los frascos estaban cubiertos por un lodo viscoso, como si recién los hubieran desenterrado. Cada uno de ellos contenía un líquido denso y oscuro, para dar por hecho que esos frascos y bultos fueron enterrados por hechiceros desconocidos en lugares secretos, y que habían sido mágicamente materializados por nuestra bruja. Dentro de ellos se encontraba la energía maligna que envenenó la vida de una determinada persona que se hallaba sentada ante la mesa.

Como las luces estaban encendidas, aproveché para echar un vistazo a la habitación.

Lo primero que vi fue una ventanilla en el techo, situada justo encima de donde habían caído los frascos. En la oscuridad habría sido fácil que alguien en el techo la abriera y dejara caer los frascos mientras la hechicera hacía su alboroto. En esa época se podían comprar esos frascos por unas cuantas monedas en los mercados de pulgas locales.

Durante el descanso les dije a mis amigas que no estaba seguro de que esa ceremonia fuera auténtica y que tal vez deberían desconfiar. Les señalé hacia la ventanilla del techo y les dije que era muy fácil simular esas supuestas materializaciones. Si bien mi formación como chamán estaba aún muy lejana, intuía que lo que esta mujer había hecho no tenía nada que ver con la aproximación arcaica precolombina al mundo espiritual. Se sentía que era algo prefabricado, como una obra de teatro que ha sido ensayada cientos de veces y que esa noche estaba siendo representada nuevamente. Cuando les dije todo esto, mis amigas guardaron silencio. Momentos después se apagaron las luces y comenzó otra ronda de cánticos, vibraciones de los sonajeros y la caída de frascos y bultos.

Más tarde, cuando terminó la ceremonia y nos dirigíamos a casa en la madrugada, les pregunté si creían en lo que la bruja les había dicho. Lo pensaron por un minuto, después coincidieron en que sí, básicamente lo consideraban auténtico.

—¿Por qué? —quise saber.

—Bueno, ¿por qué de la nada aparecieron todos esos frascos?

—¿Y la ventanilla que estaba en el techo? —les pregunté.

—Sí, tal vez. Pero también puede haber sido real.

—La hechicera parecía auténtica —dijo Chaska—. Me siento un poco distinta después de lo que me dijo.

Martina agregó que ella tenía un fuerte presentimiento de que habría un cambio que mejoraría su vida.

A mí esta experiencia me llevó a entender cómo las personas se pueden cegar y dejar influir cuando están desesperadas por aliviar su dolor.

Lo que presencié esa noche no sólo fue una cruel superchería, sino una descarada muestra de desprecio hacia la gente que de buena fe había ido a la casa de esta mujer, con angustia en su corazón y muchísima esperanza. Su comportamiento también parecía una falta de respeto al mismo Arte ancestral del chamanismo, pues quedaba claro que esa sesión era una burda falsificación. Esta reflexión me guio más tarde, cuando me estaba preparando para convertirme en curandero, porque me ayudó a entender que para reconocer un camino espiritual verdadero, primero se debe aprender a reconocer los que son falsos.

Durante las semanas siguientes, les conté esta historia a algunos amigos y luego me fui olvidando del incidente. Nunca me hubiera imaginado que, diez años después, la vida me ofrecería la oportunidad de aprender con verdaderos maestros chamanes lo que esta impostora del chamanismo pretendía ofrecer: sanar con el mundo espiritual y ayudar auténticamente a otros.

Minimalismo espiritual

Desde hace muchos años he practicado la medicina tradicional natural, tanto en Perú como en países de todo el mundo. Si bien mi nombre de nacimiento es Jorge Flores Aráoz, cuando hablo de mis actividades de sanación prefiero que me llamen Hachumak, un nombre de curandero que me fue dado en lo alto de una montaña, al norte de Perú, durante una de mis sesiones de aprendizaje.

Actualmente realizo la mayor parte de mi trabajo en un campamento ubicado en la selva del Perú, a orillas del río Amazonas. También, de vez en cuando viajo a distintas regiones del país para realizar sanaciones naturales o para guiar a algunos pacientes en recorridos a través de caminos apartados de la llanura y las montañas. En mi campamento, cultivo muchas especies de plantas medicinales, y hago todo lo posible para proteger de la explotación comercial la sobrenatural exuberancia de la selva tropical que rodea mi espacio.

Aunque no nací en la Amazonia, con el tiempo me he convertido en un miembro de mi comunidad local de la selva. El pueblo más cercano a donde vivo está integrado por gente cuyos ancestros son nativos de la Amazonia y algunos tienen una mezcla de sangre española. No tienen electricidad, computadoras, wifi ni muchos teléfonos celulares. La mayoría vive en pacífica armonía con la selva tropical que los rodea y cree firmemente en los espíritus y la inteligencia de los elementos de la naturaleza. Dos familias del lugar trabajan conmigo en mi propiedad y se hacen cargo del campamento cuando estoy viajando. He implementado reglas estrictas contra la cacería y contra la tala de árboles en esta tierra.

A través de los años he practicado el curanderismo tradicional tal como lo aprendí; sin embargo, con el paso del tiempo, mi práctica ha evolucionado hacia una aproximación a la que a veces llamo «minimalismo espiritual».

Lo llamo así porque la esencia del chamanismo se basa en la comunicación con seres espirituales del mundo etéreo. Minimalista, porque al trabajar con pacientes atribulados me he dado cuenta de que la mejor y más sencilla forma de sanar es la que no utiliza ni abalorios, ni túnicas, ni huesos, ni varitas, todo eso que es un ingrediente cultural que varía de una tradición a otra, pero que, en mi opinión, sobrecarga un espacio ceremonial que debe mantenerse despejado y limpio. En la actualidad, este enfoque minimalista es más importante que nunca, porque una gran cantidad de buscadores de otros países están llegando a Perú para participar en ceremonias sagradas y pueden ser fácilmente estafados por practicantes falsos y rituales artificiales. El minimalismo espiritual tiene también un lado instructivo. Al mantener la austeridad de la ceremonia, hay menos distractores en el proceso de curación y es mejor asimilado tanto por los pacientes como por los participantes escépticos, lo que demuestra la incuestionable veracidad de la vía chamánica y el poder de esta forma de medicina ancestral.

✺

Una ceremonia chamánica puede ser considerablemente vasta y diversa. Durante una noche, acunados en los brazos de las plantas sagradas, los pacientes casi siempre experimentan niveles superiores de consciencia. En esa odisea pueden alcanzar un sentido de libertad ante los gustos y disgustos generados por su ego, una creatividad pronunciada, un nuevo aprecio por la vida. Quizá adquieran una mejor comprensión hacia su pareja o hacia sus padres. Pueden conseguir la habilidad de perdonarse a sí mismos y a los otros, acompañada de una mayor comprensión de su ser, además de un nivel más agudo de intuición que, luego de la sesión, les durará muchos años. Pueden sentir una fuerza de unidad con la naturaleza, comunicación con amigos y familiares que han fallecido, comprensión de su propia muerte y del miedo a ella, o un nuevo sentido de lo sagrado. Para unos cuantos individuos es posible alcanzar un verdadero encuentro con los reinos divinos.

Durante mis años de práctica he recibido pacientes que llegan con serios problemas tanto físicos como emocionales. A lo largo de este libro veremos que estas personas pueden ser curadas verdaderamente, pero sólo si reciben atención de alguien capaz de mover las energías invisibles y que sepa trabajar con sus pacientes de forma intuitiva y compasiva.

Hace muchos años recibí un mensaje de los espíritus de las plantas, en el que me decían que nunca realizara ceremonias con plantas sagradas fuera de Perú. Gracias a esa advertencia, cuando visito otros países me dedico principalmente a hablar con pequeños grupos de buscadores sobre la tradición de curar con las plantas amazónicas o doy conferencias a públicos interesados en el tema. En algunos casos también ayudo a tratar enfermedades graves mediante la curación con las manos. Esta práctica siempre ha sido una herramienta importante en mi linaje, aunque el método que mis maestros me enseñaron es distinto al de otras terapias que utilizan el tacto, según lo que he visto. En ocasiones, a lo largo de los años, buscadores respetables de otros países me han ofrecido tentadoras recompensas a cambio de realizar una ceremonia chamánica con las plantas sagradas. Siempre declino, con la certeza de que es esencial permanecer fiel al mensaje que recibí de los espíritus, aunque no lo entienda del todo.

❧

Durante mis primeros años de formación, un maestro practicante me dijo que en nuestra profesión existen reglas y técnicas básicas que un chamán debe conocer para poder trabajar eficientemente con el mundo espiritual.

Primero, un chamán debe saber que durante una ceremonia se encontrará con muchos seres grotescos y aterradores que viven en el plano espiritual. Puede que lo reten a pelear en contra de fuerzas oscuras o que deba enfrentar a hechiceros que están tratando de hacerle daño. Un chamán tiene que aprender a ser valeroso.

Segundo, durante una ceremonia, un chamán puede estar expuesto a las enfermedades psíquicas que habitan en el subconsciente de su paciente. El aspecto, sabor, olor o la representación de estas enfermedades pueden ser ofensivos o repulsivos. Un chamán debe volverse inmune a la repugnancia.

Tercero, un chamán debe ser sincero, compasivo y generoso. Hay algunos practicantes de las artes relacionadas con la magia que quieren explotar el sufrimiento y la angustia de los vulnerables. Ninguno de ellos merece que lo llamen sanador o curandero.

Cuarto, un aspirante a curandero debe entender la importancia del linaje. Además del conocimiento, un curandero transmite a su estudiante una fuerza iniciática, un poder invisible que se convierte en el núcleo de la práctica curativa del aprendiz. Si no se tiene este poder, si no se pertenece a una genealogía de auténticos chamanes y si no se aprende de un maestro practicante todo lo relacionado con los peligros y exigencias del mundo espiritual, incluso un vidente experimentado puede dañarse a sí mismo o a los otros. A pesar de lo que dicen muchos libros nuevos sobre este tema, nadie puede convertirse en un verdadero curandero por su propia cuenta. Debe ser entrenado mediante una tradición iniciática.

Quinto, el maestro practicante me habló de la importancia de definir qué quiero hacer con el don de mi vida y con el don que es mi Medicina. Un chamán debe decidir de qué lado del curanderismo se va a quedar: del blanco o del negro. Si es blanco, es un sanador, y si es negro, es un hechicero, o un brujo. Para un chamán, el mal no es un símbolo o una alegoría, insistía el maestro, sino una realidad.

El plan que no se cumplió

Yo nací en Lima, la capital del Perú, pero gran parte de mis ancestros son europeos. Tanto mi madre como mi padre eran personas preparadas y los dos tenían un profundo amor por la cultura peruana, por la riqueza del arte, el folklore y la historia de nuestro país. Los antepasados de mi padre provenían de las regiones asturianas y vascas de España. Mi madre tenía sobre todo ancestros franceses e italianos y algo de sangre gitana. Además, como la mayoría de los peruanos, un poquito de sangre de los pueblos originarios del Perú combinada con sangre africana. Mis dos padres eran intelectuales versados en filosofía e historia, y raras veces los vi sin un libro entre sus manos.

La abuela de mi madre, quien vivió en un valle sureño de la costa peruana, había sido una mujer de poder que fumaba puros y era excelente para leer la baraja. Tenía dotes psíquicas especiales, como la habilidad para advertir si una muchacha estaba preñada observándole la nuca, una aptitud que le trajo fama en el área rural donde vivía. Su hija, mi abuela, tenía una extraña carga electromagnética, que a veces provocaba que la pantalla de la televisión se viera borrosa cuando ella caminaba cerca. Si la tocábamos, en ocasiones sentíamos una rápida descarga eléctrica.

En la escuela primaria yo era tímido e introvertido. Mis padres me inscribieron en un colegio privado de Lima, donde además de español se hablaba francés e inglés. Cuando me gradué, ya dominaba razonablemente ambos idiomas. Durante mis años de escuela secundaria, la mayoría de mis compañeros teníamos en mente viajar a Francia después de la graduación, donde continuaríamos nuestra educación en una universidad europea. Algún día me convertiría en académico, como mis padres. Ése era el plan.

Pero nada de eso sucedería.

Durante mis años de secundaria descubrí dos cosas que me cambiarían la vida. Primero, el barrio chino en el centro de Lima. Segundo, el hecho de que había gente con un conocimiento especial y distinto al que seguía la mayoría de los científicos e intelectuales, un tipo de conocimiento que nunca me habían enseñado en la escuela, pero que al descubrirlo me hizo querer conocerlo más.

Las artes marciales en una morgue china

Cuando tenía veinte años, a mediados de los ochenta, visité el barrio chino en el centro histórico de Lima con un amigo.

El barrio chino de la ciudad era uno de los más viejos en América, ya que la inmigración china comenzó en Perú a mediados del siglo XIX. En aquella época sus calles eran pintorescas y estaban colmadas de vendedores de comida, carretillas y muchos inmigrantes asiáticos recién llegados.

Ese día, mi amigo y yo recorrimos los restaurantes y tiendas en el centro del barrio chino, y luego exploramos sus misteriosas calles. En una de ellas pasamos por un callejón que llevaba hasta un edificio triste y deteriorado. Sin saber por qué, sentí un impulso irresistible de explorarlo.

Entré solo en el edificio (mi amigo decidió irse por otro lado) y continué por un largo corredor pavimentado con azulejos rojos. Cada uno de ellos estaba tallado con un símbolo sagrado chino. El pasillo tenía varias puertas a ambos lados y al final había una reja metálica abierta. Detrás de ella pude ver una escalera oscura y desvencijada.

Subí los escalones hasta la azotea y, desde allí, contemplé los coloridos edificios del barrio. En un lado de la azotea había un gran recinto que daba la apariencia de ser algún tipo de templo, con columnas rojas y estriadas que flanqueaban una gran puerta. Cuando me aventuré en su interior, llegué a un gran salón lleno de pinturas chinas antiguas, tapices con símbolos de caligrafía y varios sofás tipo cama. Al fondo del lugar se hallaban tres altares con armas montadas en soportes de madera.

Después de examinar el interior con mucho interés y un poco de asombro, volví a bajar las escaleras hacia el salón principal, donde al salir vi la frase «Clases de Kung Fu» escrita torpemente con tiza sobre una de las puertas que daban al corredor. Por algún motivo, estas palabras permanecieron en mi mente, y un año después regresé y toqué a la puerta. Un adolescente sudoroso me abrió y me permitió echar un vistazo al interior, donde pude ver a varios jóvenes, algunos chinos y otros peruanos, todos vestidos con ropa deportiva dispareja, sin uniformes, que practicaban movimientos para atacar y evadir. No había ningún equipo en la sala, ni espejos ni barandillas ni sacos de boxeo. Las paredes estaban cubiertas de polvo y la sala no tenía ventanas.

Un chino musculoso, que evidentemente era el maestro, me invitó a pasar y hablamos durante unos minutos. Al lado de la sala había más sofás tipo cama, que luego me enteré eran catafalcos usados en ciertos días, cuando la sala de prácticas se convertía en una morgue para los miembros recién fallecidos de la asociación relacionada con el templo chino.

El maestro me explicó brevemente en qué consistía su práctica de artes marciales, sin ejercer la más mínima presión, más ansioso en volver con sus estudiantes que en hablar conmigo. Pero como me gustó lo que me dijo, un par de meses después me uní a su clase.

Aquí debo mencionar que mi nueva escuela utilizaba técnicas de un linaje Shaolin del sur que ponía énfasis en la fuerza y en las habilidades para luchar, pero su parte medular se centraba más en la respiración y en el desarrollo del *chi*, *qi* en la grafía moderna del madarín y *hei* en cantonés, una práctica conocida como *nuikung* en cantonés y como *neigong* en mandarín.

Qi, o *chi*, como probablemente sepan, es la palabra china para «energía vital». El cultivo de su práctica está diseñado para construir poder interior, pero es de igual importancia su uso con el fin de sanar muchas dolencias físicas y psicológicas, tanto en uno mismo como en otras personas. Cualquier linaje marcial auténtico es una práctica de lucha, así como un arte médico.

En la época en que empecé a practicar el *neigong* también ingresé a la Universidad Nacional Agraria para estudiar agronomía. Sin embargo, después de varios trimestres, empecé a sentir que era imposible hacer bien las dos cosas, estudiar y practicar, así que finalmente se impuso mi pasión por las artes marciales. Dejé la universidad, me mudé a un pequeño apartamento y me dediqué por completo a los dioses de las artes marciales.

❧

Me entrené en esa disciplina durante los siguientes ocho años. En ese tiempo no sólo aprendí rutinas para crear y proyectar la energía *qi*. Descubrí que el *qi* también se podía utilizar como autoprotección, incluso en contra de un ataque inesperado.

Un día, cuando cruzaba por una calle muy transitada de Lima, un coche que apareció doblando a gran velocidad por una esquina me golpeó la pierna. Si bien me sentía extrañamente pesado, permanecí de pie y no experimenté ningún dolor. Cuando el auto se detuvo, descubrí que su parachoques tenía una abolladura muy notoria. Comprendí que, gracias a mis años de práctica del *neigong*, cuando el auto me golpeó se generó un campo de energía a mi alrededor, que me envolvió dentro de un escudo protector sin que yo fuera consciente de ello. El coche quedó más dañado que yo.

El *neigong* que en esos años me enseñaron, debo subrayarlo, tenía un fuerte componente espiritual y también mágico. Yo había aprendido de mis maestros a asimilar esta energía refinada, y uno de ellos me dijo que los espíritus de nuestro antiguo linaje chino estaban cobijándonos todo el tiempo, guiando la visión y el discernimiento de nuestras mentes sin que a veces nos diéramos cuenta. Sin duda, este tipo de revelaciones me ayudaron en mis prácticas marciales. Pero también me abrieron el mundo de lo espiritual y lo sobrenatural, un don que me facilitó la aceptación de ideas en cuanto al reino de los espíritus, con frecuencia fantásticas, que más tarde me enseñaron los maestros chamanes.

A medida que pasaban mis años de entrenamiento en las artes marciales y asimilaba más tanto el aspecto metafísico como el físico del *neigong*, comencé a darme cuenta de que el combate se estaba convirtiendo en una preocupación secundaria mientras que la sanación era ahora una meta más importante. Reconocí que la curación era algo más que una herramienta útil; se había convertido en la vocación de mi vida. Lo que realmente quería hacer, en ese entonces lo veía muy claro, era dedicar el resto de mi vida a ayudar a la gente, mediante el uso de la energía vital, a superar su sufrimiento físico y psicológico. Quería convertirme en un sanador en todo el sentido de la palabra.

Taichi

Después de algunos años de practicar las artes del Shaolin, comencé a entrenarme en *taichi*, un tipo de arte marcial bastante distinto del *neigong*. La mayoría de los practicantes de este arte ancestral se sienten menos atraídos por sus habilidades de combate (que, por cierto, son bastante poderosas) y más por el uso de sus movimientos lentos y lánguidos, diseñados para cultivar la energía vital.

Durante los muchos años en que estudié el *neigong*, los combates entre mis compañeros y colegas eran raros, y la mayoría evitaba participar en torneos. Sin embargo, mi última profesora de taichi, que en esa época acababa de llegar a Perú, desde Shanghái, era aficionada a las competencias públicas y, de hecho, ganó algunas importantes en China. A ella le entusiasmaba que nuestro pequeño grupo participara en torneos, y para nosotros era impensable negarse a la petición de una profesora.

Durante los tres años siguientes competí en eventos de taichi, y llegué a ser campeón metropolitano, luego bicampeón nacional de Perú y, finalmente, campeón de Sudamérica. Estas victorias me llevaron a salir en los periódicos y en la televisión, lo que fue un poco vergonzoso para mí, ya que venía de un entorno de *neigong* en el que las demostraciones públicas de habilidades marciales eran mal vistas. Sin embargo, aunque me incomodaba la mirada del público, resultó que este pequeño reconocimiento me llevaría a dar un paso gigante hacia mi verdadera vocación.

Aprender el arte de sanar

A mediados de los años noventa, el Instituto Peruano de Seguridad Social, que incluso en sus mejores épocas se tambaleaba al borde del colapso económico, sufría más que de costumbre por cuestiones financieras, especialmente en el sector de la salud pública. Los hospitales administrados por el gobierno se estaban quedando sin recursos del Estado en muchas zonas del Perú rural, donde los doctores y el equipo médico eran escasos. En esas zonas empobrecidas, el mantenimiento de los hospitales era costoso y miles de personas mayores que estaban enfermas no recibían atención médica. ¿Existía alguna forma de ahorrar dinero y, al mismo tiempo, seguir prestando atención a los pobres y a los ancianos?

Para responder a este dilema, varios médicos de mentalidad abierta y funcionarios del Instituto Peruano de Seguridad Social crearon un programa especial en los hospitales que dio el audaz paso de utilizar terapias alternativas, incluido el taichi, para ayudar a las personas que no podían permitirse la ayuda médica convencional. Como voluntario de este servicio, junto con otros practicantes de taichi, participé en programas piloto en varios hospitales de Lima, utilizando ese arte marcial como una herramienta de curación en un gran número de pacientes. Después de varios meses de trabajo, casualmente, tomé unas vacaciones en la ciudad de Trujillo, en la costa norte, donde una funcionaria local del Instituto Peruano de Seguridad Social se reunió conmigo.

Me dijo que había oído hablar del trabajo que hacía nuestro grupo en Lima. Por un sueldo razonable, ¿me interesaría impartir clases de taichi a pacientes de la tercera edad en hospitales de la costa norte del Perú? Una respuesta afirmativa exigía que me trasladara a Trujillo, donde trabajaría en los hospitales administrados por el Gobierno en toda la zona. Para el Gobierno, patrocinar programas que incluyeran a sanadores no profesionales como yo era una forma inteligente de ahorrar dinero, ayudar a los enfermos y, al mismo tiempo, crear empleos.

La funcionaria con la que hablé estaba bien informada sobre cuestiones médicas y sabía que en China el taichi tenía fama de devolver la salud a las personas mayores. La mayoría de los ancianos de la región de Trujillo habían trabajado como obreros, muchos de ellos en las grandes haciendas de caña de azúcar, otros en la construcción, utilizando cemento, sentados y encorvados durante horas ante telares, o cortando maleza. Con el paso de los años, su salud había quedado muy maltrecha. Muchos estaban semiparalizados por el sufrimiento que les provocó el trabajo pesado o por la artritis que tan a menudo se desarrolla debido a trabajos que destruyen los huesos. Algunos también sufrían depresión y ansiedad. El problema, explicó la funcionaria, era que no había suficiente atención médica para todos, y estas personas se quedaban sin tratamiento. ¿Estaría dispuesto a ayudar?

La búsqueda

Desde que comprometí mi vida con el arte de la curación, durante mucho tiempo busqué un trabajo que me permitiera utilizar mis energías curativas de *neigong* y también ganarme la vida. Después de tanto esfuerzo, me ofrecieron el trabajo de mis sueños, sin que lo hubiera solicitado.

Al cabo de un mes ya tenía empacados mis bienes mundanos y me trasladé a Trujillo, donde me dediqué a impartir clases de taichi en pequeños barrios del área metropolitana, pero principalmente en pueblos rurales o regiones costeras aisladas. A mediados de los años noventa, viajé de un centro de curación a otro por las hermosas e inexorables tierras del noroeste del Perú.

Al principio, me resultaba desalentador presentarme a mis posibles pacientes, la mayoría de ellos obreros, algunos analfabetos, de entre sesenta y ochenta años, porque casi todos desconfiaban, y con razón, de un muchacho limeño de treinta, instruido, que había viajado cientos de kilómetros para ayudarlos a tratar su reumatismo y su dolor de espalda a cambio de una modesta remuneración. ¿Por qué, se preguntaban, alguien en el mundo haría algo así por personas viejas y olvidadas que apenas podían llevar el pan a su mesa? ¿Qué es lo que yo pretendía realmente?

Estas preguntas me interrogaban desde las silenciosas miradas de mis nuevos pacientes, sobre todo cuando les anunciaba que no tenía ningún título de médico, sino que me había enviado la oficina de la Seguridad Social de Lima para atenderlos de forma natural, con terapia de tacto manual y ejercicios chinos.

Cuando les dije esto, la mayoría resolló con incredulidad o movió la cabeza con resignación, como queriendo decir que, una vez más, el gobierno los había jodido. A muchos se les había dicho que la ayuda médica convencional estaba en camino. En lugar de eso enviaron a un aficionado sin formación, y por lo tanto, estaban desconcertados. Algunos nunca habían oído hablar de China, o creían que era un país de paganos. La práctica de ejercicios chinos que desconocían quedaba fuera de cualquier marco de referencia para esta gente del campo, sobre todo cuando les mostraba posturas y movimientos que pueden parecer bastante excéntricos. «¿Esto me va a curar la articulación de la cadera?», se quejaba una mujer, mirando con desesperación los movimientos que me habían hecho ganar varios campeonatos nacionales.

Mis nuevos pacientes mostraban aburrimiento y desdén en las clases; hacían pocos esfuerzos para adoptar las posturas correctas y se mostraban desatentos cuando intentaba explicar el significado del *qi* y cómo podía ayudarlos. Para hacer que fueran más factibles las exigentes posturas del taichi, considerando que algunos movimientos requieren balancearse sobre un pie o girar en un mismo lugar, simplifiqué la forma y la adapté a las necesidades de las personas con discapacidades motrices. La mayoría me permitió colocar mis manos sobre sus adoloridas articulaciones y órganos, aunque estaba claro que lo hacían por cortesía y con pocas expectativas.

Durante ese primer año también empecé a estudiar las cualidades curativas de las hierbas y plantas de la región; pasaba horas recorriendo los mercados de las aldeas y hablando con los vendedores de hierbas, algunos de los cuales ofrecían artículos que evidentemente eran usados con fines oscuros, como pájaros muertos y muñecos de cera. La mayoría de ellos eran generosos con su información, y aprendí mucho. Llevé costales de estas hierbas a las clases y las repartí de manera gratuita. Algunas personas dijeron que las hojas les habían ayudado a aliviar la inflamación que padecían. Otros las consideraron inútiles y, lo que es peor, se quejaron porque tenían mal olor y mal sabor.

Pero yo insistí. Pasaron los meses. De vez en cuando, un paciente comentaba que el aura interior generada por el taichi parecía reducir su dolor. Otros decían que la energía transmitida por los ejercicios hacía que se sintieran más jóvenes. Incluso hubo quienes descubrieron que, luego de varios meses de darles masaje en sus articulaciones, empezaban a recuperar la amplitud de movimiento de un brazo o una pierna coja. Una mujer con parálisis en las manos podía cortar carne por primera vez en su vida. Otro hombre volvió a ponerse en cuclillas después de vivir durante años sin poder doblar las piernas. De vez en cuando, los pacientes iniciaban conversaciones personales y me hablaban de cuestiones cotidianas, ya fueran sus jardines o sus nietos. Lo que más me gratificó durante esos años fue ver el lento y milagroso cambio de nuestras clases, que pasaron de ser rutinas formales de ejercicio a sesiones de afecto y confianza, lo cual nos enriqueció a todos.

Trabajar con la gente del campo durante muchas décadas me enseñó algo esencial: a estas personas les importa poco tu apariencia, cuánto dinero ganas o las opiniones que puedas tener. Lo que les importa son las emociones que les transmites y cómo se sienten contigo, algo que he observado en los pueblos tradicionales de otras partes del mundo.

Esto significa que un anciano de la tribu escuchará menos tus palabras y más el sonido de tu voz; menos tus afirmaciones y más tu lenguaje corporal; menos tus promesas y más tus intenciones. Si superas sus pruebas, te dejarán entrar en su vida y, a veces, en su corazón.

Por otra parte, siempre he tenido atracción por la presencia serena de los indígenas y la gente de la zona rural de la costa y la montaña, por lo que no me resultó difícil conectar con casi todos los que traté, incluso con los gruñones y los misántropos. La mayoría de ellos había trabajado intensa y arduamente durante muchos años, y lo único que recibían por su esfuerzo era la pobreza y el desprecio de los jefes, los dueños de las empresas y, en general, de los que los habían explotado. Sin embargo, rara vez se quejaban y casi nunca mostraban sus pesares. También, entre ellos, había un creciente número que parecía estar de acuerdo con mis extrañas prácticas médicas y unos cuantos que querían saber más sobre mis técnicas de curación.

La parte negativa es que, de vez en cuando, me enfrentaba al personal de los distintos hospitales, especialmente a algunas enfermeras y trabajadores sociales, quienes consideraban que mis métodos de curación eran charlatanería. A veces alguno de ellos les decía a mis pacientes que mis clases se habían cancelado, cuando no era así, o desconectaba la electricidad durante las clases nocturnas. Mis pacientes se daban cuenta de todo esto. Se quedaban callados y no hacían comentarios ni sugerencias. Miraban todo lo que yo hacía, cómo me esforzaba por sanarlos a pesar de su resistencia y de la animosidad de los miembros del personal del hospital. Podía sentir que la mayoría de ellos empezaba a verme como un aliado y no como un intruso.

Una inversión cósmica de roles

Aunque el salario por este complicado trabajo era mínimo, mis necesidades en ese momento eran sencillas, y durante los primeros seis años que trabajé con pacientes del hospital viví una vida moderadamente cómoda. Todo esto cambió en 1999, cuando un nuevo gobierno llegó al poder y la política de recursos humanos en Perú dio un giro repentino. Un día fui convocado al despacho de un trabajador del Instituto Peruano de Seguridad Social, quien me informó que iban a eliminar el programa de medicina alternativa en los hospitales debido al «costo excesivo». Me sugirió que lo mejor era buscar otro trabajo.

Esta noticia fue un golpe repentino y duro. Para entonces ya tenía cientos de pacientes ancianos que dependían de mí para su tratamiento. Literalmente, yo estaba manteniendo a varios de ellos con vida, y muchos estaban experimentando mejoras significativas en dolencias que se suponía eran incurables. La idea de dejar el trabajo de manera inesperada y abandonar a estas buenas personas era inimaginable. ¿Pero cómo iba a ganarme la vida si me quedaba?

Lidié con esta cuestión durante algún tiempo y finalmente decidí que, en lugar de volver a Lima y buscar trabajo, aceptaría labores sencillas en la zona y me haría cargo de mis pacientes sin cobrarles. De todos modos, la mayoría de ellos apenas podían pagar, y por lo general, después de conducir durante horas por el valle y los campos de caña para atender a alguien en un remoto pueblo de montaña, mi remuneración consistiría en unas pocas monedas para cubrir el gasto de la gasolina. Eso no importaba. A estas alturas, trabajaba por puro placer y por los sentimientos de afecto que había creado con mis pacientes.

Al mismo tiempo, las personas se daban cuenta de que las atendía sin pedirles dinero y que me comprometía seriamente con su bienestar. Muchos, quizá la mayoría, se sentían más sanos gracias al trabajo con el taichi y la energía. Pronto empezaron a invitarme a cenar a sus casas, a sus bodas y reuniones familiares, donde me ofrecían todo tipo de comidas únicas y me trataban como a un amigo. Bromeaban conmigo de forma familiar o me confiaban sus problemas personales. A veces tenía que recorrer largas distancias en coche para atender a pacientes en un pueblo remoto. Después del tratamiento, compartían conmigo una suntuosa comida, y yo me quedaba hasta bien entrada la noche, conversando con gente del pueblo particularmente interesante.

Con reticencia al principio, luego de manera más abierta, algunos de mis pacientes empezaron a hablarme de la relación espiritual que mantenían con sus antepasados. Inicié conversaciones privadas con ancianos que me hablaban de los conocimientos de su familia sobre medicina, técnicas de curación que funcionaban con fuerzas naturales e invocaciones. Una anciana (que luego supe que era una bruja de buen corazón) me enseñó a leer las líneas del rostro de una persona, como si fuera una ventana a su pasado. Otros me llevaron a lugares alejados, donde me enseñaron a reconocer raros arbustos y cactus usados para la sanación, algo que nunca habría descubierto por mi cuenta. Algunos hablaban de beber arcilla como remedio o de hacer una sopa curativa con piedras. Varios jornaleros me contaron sobre la medicina relacionada con animales y cortezas de árboles, con las pequeñas criaturas que vivían en los arroyos, y sobre cómo la gente que ha muerto y ha partido no está necesariamente muerta ni se ha ido.

Mientras me familiarizaba con estos nuevos conocimientos, también visitaba antiguos templos y pirámides por el norte del Perú. Mientras hacía todo eso, algo me empezó a suceder con los paisajes que recorría. Ellos me comenzaron a hablar en una lengua que aún no podía descifrar pero que quería entender con todo mi corazón.

El verdadero punto de inflexión se produjo cuando un día varios pacientes me dijeron que cierto lugar, al este de la costa de Trujillo, era el hogar de espíritus que a veces están dispuestos a compartir su sabiduría visionaria con un buscador. «Sube a la mitad de esa montaña», me dijo un anciano trabajador de una plantación, señalando un pico cercano. «Ve en ayunas y duerme en el suelo durante una noche, o dos sería mejor. Es peligroso. Hay muchos animales salvajes. Debes tener cuidado con los pozos y las fosas cubiertas de hierba. Hace frío, es un terreno áspero con arbustos espesos y espinas. Si te quedas allí en estado de meditación durante varios días», me dijeron, «quizá la montaña empiece a considerarte un discípulo y te muestre algunos de sus secretos, los lugares ocultos que no puedes ver con tu visión normal. O tal vez te conceda su poder de curación». Cosas así, de las que nunca antes había oído.

Al mismo tiempo, los años que pasé con mis mentores de artes marciales me familiarizaron con la noción de los espíritus, aunque de orígenes chinos, que me permitían sentirme cómodo con la idea de un mundo sobrenatural. He crecido en un país donde mucha gente habla con pasión acerca de estar bendecida o maldecida, y que depende del consejo de clarividentes (como la pseudo sacerdotisa de Martina y Chaska) para tomar decisiones importantes en la vida. Por eso, lo que mis pacientes decían sobre la magia me fascinaba y me educaba, pero no me sorprendía.

Hasta que un día, cuando visité a Pedro en su casa, un trabajador ya anciano y uno de mis mejores amigos, me hizo una propuesta. Nuestra conversación fue breve, tal vez cinco o diez minutos a lo sumo. Pero después de escuchar lo que Pedro me proponía, todo en mi vida quedó en suspenso y una nueva frontera se levantó ante mí.

Mis pacientes ancianos, lo comprendí en ese momento, estaban a punto de convertirse en mis maestros.

CAPÍTULO 2

CONVERTIRSE EN UN
CURANDERO PERUANO

Una vida nueva

Entre los cientos, y probablemente miles, de ancianos que atendí durante mis diez años como sanador de hospital, me hice amigo de un puñado de ellos que tenían conocimientos especiales.

Ningún miembro de este grupo hacía gala de sus habilidades de premonición ni actuaba de manera misteriosa. En cualquier calle del pueblo, un extraño puede pasar frente a un hombre vestido de forma desgarbada, que tranquilamente se sienta en el tronco de un árbol a fumar un cigarrillo o jugar con su nieto, pero nunca adivinaría que ese hombre posee el poder de someter a los demonios y de hablar con los animales. Algunas de estas personas eran poderosos brujos y curanderos a los que ayudé en los hospitales y habían decidido mostrar su agradecimiento invitándome a su mundo.

De todos los que compartieron su sabiduría conmigo, Pedro fue el más importante. Un albañil mestizo y trabajador agrícola, jubilado a sus sesenta y siete años, de aspecto pequeño, con una cabeza grande, cara arrugada y sonrisa sagaz, algo inquietante. La propuesta que me hizo fue directa.

—Los ejercicios energéticos que nos enseñaste en el hospital fueron una medicina poderosa —me aseguró Pedro—. Me ayudaron a recuperar la salud y también a los demás. Pero, sabes, hay otras formas de curación que también te podrían interesar. Formas muy antiguas. Puedo explicarte un poco sobre ellas si quieres.

Cuando escuché estas palabras, mi corazón dio un vuelco. Sentí que algo terrible y sublime del Perú ancestral se me estaba ofreciendo a través de un hombre que entendía cosas que la mayoría no alcanzaba a percibir. Tal vez se trataba de un agradecimiento por los cuidados que le había dispensado. O tal vez simplemente reconoció un potencial de curación dentro de mí, lo cual me hacía candidato a ser instruido.

Al explicar su trabajo, Pedro nunca utilizó la palabra «chamanismo». En América del Sur, las personas de conocimiento nunca lo hacen. Pero yo entendí su significado.

Cuando un chamán habla de su práctica, cosa que raramente hace, a veces se refiere a ella como «curanderismo». Más a menudo lo llama su Oficio, su Arte, o a veces su Medicina o su Conocimiento, términos que implican tanto la curación como la sabiduría, y que pongo en mayúsculas a lo largo de este libro para recordar que en el chamanismo estas palabras son sagradas. El término quechua «yachak» también se utiliza para describir el chamanismo, especialmente en las zonas de montaña. Significa «portador del Conocimiento» o «el que sabe». Pero los lugares y linajes que conocí al estudiar la curación tradicional peruana no eran de la tradición quechua o inca. Por lo tanto, no uso la palabra yachak. (Nótese que cuando pongo la palabra «Medicina» en mayúsculas en este libro estoy describiendo la práctica chamánica sagrada. Cuando uso la palabra para referirme al brebaje sagrado, la escribo con «m» minúscula, como en «medicina»).

A menudo he notado que cuando las personas de otros países escuchan a los pobladores peruanos referirse a un brujo o bruja, llegan a la conclusión de que esta persona es un mago negro. Aunque a veces estos nombres se refieren a asuntos infernales, no siempre es así. En gran parte del Perú, las brujas o los hechiceros pueden ser magos blancos, pueden ser magos negros o, como es común, pueden ser una combinación de ambos.

Los términos «bruja», «hechicero» y demás también tienen una connotación mucho menos oscura en Perú que en Norteamérica y Europa, e incluso pueden ser utilizados por los lugareños con cierto humor y hasta con amabilidad. En estos capítulos utilizo las palabras «chamán» y «chamanismo» simplemente porque me resultan familiares y porque evitan los juicios positivos o negativos que hacemos con palabras como brujo y mago. La propia palabra «chamán», que se traduce como «el que sabe», es asiática, no sudamericana, y se cree que procede de Siberia o posiblemente del Cáucaso.

Orígenes

Predomina la idea de que cuando los españoles llegaron al Nuevo Mundo, la civilización inca había gobernado Perú durante muchos siglos.

En realidad, el soberano imperio inca gobernó durante menos de 300 años. A pesar de sus maravillas, muchas de sus doctrinas cívicas y religiosas se enriquecieron de civilizaciones anteriores, entre ellas la chimú (900 a 1470 d. C.), de la costa noroeste de Perú, y sus predecesores, los moche o mochica (100 a 700 d. C.), de la misma región. Los incas también aprendieron de los antiguos waris y de las milenarias culturas de la selva amazónica, que durante siglos realizaron intercambios y comerciaron con el resto de Perú. Todas estas civilizaciones, a su vez, eran herederas de tradiciones sociales y espirituales mucho más antiguas, que se remontaban a muchos miles de años atrás y cuya influencia aún puede verse en antiguas vasijas, tallas de piedra, tejidos y ruinas arquitectónicas.

En buena parte, este mosaico de influencias culturales se debió al hecho de que Perú está dividido en tres zonas completamente diferentes. Quizá en ninguna otra nación del mundo encontremos tres climas y paisajes tan contrastantes, yuxtapuestos y muy cercanos unos de otros.

Por ejemplo, la costa occidental de Perú está formada principalmente por llanuras costeras, praderas y desiertos intercalados con valles agrícolas. La parte central alberga los exuberantes Andes, la cordillera más larga y, según algunos, la más bella del mundo. La zona oriental es la selva amazónica, que ocupa el sesenta por ciento de Perú y se extiende miles de kilómetros a lo largo de Brasil hasta el océano Atlántico.

La nación moche, que prosperó entre el año 100 y el 700 d. C., estaba situada en el norte de Perú, con su centro en el lugar donde hoy se encuentra la moderna ciudad de Trujillo, la misma zona en la que realicé gran parte de mi trabajo en el hospital. Conocida por su arquitectura monumental, y sobre todo por su cerámica, famosa en todo el mundo, sus notables vasijas y jarras muestran complejas escenas narrativas de la vida moche, que van desde acontecimientos cotidianos hasta rituales mortuorios. Los artistas moche también crearon retratos realistas hechos en cerámica, que representaban a personas reales, y los mejores de ellos rivalizan con los más finos bustos romanos.

La cultura chimú que le precedió también tuvo su centro en la región de Trujillo. Llegó a su apogeo alrededor del año 1300 d. C. y se destacó por sus obras públicas, la agricultura y un complejo nivel de organización gubernamental. Los chimúes eran maestros en el trabajo del oro y la plata. Construyeron embalses y sistemas de irrigación usando técnicas de ingeniería muy adelantadas con respecto a lo conocido en Europa durante la misma época. Luego de dominar a lo largo de muchos siglos, fueron conquistados y asimilados por los incas, que menos de un siglo después fueron sometidos por Francisco Pizarro y su feroz banda de conquistadores, en 1532.

Hechicería europea y sabiduría precolombina

Al igual que la gente suele creer que los incas gobernaron durante varios siglos, muchos chamanes peruanos se consideran descendientes de un legado mágico que proviene directa y exclusivamente de la época precolombina.

Pero, de acuerdo con lo que he aprendido y experimentado, esta noción no es del todo cierta.

Aunque lo que voy a decir puede sonar controvertido y quizás hasta herético para la visión de algunos curanderos: los métodos que aplican un gran número de chamanes peruanos hoy en día derivan tanto de las prácticas mágicas europeas medievales como de la sabiduría precolombina.

¿Qué significa esto exactamente?

Si nos ubicamos en el año 1532, la flota española acaba de llegar a las costas de Perú provista de mosquetes y caballos, armas contra las que los incas, portadores de lanzas, no podían defenderse. Pero aun más irresistibles fueron los guerreros y colonos de diferentes partes de España, quienes fueron llegando al Nuevo Mundo bien instruidos en la práctica del ocultismo. En los decenios siguientes, muchos españoles del sur también emigraron a Perú como trabajadores, gran parte de ellos eran practicantes serios de la magia clandestina.

Esta forma de hechicería incluía tanto la magia negra como la blanca. Utilizaba exorcismos, las cartas del tarot, invocaciones, amuletos, numerología, astrología y libros medievales de hechizos conocidos como grimorios. Durante los tres siglos de colonización española, estas artes ocultas florecieron en el Perú colonial. Al igual que otras tradiciones mágicas europeas, se basaban en accesorios carismáticos u objetos de poder, como puñales, cruces, animales muertos conservados, imágenes de santos, huesos humanos y de animales, varitas talladas con símbolos mágicos, todos ellos objetos muy diferentes a los utilizados por los antiguos peruanos. Además, como el catolicismo prohibía las sustancias que alteraban la conciencia, los eclesiásticos de América hicieron todo lo posible por eliminar todas las plantas tóxicas. Pero, a escondidas, los acólitos cristianos mezclaban sus propios brebajes y ungüentos psicoactivos con raíces locales y alucinógenos europeos, como el beleño y la belladona.

Para lograr que la llegada del ocultismo europeo a Perú tuviera una mayor influencia, parte de la hechicería española que influyó en el curanderismo estaba en realidad doblemente alejada del Perú, ya que tenía fuertes nexos con el Medio Oriente. Siglos antes había sido importada a España desde el otro lado del Mediterráneo por los bereberes del norte de África, que tenían sus propias y poderosas tradiciones mágicas. Por esta razón, la cocina y la moda peruanas de la época colonial, así como algunas artesanías, tienen una fuerte influencia morisca, que prevalece aún en nuestros días. Por lo demás, un cierto número de cantos chamánicos curativos que se siguen utilizando hoy en día, desde la costa hasta la región amazónica (aunque con letras diferentes), fueron tomados directamente de los himnos cristianos y de las canciones de la Iglesia. En resumen, una gran parte del chamanismo peruano contemporáneo está lejos de ser cien por ciento peruano antiguo; algunos dirían que es menor al cincuenta por ciento.

Por lo tanto, está bastante claro que muchos de los métodos utilizados por los chamanes actuales se remontan a la época de la colonia y a la hechicería arcaica elaborada en las guaridas mágicas de Túnez y Marruecos. Además, sabemos que entre los siglos XVI al XIX las enseñanzas mágicas llegaron a Perú desde las islas del Caribe y desde las poblaciones de esclavos africanos que los portugueses les vendieron a los colonos españoles. Tras la llegada de la alfabetización y los medios de comunicación al Perú del siglo XX, este popurrí mágico se extendió aún más y ha llegado a zonas aisladas en lo más profundo de la selva amazónica. Hoy en día, en zonas remotas de la selva, los visitantes se sorprenden al ver a los chamanes leyendo las cartas del tarot o utilizando cristales para sanar, dos técnicas que definitivamente no son de la tradición peruana.

Sin embargo, aunque el curanderismo actual es a todas luces un crisol de culturas más que una enseñanza monolítica coherente con el pasado peruano, este hecho sigue sin ser reconocido por la mayoría de los curanderos. Según mis propias observaciones, la realidad es que el chamanismo popular peruano (en contraposición a los pocos linajes antiguos inalterados que todavía existen y que se encuentran en otras zonas remotas del Perú) es claramente una amalgama internacional y no una metafísica uniforme que ha sido transmitida sin modificaciones desde tiempos antiguos.

La propuesta de Pedro

Las técnicas de Conocimiento que ese día me ofreció mi amigo Pedro fueron, pronto lo comprendí, practicadas principalmente en ciudades y montañas a lo largo de la costa norte, un mundo muy diferente al resto del Perú. Estos métodos chamánicos, desarrollados allí por civilizaciones desde tiempos remotos, se han transmitido de generación en generación hasta nuestros días. Es asombroso que algunos de estos linajes peruanos sigan cultivando tradiciones curativas desarrolladas hace miles de años, con poca o ninguna influencia europea. Sus métodos evitan los accesorios mágicos y las técnicas teatrales, y confían principalmente en la fuerza de la Medicina y en las habilidades del chamán para realizar el trabajo. En otras palabras, el chamanismo que Pedro practicaba era tal vez una de las últimas formas de este Arte que no habían sido influidas por la magia europea.

⅍

Al escuchar lo que Pedro planteó ese día, me sentí dispuesto a aceptar su propuesta por varias razones de peso.

En primer lugar, como pronto lo entendí, porque su forma de actuar está profundamente vinculada con la tradición peruana primitiva, que siempre he considerado como un tesoro de conocimiento y experiencia médica. En segundo, porque su enseñanza se centraba principalmente en ayudar a los demás, sobre todo a los que padecían enfermedades tanto psicológicas como físicas. En tercer lugar, porque su curanderismo se fundaba casi por completo en el diálogo entre un sanador y los espíritus. Y, por último, porque como artista marcial que fui, mi experiencia con el mundo espiritual del *neigong* hizo que me concentrara en particular en ese enfoque de la curación basado en la visión.

Por eso, el día en que Pedro y yo conversamos y él me hizo la invitación a una nueva vida basada en el mundo invisible, le tomé la palabra. «Sí», le dije con entusiasmo, «definitivamente, sí».

Por un momento se mostró complacido. Luego se puso serio.

—No te voy a dar clases de curación popular —me dijo en su habla campesina—. Te enseñaré *mi* propia forma de sanar, la de la costa norte. No es lo que comúnmente encontrarás a tu alrededor. Es lo que he aprendido por mí mismo.

Le dije que me pondría en sus manos para aprender lo que me enseñara. Asintió y guardó silencio, mientras yo hacía lo mismo. Estuvimos sentados durante muchos minutos sin intercambiar ni una mirada o una palabra. Era nuestra forma de afirmar que no había nada más que discutir y que nuestro acuerdo era un hecho.

Cegarse para ver

Muchas ramas del chamanismo peruano, como se ha explicado, se basan tanto en el misticismo europeo como en el conocimiento pre-colombino. Esto me quedó claro a partir de un incidente que tuvo lugar durante mi primera capacitación como sanador natural.

Un día, mi maestro me pidió que pasara la noche en lo alto de una montaña del Valle de Virú, al sur de Trujillo, con el fin de establecer una conexión con sus espíritus. A la mañana siguiente, cuando descendía de la cima me sentí inexplicablemente feliz y lleno de energía, señal de que la montaña me había acogido. La superficie por la que bajaba era volcánica, cubierta de lava rota como el cristal. Al caminar con cuidado sobre estos fragmentos afilados, algo extraño me llamó la atención: tres piedras redondas del tamaño de una canica grande yacían en el suelo frente a mí formando un triángulo. Eran el tipo de piedras que normalmente se ven en los lechos de los arroyos, desgastadas por el agua corriente. Pero aquí estaban, en esta ladera volcánica y vidriosa, tres esferas perfectas, cada una de ellas del mismo color y tamaño. Sentí como si las rocas estuvieran diciéndome «tómame, tómame, tómame».

Las guardé en el bolsillo y seguí bajando de la cima. En la parte inferior crucé por varios campos, hasta llegar a un pueblo donde entré a un restaurante.

La dueña, una anciana con ojos de lince, me tomó la orden. Al verme con la ropa arrugada y lleno de tierra y sudor, me preguntó dónde había estado. Le respondí que estuve caminando por el valle. Me di cuenta de que no me creía del todo. La montaña de donde venía estaba encantada y se creía que era frecuentada por espíritus ancestrales. No es el tipo de lugar al que los lugareños van a caminar. Por fin, con las manos en la cintura, me preguntó directamente si yo me sentía capaz de hacer el trabajo de un curandero.

Me encogí de hombros y sonreí, pero eso fue suficiente para que me entendiera. Luego, comenzó a contarme sobre los sucesos mágicos de su valle y los templos y pirámides moche cercanos. Así estuvo hablando durante unos minutos, pero de repente se detuvo, me miró durante un largo rato y se inclinó cerca de mi oído. Le habían contado acerca de una antigua receta peruana para ayudar a que la gente viera el mundo de los espíritus, susurró. Para lograrlo, uno debía tener un gato negro. ¿Quería saber más?

No respondí, pero ella siguió hablando.

En primer lugar, comenzó, se le cortan los ojos al gato mientras está vivo. Eso es importante, que el gato esté vivo. Luego se toma un trozo de hilo y se atan los ojos a una especie de vaina que sólo crece en esta parte del país. Sin ella, advirtió, nada funcionará.

Después tienes que enterrar la vaina cerca de una montaña lejana que nadie visita. Cuando las plantas florezcan y den fruto, recoge las semillas y te las vas comiendo poco a poco. A partir de entonces podrás ver el mundo invisible. Nunca lo he probado, dijo con una sonrisa de complicidad. No sé nada de estas cosas; sólo he oído hablar de eso en el valle, y pensé que te gustaría saberlo.

Le di las gracias por la información, desayuné y me fui. Durante todo el día me la pasé pensando en lo que me había dicho, pero no lo relacionado con dejar ciego al gato, que es la típica magia de los chamanes oscuros, no exenta de crueldad. Me preocupaba el hecho de que estuviera familiarizada con los detalles de este oscuro y poderoso hechizo mágico. ¿Cómo lo sabía?

Cuanto más lo pensaba, más claro lo veía. Para empezar, en Perú no había gatos domésticos sino hasta el siglo XVI, cuando los colonizadores españoles los trajeron. Hasta allí llegaba la antigüedad de su fórmula. También me enteré de que en un antiguo libro europeo de magia había una receta exactamente igual a la que ella me susurró al oído. El caso es que el hechizo de la campesina, como muchos otros conocimientos mágicos peruanos de los que hablan los lugareños de todo el país, no era para nada de la tradición antigua peruana. Era estrictamente colonial, un hecho que reforzó mi creencia de que el chamanismo popular en mi país tenía una mezcla de lo antiguo peruano y lo nuevo europeo.

Varios días después le conté a una de mis maestras sobre el hallazgo de las piedras marmóreas. Me dijo que eran regalos que la montaña había materializado y dejado en el suelo especialmente para mí. También me dijo que eran una medicina de la montaña que me traería suerte y quién sabe qué otras cosas buenas.

Magia de la mesa

La fórmula española, de la cual me habló la señora del restaurante, está asociada a lo que se conoce como la magia de la mesa. Esta proviene de la práctica europea de extender un trozo de tela sobre el suelo o una mesa y dividirla en dos mitades. Los accesorios mágicos colocados en el lado derecho de la mesa se utilizan para sanar. Los del lado izquierdo protegen y defienden, y en ciertos casos atacan y dañan. La mesa en sí suele estar rodeada de palos especialmente energizados, dispuestos en forma de valla para la protección psíquica. En ocasiones, a la mesa se le denomina «altar de curación».

Los tipos de objetos de poder que se colocan en una mesa varían según los objetivos del chamán.

Pueden usarse piedras con el poder de sanar o dañar, o ladrillos que provienen de una determinada tumba o ruina. Se pueden poner flores en la tela, o perfumes, conchas, velas, botellas con plantas. Se suelen utilizar tejidos antiguos o espejos incas, así como huesos humanos, manos momificadas, máscaras e imágenes de santos. También partes de animales, como el pico de un pájaro o la cabeza de una serpiente. Espadas y cuchillos, palos, varitas, garrotes, látigos y cetros: cada uno de estos accesorios tiene un uso particular para hacer el bien o el mal.

Una vez elegidos los objetos de poder, si la persona de Conocimiento ha sido correctamente entrenada, «monta» los objetos seleccionados; es decir, los energiza con su fuerza espiritual, dándoles una vida temporal propia. Valiéndose de su visión interior, ve que algunos de estos objetos de poder se destacan del resto. Tal vez brillen o resplandezcan. Puede que tiemblen ligeramente o que transmitan mensajes silenciosos que le ofrezcan información sobre cómo remediar el problema específico de un paciente. A continuación, utiliza estos objetos elegidos para realizar su trabajo: deshacer una maldición, herir o alejar a un enemigo, sanar una enfermedad, encontrar un anillo o una cartera perdidos... cualquier cosa que necesite su paciente.

La Medicina influenciada por la mesa es sin duda la forma más popular de chamanismo en el Perú actual, especialmente en la costa y en algunas partes de la sierra. En las manos adecuadas, es un poderoso instrumento de curación.

Sin embargo, ese no fue el curanderismo que Pedro me ofreció. En la forma en que ejecutaba su Arte no había objetos de poder ni amuletos; toda la Medicina y la magia estaba dentro de uno, y todo se basaba en la negociación directa con la naturaleza y el mundo invisible. Su método obtenía poder de los animales espirituales, de los ancestros, de la comunicación con lugares del paisaje, como las montañas, los bosques y los lagos, una práctica que tenía mucho sentido para mí y encajaba perfectamente con lo que ya entendía sobre el arte y la arquitectura precolombinos. Me interesaba saber más.

Aprendizaje y práctica chamánica

Durante mi formación con Pedro y otros curanderos, aprendí que el chamanismo, entre otras cosas, despeja los fantasmas y los parásitos psíquicos que viven de la negatividad de las personas, alimentando sus cuerpos y sus mentes con energías curativas de la naturaleza. Los curanderos practicantes pueden interpretar los presagios, realizar ceremonias visionarias, traducir los mensajes que llegan en sueños y hablar con personas de gran conocimiento que llevan mucho tiempo muertas. Son expertos en la construcción de espacios protectores invisibles que no pueden ser violados ni penetrados por extraños, ni humanos ni espíritus. Conocen la forma de comunicarse con los animales salvajes y con los del mundo de los espíritus. Son maestros en el tambor, el canto y en hacer vibrar el sonajero para crear un nexo psíquico entre el mundo material y el espiritual.

En el momento que un maestro chamán entra en trance, se siente sobrecogido cuando los velos se separan y es escoltado a un universo misterioso, que en muchos aspectos se parece al mundo material, pero en otros está hecho de materia onírica que, irónicamente, parece más real que la realidad física que queda atrás. Aquí los espíritus le revelan los secretos del nacimiento, la vida y la muerte. Puede moverse por este reino mágico a su antojo, pero nunca sabe lo que encontrará ni lo que los espíritus le pedirán.

Aunque ya conocía bien la curación por contacto, gracias al trabajo de *qi gong* que hice en hospitales, mis profesores me enseñaron nuevos métodos para transmitir la energía curativa a través del tacto, la respiración, el sonido y la distancia. Al utilizar la terapia de contacto, los profesionales trabajan en el mundo espiritual además del físico. Al igual que con las plantas sagradas, entran en el cuerpo del paciente a nivel psíquico, observan sus órganos y su sistema nervioso, y encuentran las irregularidades físicas o mentales que causan su malestar. El sanador remedia entonces los problemas con energía curativa tomada de la naturaleza y transmitida a través del tacto y la manipulación muscular.

Al realizar la curación por contacto no es necesario complementar el proceso con plantas psicoactivas. El contacto en sí mismo es suficiente. Cuando la curación por contacto es real, los pacientes sienten una fuerza que entra en ellos desde las manos del chamán y a veces incluso experimentan una purga física.

Si bien la curación por contacto sigue siendo una parte vital de la medicina de la costa norte, también se encuentra en otros linajes peruanos, especialmente en el de la Amazonia. Sin embargo, aunque en su día el trabajo con las manos fue una herramienta imprescindible del botiquín de todo chamán, está desapareciendo en muchas zonas del país en donde antes se practicaba con gran maestría. Hoy en día, a menudo es descartado por aquellos que no entienden su poder o que buscan estados de conciencia psicoactivos inducidos por plantas. Por estas razones, el poderoso arte de la curación por contacto chamánico se está convirtiendo cada vez más en algo del pasado.

Hace algunos años, visité un museo de Lima para estudiar su colección de cerámica moche.

La imagen de una vasija en particular mostraba a un hombre en traje tradicional con las manos puestas sobre el pecho de otro hombre. La descripción decía: «Médico ancestral realizando un examen físico», y se basaba en la suposición de que el hombre estaba palpando a su paciente, buscando un bulto o un tumor. Pero yo sabía que lo que estaba viendo no era en absoluto un diagnóstico. La imagen de la vasija mostraba de forma muy clara a un hombre moche de Conocimiento que realizaba la curación por contacto, y lo hacía exactamente de la misma manera en que me habían enseñado a mí.

Animales y magia

A través del mundo chamánico, las sociedades tradicionales siempre han sabido que los animales tienen una gran percepción intuitiva, y por eso en los frescos antiguos y en las paredes de los templos se les representa tan a menudo como dioses. Los chamanes también están muy versados en cuanto a la inteligencia de esos seres, y a veces les dan a sus ayudantes animales títulos honoríficos como «Doctor Ocelote» o «Maestro Caimán». Aunque muchos humanos piensan que las bestias de la tierra son «tontas», cuando los pacientes participan en una ceremonia con plantas, a menudo se asombran al descubrir que ciertos espíritus animales tienen una base de discernimiento y perspicacia mucho más amplia que ellos.

La verdad es que sabemos muy poco sobre el pensamiento y el uso de la razón en los animales. Intuitivos y conscientes, los animales tienen sus propios lenguajes, algunos de ellos verbales, otros psíquicos. Los animales, a diferencia de los humanos, muestran pocos o ningún signo de conflicto ético, y son relativamente inmunes al odio, la envidia, el orgullo y demás. El hecho de que no les interese fundar civilizaciones —que pueden tener maravillas en el arte y la invención, pero inevitablemente se orientan hacia la guerra y la degeneración—, puede ser un signo de su perspicacia más que de su ignorancia. En todos estos contextos, los animales están un peldaño por encima de los humanos en cuanto al espíritu, inmunes a esas corrientes del pensamiento que terminan creando campos de concentración y bombas de hidrógeno.

☙

En el curanderismo, los animales espirituales se agrupan en tres grandes categorías.

Primero, son símbolos de ciertas virtudes que guían a los buscadores en su viaje espiritual.

En segundo lugar, hay animales espirituales que trabajan en niveles invisibles con los chamanes y los pacientes, proporcionándoles protección, sagacidad y curación.

En tercer lugar, los animales pueden ser aliados y ayudantes cercanos, tanto en el mundo físico como en el invisible, donde en muchos clanes o tribus se les conoce como animales totémicos o de compañía. En muchas, si no en la mayoría de las tradiciones chamánicas, el curandero tiene a su lado uno o dos animales de compañía que se han hecho sus amigos de por vida y a los que llama en momentos de necesidad o peligro.

Algunos animales también pueden ejercer poderes sobre la humanidad cuando así lo desean.

En una aldea cercana a mi campamento de la selva vive un cazador que con frecuencia realiza viajes de caza a los pantanos de una isla en los alrededores de la Amazonia. Una noche de luna, mientras buscaba una pieza de caza, dio un salto hacia atrás sorprendido al ver una anaconda gigante enroscada en su camino. La anaconda se irguió y, a dos metros de distancia, sopló su aliento sobre él. El cazador sintió de inmediato que algo denso y pesado había entrado en su cuerpo. Intentando serenarse, disparó su escopeta al azar y la serpiente se deslizó hacia los juncos. Volvió a casa con las piernas temblando, sintiéndose mortalmente enfermo, y apenas podía dormir o comer. Durante varios días no encontró a ningún médico local que pudiera ayudarlo, hasta que un hombre de Conocimiento, al enterarse del ataque de la serpiente, comprendió que el cazador no estaba enfermo, sino que había sido víctima de una maldición, de un *cutipar*, término común que se usa en la selva para designar las influencias negativas que tanto animales como plantas pueden ejercer sobre un ser humano cuando se sienten amenazados o cuando perciben que les faltan al respeto. El cazador requirió varios días de abstinencia y la ayuda del sabio para disolver el poderoso hechizo de la anaconda.

Hacerse amigo del paisaje

Gran parte de las enseñanzas que recibí de mis profesores estaba diseñada para fomentar el autoaprendizaje. Un aprendiz recibe instrucción directa, ciertamente. Pero el núcleo de nuestra práctica requiere que los curanderos principiantes utilicen esta instrucción para desarrollar sus propios métodos y su propio enfoque personal sobre el mundo de los espíritus. Por eso lo llamamos «Oficio».

En alguna ocasión, Pedro me dijo casualmente que subiera a cierta montaña, la cual bordeaba una zona inundada conocida como el Pantano de los Muertos. De esa lúgubre ciénaga, que se llamaba así porque se tragó y ahogó a muchas personas, se contaban muchas historias de fantasmas.

—Este sitio al que te envío puede ser bueno para ti —me dijo—. Sólo tienes que dormir allí una noche. Observa lo que aparece en tus sueños. Así sabrás si tiene algo que ofrecerte.

Al día siguiente crucé el pantano de aguas malolientes y por el sendero de la montaña subí hasta la cima, donde instalé mi tienda de campaña. Esa noche tuve un sueño extraño. Me visitó una figura femenina que tenía todo el cuerpo cubierto de pelaje rojo, como el de un zorro, y tenía abundantes patillas del mismo color. Se acercó a mí sonriendo y me preguntó si quería hacer el amor con ella. Le dije que no, que tenía una relación con otra mujer, lo cual era cierto. Me lo pidió varias veces más, pero seguí negándome, y finalmente me dijo con voz desgarrada: «Entonces, por lo menos abrázame con amor».

Nos abrazamos durante varios minutos, luego se separó y dijo que era hora de irse. Mientras se alejaba, giró de repente y gritó: «¡Mira!». En ese momento vi en mi sueño una piedra con forma de L que parecía un banco. «Esto es lo que todo el mundo busca», expresó. «Si lo encuentras, siéntate ahí». Me miró un momento más, con amor en sus ojos, y luego desapareció.

A la mañana siguiente, el clima de la montaña estaba despejado y frío. Mis provisiones ya se habían agotado y estaba mal vestido, sólo con unos pantalones cortos y una camiseta. Temblando, caminé varios kilómetros desde la cima de la montaña hasta llegar a un recodo del sendero donde vi exactamente el mismo banco de piedra que la mujer había señalado en mi sueño. No había ningún error; era el mismo.

A pesar del frío, mi intuición me dijo que me desnudara.

Me quité hasta la ropa interior, me senté en el banco, y enseguida el cansancio, el hambre, los escalofríos, todas las molestias de una noche fría en la montaña desaparecieron y me sentí muy bien. Me relajé y medité en una especie de trance. Al cabo de una hora, más o menos, me levanté y seguí bajando hasta llegar a un pueblo y luego a una carretera cercana, donde conseguí que me llevaran de regreso a Trujillo.

Todo ese día me sentí con la mente despejada y limpia. Cuando llegué a casa me di cuenta de que empezaba a percibir el mundo de una forma nueva, más clara y profunda. En las semanas siguientes descubrí que mi capacidad de ver dentro de la psique de un paciente había mejorado enormemente y que podía abordar sus problemas de una manera más sensible y enfocada. En cierto sentido, el hecho de sentarme en ese banco durante mi sueño había agudizado mis percepciones clarividentes, lo que me dio una mayor intuición y perspicacia, que nunca me han abandonado.

La siguiente vez que vi a Pedro le conté con entusiasmo sobre mi encuentro en la montaña y mi sueño. Mientras le relataba esa historia, él tallaba una larga pipa de madera. Cuando terminé, se me quedó viendo un momento, enarcó una ceja y siguió tallando.

A *veces los espíritus te quieren, a veces no*

Imagina por un momento que eres un aprendiz al que se le pide que haga amistad con un lugar en el desierto conocido por haber albergado actividades espirituales en el pasado lejano. Te acercas al lugar con oraciones y cantos, pidiendo orientación a los seres invisibles que lo custodian.

Puede que les gustes a estos seres invisibles y acepten guiarte, o no. Nada es seguro. Pero ni se te ocurra acercarte a ellos sin el debido respeto o tratando de aprovecharte para robarles sus secretos. Sabrán lo que pretendes y te evitarán. O por razones desconocidas puede que te miren con malos ojos. Si no eres bienvenido y sigues insistiendo, tal vez te ahuyenten o simplemente se quedarán callados. Por otro lado, si son comprensivos, se producirá una transmisión hecha a medida de quién eres, de la cantidad de conocimiento y energía que puedes procesar y de las ayudas psíquicas que mejor beneficiarán tus necesidades. Así es como crece tu práctica.

También habrá ciertos signos que aparecerán cuando los espíritus de un lugar sagrado aprueben tu presencia. Por ejemplo, puede que escuches o veas a algún animal de la región, que un ave de rapiña emita un graznido o que un zorro te observe desde lejos, o un oso o un venado. Son animales grandes y excepcionales que imperan en esa zona y, por así decirlo, entrañan espíritus embajadores de esa pradera o selva en particular.

Otro indicio de bienvenida es que bajo tus pies la tierra comience a moverse, pero no como si fuera un terremoto o un temblor, sino más bien es un movimiento que se concentra directamente debajo de tus pies. Puede que haya otras personas paradas cerca de ti, pero tú serás el único que lo sienta. A veces la tierra se sacude por unos pocos segundos, a veces como por medio minuto o más, pero sucede sólo para ti, la naturaleza te está diciendo que le agrada verte.

En otras ocasiones, un lugar mágico reconoce su alianza mediante un brillo que puede provenir de un árbol o de atrás de una roca. Tal vez escucharás que los espíritus te invitan a que te acerques. En ocasiones puede que oigas un armonioso acorde que pareciera estar dentro de tu cabeza y, al mismo tiempo, afuera. El acorde es muy distinto a cualquiera que hayas escuchado antes y sólo puede ser descrito como algo celestial.

Incluso hay momentos en que, de repente, el cielo se nubla y unos rayos de luz dorada caen como lluvia, provocando que te sientas maravillosamente en armonía con la naturaleza y las criaturas que la habitan. O aparece un arcoíris, aunque el clima esté seco, que crea una conexión profunda con las energías naturales que te rodean. Ver esto significa que los espíritus están bajando a tu nivel terrenal para decirte: «Aquí estoy. Bienvenido, nos da gusto conocerte. Siento afecto por ti». A partir de este momento, cada vez que visites este sitio en particular, siempre te dará una cálida bienvenida y quizás te envíe conocimiento en forma de visiones, sueños o un animal que te lleva un mensaje. A partir de ahora, éste es un lugar sagrado para ti y lo seguirá siendo mientras lo honres.

A veces, cuando estés de visita en un lugar especial, puede ser que una roca pida que te acerques a ella. Esto no quiere decir exactamente que te esté hablando, sino que emite un tipo de magnetismo que te atrae. Si le das un golpecito, sonará como una campana. Si te apoyas en ella, sentirás que una suave fuerza recorre tu cuerpo, de manera similar a lo que uno siente mientras hace ejercicios de *neigong*.

Los cuerpos de agua también tienen su propia forma de reconocerte. Un lago te invita a sumergirte en sus aguas porque quiere observarte y sentir tu alegría mientras nadas en él. Así es como se hacen amigos. Los ríos te cantan y te invitan a descansar en sus orillas. Las olas de los arroyos salpican y bailan con evidente intención de darte placer. Una cascada puede pedirte que te pongas debajo de ella durante unos instantes, y en esa breve inmersión recibes importantes mensajes de vida.

Por último, cuando llegas a un lugar de la naturaleza con la esperanza de hacerte su amigo, puedes sentir una presión en el vientre, como un suave empujón o tirón. El paisaje te pide entonces que realices una determinada acción, como verter agua en un árbol pequeño o buscar un anillo perdido bajo una roca.

Éstas son sólo algunas de las señales que indican que un lugar luminoso tiene afinidad contigo y está dispuesto a compartir sus misterios. Hay muchas otras. Ser consciente y estar abierto a ellas es el primer paso para sintonizar con los secretos murmullos de la naturaleza, tan importantes para la práctica de un chamán.

La calavera noble

En algunas zonas tradicionales de Perú, los miembros de una familia conservan en algún estante de sus casas los huesos de los padres o los abuelos. De todas las partes del esqueleto que se conservan, los cráneos son los más comunes. De hecho, los montones de restos humanos son una imagen habitual en muchas zonas del desierto y las playas peruanas, donde durante siglos los ladrones de sepulcros han desenterrado antiguas tumbas en busca de oro o, en los últimos tiempos, de antiguas vasijas o huacos, valuados en grandes sumas de dinero entre los coleccionistas. Durante las excavaciones, los ladrones arrojan los huesos en todas direcciones; he visto playas excavadas en Perú con restos de esqueletos y cráneos esparcidos hasta donde alcanza la vista.

A veces, los habitantes de la zona visitan estos lugares y recogen una calavera intacta. Se la llevan a sus casas y la colocan en algún rincón preferido, donde todos puedan verla. Le dan un nombre, le ofrecen comida preparada, fruta, alcohol o dulces; le hablan como si entendiera y, en general, la tratan como a una persona viva que es parte de la familia. A su vez, creen que el alma de la calavera asumirá que ha encontrado un hogar y protegerá a la familia de ladrones y espíritus malignos. Conozco a personas que juran que sus calaveras les hablan para hacerles predicciones o advertirles de peligros.

Alguna vez, mientras acampaba en una zona solitaria de la selva, un antiguo guerrero me visitó en sueños. Probablemente era moche o chimú, era apuesto y de una constitución fuerte, en su rostro tenía una expresión noble. Sus ojos eran transparentes e irradiaban sabiduría y confianza. Mirándome con fijeza, me advirtió que muy pronto nos encontraríamos. Lo único que me pidió fue que cuidara bien de sus dientes. «Si lo haces te ayudaré a conseguir lo que quieras en la vida», me prometió.

Cuando desperté estuve reflexionando en lo que el guerrero me había pedido, pero no pude relacionarlo con nada que tuviera que ver con mi vida. Sin embargo, había sido uno de esos sueños que uno sabe que son reales y que se quedan prendidos a nuestra memoria.

Varios meses más tarde exploré las ruinas de una ciudad moche en un acantilado alejado de los caminos principales. Cerca de las ruinas encontré un antiguo cementerio que, como la mayoría de los cementerios precolombinos, fue saqueado por los ladrones de tumbas. Había adobes rotos, montones de tierra, fragmentos de vasijas, trozos de tejido antiguo completamente intacto debido al aire seco. Aquí y allá pude ver montones de huesos blanqueados.

Mientras analizaba esta escena melancólica, tuve la sensación de que un rincón del cementerio me llamaba. Caminé hacia él y descubrí una cosa bulbosa que sobresalía del suelo. Era una calavera, pero no una calavera cualquiera. Era extraordinariamente grande y blanca, con una frente enorme y formada a la perfección, huesos faciales intactos y, sobre todo, una boca abierta con casi todos los dientes intactos, una rareza entre los cráneos antiguos y, supongo, entre la gente del pasado en general. Enseguida comprendí que esa cabeza pertenecía al visitante de mi sueño.

Cuando me di cuenta de lo que había encontrado, dudé y no supe qué hacer.

Llevarme la calavera a casa y convertirme en su protector desataría los poderes extraordinarios que prometió, de eso no tenía duda. No sería del todo una exageración decir que adoptarla sería como tener mi propio genio en una lámpara. Todo lo que necesitaba era hacer un pacto silencioso con el alma del guerrero y mantener la calavera y sus dientes a salvo de cualquier peligro. A cambio, él me daría cualquier cosa que le pidiera. Era así de fácil.

Sin embargo, para ese entonces yo ya había entregado mi corazón al curanderismo de la costa, que toma su poder de la naturaleza y de las herramientas de curación que uno ha adquirido, no de calaveras o huesos. Si entraba en una relación con el alma de esta calavera, me alinearía con el lado más oscuro del chamanismo, en el peor de los casos, y con la magia de la mesa, en el mejor caso. Hacer pactos con los muertos, lo sabía, siempre coloca a un chamán en la delgada línea que separa la magia negra de la blanca.

Pero además había otra cosa: si creaba un nexo con un muerto, esta conexión mantendría su alma atada a la tierra en vez de permitirle desplazarse hacia otros mundos, que sin duda serían mejores. Al aceptar la oferta de amistad del guerrero, irónicamente, estaría impidiendo su libertad definitiva.

Levanté la calavera y la miré fijamente por un largo tiempo. Si uno le dice «no» a un muerto de rango, se debe hacer de forma respetuosa. Cavé un hoyo de cierta profundidad en el cementerio y, con cuidado, coloqué la calavera en el fondo, rogando para que su alma encontrara la paz que estaba buscando. Delicadamente la cubrí con tierra fresca y murmuré mi adiós.

Luego le conté a Pedro la historia de mi encuentro en el cementerio. Después de explicarle lo que pasó, me miró con una sonrisa discreta.

—¿Entonces... no te quedaste con la calavera? —me preguntó como para estar seguro de lo que acababa de decirle.

—No, te dije que no me la había quedado. ¿Esto fue una prueba?

Se quedó un largo minuto sin decir nada, luego soltó una extraña carcajada. Su risa significaba: «¡Qué idiota!», o quería decir: «¡Este tipo va en la dirección correcta y ha pasado la prueba!». Nunca se lo pregunté.

Lección sobre las artes secretas

Al adentrarme en el cielo y la tierra del chamanismo de la costa norte, me sorprendió descubrir que lo invisible es, a su manera, tan real como la materia sólida. Influye en nuestros pensamientos y actividades cotidianas, normalmente sin que lo sepamos, determinando nuestro comportamiento tanto de forma positiva como negativa.

Empecé a darme cuenta de que las tres dimensiones ordinarias en las que trabajamos y jugamos, nos enamoramos, formamos familias, hacemos la guerra, llevamos negocios, vivimos y morimos

—ese mundo que creemos que es lo único real— constituyen la capa inferior de la realidad, el punto de partida de una jerarquía de planos que se extiende desde nuestro mundo material hacia arriba, a través de reinos psíquicos cada vez más refinados. Esta comprensión dio un nuevo significado al concepto mencionado en tantos libros y escrituras sagradas: que el mundo físico es una ilusión y que la mayoría de los seres humanos están espiritualmente dormidos.

Durante el primer año de mi formación, viví dos episodios que me enseñaron lo real que es el mundo invisible. Estos acontecimientos me hicieron comprender con humildad que todo lo que un chamán puede hacer es experimentar este reino, trabajar con él, comunicarse con él, pero nunca comprender verdaderamente la profundidad de sus misterios.

En aquellos primeros meses de mi aprendizaje, tenía un amigo que se interesaba por las prácticas tradicionales y ya había probado varias veces el cactus psicodélico llamado San Pedro. Me habló de sus beneficios espirituales con tal poder de convencimiento que acepté probarlo con él. Esa sería mi primera experiencia con una planta sagrada.

Con otros dos amigos, quienes compartían mi forma de pensar, abordamos un autobús hasta un valle árido del norte de Perú. Desde allí caminamos por varios kilómetros de terreno árido y acampamos junto a un arroyo.

Luego de instalarnos, tomamos una bebida hecha exclusivamente de San Pedro. Era amarga y espesa, y me provocó ligeras náuseas.

Me acosté de lado durante varios minutos, percibiendo muy poco y con la sensación de que me estaba quedando dormido, hasta que de repente escuché unos extraños sonidos procedentes del arroyo cercano. Cuando me levanté para mirar, vi a un grupo de seres de 8 o 9 centímetros de altura que estaban remando en el agua. Hablaban con voces bulliciosas y chillonas, jugaban, era evidente que se divertían y de vez en cuando se me quedaban mirando. Sus rostros eran humanos, algunos sonrientes, otros no, mientras que sus torsos eran como los de los tritones o las sirenas, translúcidos y con escamas. Supe instintivamente que estos encantadores tritones eran los espíritus guardianes del arroyo. Después de verlos retozar durante varios minutos, sus cuerpos se volvieron gelatinosos y toda la comunidad se fundió en el agua. Me quedé allí esperando que volvieran. Pero esto no sucedió.

Cuando era evidente que ya no estaban, recorrí la zona, aturdido por lo que había visto. Mientras caminaba, vi a lo lejos la silueta de una cordillera y me di cuenta de que algunas de esas montañas tenían un sutil brillo, mientras que otras eran oscuras. Fue la primera vez que comprendí que algunas montañas tienen un carácter mágico distintivo, mientras que otras son simplemente montañas. Caminando entre la maleza, noté que algo se movía a mi derecha. Al principio creí que era un animal, pero luego me di cuenta de que el movimiento era subterráneo. Con mi visión ampliada pude «ver» con detalle el cuerpo de una mujer muerta, que se revolcaba por debajo del suelo, claramente infeliz de estar allí. Cuando pasé por delante de su tumba, emitió un extraño sonido metálico y me dijo, en un lenguaje silencioso, que había sido asesinada y arrojada al agujero. Me preguntó si podía liberarla de su estado fantasmal.

No tenía ni idea de qué hacer en una situación así. Recordemos que acababa de empezar mi formación como curandero y no tenía experiencia en trabajar con las almas de los muertos. Así que susurré una larga oración para pedir por su bienestar y seguí caminando.

⚘

Seis meses más tarde tuve otra experiencia con San Pedro, esta vez acompañado por dos de mis mejores amigos. Pasamos nuestro primer día en la naturaleza explorando las ruinas del Cerro Campana, una enorme e importante montaña sagrada cerca de Huanchaco, en la zona de Trujillo. Aunque estas ruinas no son secreteas, el norte de Perú está lleno de ruinas que son totalmente desconocidas, no sólo para los arqueólogos sino también para los nativos peruanos. En sí mismo, el Cerro Campana tiene una vista demasiado imponente. Es un monumental pico rocoso de 1000 metros de altura que parece surgir del desierto plano y cuya cima está casi siempre envuelta en nubes. Los habitantes de la zona de Trujillo contemplan su misteriosa presencia con enorme reverencia y un poco de miedo. La montaña ha sido representada artísticamente desde la antigüedad, y sigue siendo un tema popular para los artistas locales.

Una bruja de la que aprendí muchas cosas me sugirió, hace poco, que cuando bebiera San Pedro dibujara primero una cruz en el suelo con un palo y vertiera sobre ella un poco del brebaje como ofrenda. «Es necesario conectar con el lugar», me dijo, «como si el lugar fuera una persona y le pidieras que te acepte. Hazlo», me sugirió en forma enigmática mi maestra, «y podrás ver la tristeza y la luz».

Empezaba a oscurecer cuando los tres emprendimos el camino a la montaña. Al encontrar una ruina pintoresca nos detuvimos e instalamos nuestras tiendas de campaña, para luego tomar la medicina. Mientras esperaba a que hiciera efecto, me di cuenta de que lenta e indudablemente la montaña comenzaba a iluminarse, como si alguien estuviera encendiendo sus luces con un regulador de intensidad. Cuando su luz alcanzó una máxima potencia, resplandeció con un color dorado y verde brillante. Todos fuimos testigos de ello.

Sentado en una barda de piedra, mientras contemplaba este radiante espectáculo, comencé a sentir una tristeza y una nostalgia abrumadoras.

Era difícil entender lo que estaba ocurriendo y por qué, pero al cabo de varios minutos las cosas se aclararon: estaba experimentando una iniciación en la compasión; es decir, por razones que no comprendía del todo, estaba conectando con el dolor y el desamor colectivos que mis pacientes ancianos del hospital habían experimentado durante toda su vida. Estas personas sabían que, por mucho que se esforzaran en mejorar su bienestar, nunca alcanzarían a tener la buena fortuna y la seguridad que daban por sentado quienes gozaban de una alta posición en la escala social. Algunos vieron cómo sus padres morían en terribles circunstancias y no pudieron pagar la medicina para ayudarlos. Sus hijos y nietos no tenían acceso a la educación. Vivían en tugurios y a veces ni siquiera tenían para comer. Trabajaban por unos pocos soles a la semana en oficios de poca importancia, y si se enfermaban o se lesionaban en el trabajo, la empresa los dejaba sin prestaciones y sin sueldo. Todo parecía demasiado injusto: tanta gente que en el mundo nacía con muy pocas oportunidades y muchas desventajas. Pensé que era extraordinario que mis pacientes siguieran adelante con sus vidas de forma tranquila y noble a pesar de semejante desesperanza.

Estos sentimientos de desolación se hicieron cada vez más intensos hasta que empecé a sollozar convulsivamente. Al cabo de varios minutos, sentí un dolor punzante en el pecho y empecé a tener dificultades para respirar. Me di cuenta de que el San Pedro estaba deshaciendo una reserva de dolor que, dentro de mí y por mi propia protección emocional, había reprimido mientras trabajaba con estas personas maltratadas.

Sentado allí, en un estado de angustia, pensé que podría desmayarme o incluso morir. Estaba a punto de empezar a sollozar de nuevo cuando, de repente, la tierra arenosa comenzó a cimbrarse delante de mí y un ser de menos de 30 centímetros de altura, con un aspecto en parte humano y en parte de otro mundo, se abrió paso desde el suelo. Su cabeza era similar a la de un bebé, pero al mismo tiempo como la de un adulto. Su piel era oscura y su complexión un tanto regordeta, con un curioso aspecto de elfo y, a la vez, de un antiguo rostro peruano. Tenía una serena presencia real, acentuada por una túnica enjoyada que producía una luz de belleza cósmica. Este pequeño y sublime ser, comprendí, era el monarca del Cerro Campana. Cada montaña importante tiene su rey o reina espiritual, quien cuida a los habitantes que viven en los alrededores. Las entidades de este tipo vienen de un lugar elevado en el mundo de los espíritus y siempre son extremadamente generosas con los humanos que buscan la Medicina.

Nos quedamos mirando durante unos minutos. Sus ojos brillaban, pero no hubo ninguna conversación entre nosotros ni ninguna comunicación telepática. Nuestra mirada misma era el mensaje.

Luego, para mi sorpresa, me habló y me dijo que quería darme un regalo. ¿Qué cosa sería más preciosa para mí? Le dije que me gustaría ser un mejor ser humano y poder ayudar de manera genuina a otras personas.

Sin dudarlo, sopló hacia mi rostro una sustancia blanquecina que sabía a polvo. Este sorpresivo soplo me despertó e hizo que mis emociones se activaran.

Un momento después, una corona de luz inundaba el cielo.

Miré hacia el Cerro Campana, donde parecía que había fuegos artificiales estallando en la cima, al igual que ocurría en mi interior. Sentí que la cumbre de la montaña me invitaba a acercarme.

Cuando miré hacia abajo me di cuenta de que estaba descalzo. No recuerdo cuándo ni dónde me había quitado los zapatos. El suelo a mi alrededor estaba cubierto con filosas rocas volcánicas, cactus y zarzas, y es muy probable que hubiera víboras venenosas. Sin embargo, cuando comencé a caminar, no sentí dolor en los pies. De hecho, no sentí nada en absoluto. Ni siquiera estaba mirando el suelo cuando caminaba, de manera que me pregunté si no estaría flotando. Seguí avanzando por el sendero, sin acordarme del pequeño rey, porque mi mente estaba concentrada en el llamado de la montaña. El fulgor cambió de nuevo de manera gradual y se convirtió en una lluvia de luz indescriptiblemente brillante. Me sentí sobrecogido. Se me doblaron las piernas y caí de rodillas. Ya no era capaz —o más bien, digno— de mirar hacia arriba. La montaña y la luz que me rodeaban eran demasiado majestuosas para mirarlas. Yo era demasiado pequeño, demasiado humano. Durante muchos minutos me quedé arrodillado y con la cabeza apoyada en la tierra.

Cuando por fin miré hacia arriba, la luz de la montaña había desaparecido y el geniecillo aristocrático no se veía por ninguna parte. Mi respiración había vuelto a la normalidad y todos los rastros de tristeza y desesperación se habían esfumado. En su lugar, sentía paz y alegría con una profundidad que nunca antes había experimentado.

Algo interesante de este encuentro en el Cerro Campana es que mientras yo experimentaba esas maravillas —el rey que salía del suelo, la lluvia de luz—, uno de mis amigos estuvo cerca de mí todo el tiempo y fue testigo de lo que me pasó. Cuando regresamos al campamento, fue él quien primero habló de lo ocurrido, expresando que le había asombrado ver el estallido de luz que, según su punto de vista, parecía estar reduciéndome a cenizas. Aunque para mí estas experiencias parecían ultra reales en el momento que sucedían, cuando se trata de lo sobrenatural siempre existe la posibilidad de que la imaginación juegue su parte. Cuando mi amigo me dijo que había visto lo mismo que yo, supe con certeza que el corazón secreto del mundo es un lugar mágico.

Al interior del lado oscuro

Cuando aún era aspirante a curandero, varios maestros hicieron hincapié en que se necesitaba contrarrestar las fuerzas oscuras que tendría que enfrentar en mi papel de ayudante y sanador. Esas fuerzas pervierten tanto a pacientes como a chamanes y alientan a gente aparentemente buena a entregarse a comportamientos muy viles y autodestructivos. El aprendizaje de este Oficio, insistían mis maestros, me exigía que, de primera mano, fuera testigo del lado malvado de la psique humana para aprender a neutralizarlo.

Como lo podrán recordar, una vez me explicaron lo importante que era para un curandero permanecer ajeno al miedo, al disgusto o a ambos cuando realiza una cura y cuando se enfrenta a fuerzas oscuras.

Es raro que la gente común se encuentre con un hombre o una mujer abiertamente malvados. La mayoría de nosotros somos una mezcla de lo bueno y lo no tan bueno, y si albergamos impulsos malvados tenemos normas morales y educativas para oponernos a ellos. También es raro que los profanos sean testigos de las prácticas notablemente crueles que llevan a cabo ciertos hechiceros y brujos, y de cómo, por voluntad propia, liberan en el mundo fuerzas que sólo pueden describirse como demoníacas.

Para un chamán bueno, ser testigo del mal en otros es algo habitual. Esto es cierto, en primer lugar, porque con frecuencia los curanderos se enfrentan a maldiciones, a espíritus malévolos y a siniestros oponentes chamánicos como parte de su vocación; y en segundo lugar, porque muchos de los problemas que los pacientes traen a una ceremonia sagrada provienen de las emociones depravadas u odiosas que albergan en su interior.

Durante mi formación, el trabajo de mis guías era ayudarme a desarrollar métodos para contrarrestar a los hechiceros malintencionados. Y, lo que era aún más perturbador, a veces mis maestros organizaban situaciones reales en las que intencionalmente me enfrentaban a hechiceros que no dudaban en hacerle daño a la gente o incluso matarla. Las lecciones de estos encuentros me enseñaron, en una noche, más de lo que podría haber aprendido en un año, e imprimieron en mi mente imágenes infernales imborrables.

Una tarde, mientras me preparaba para participar en una ceremonia con plantas, comencé a sentir una extraña tensión en el aire. El chamán con quien había estado estudiando en esa época actuaba de forma rara, como lo hacen las personas que tienen un secreto que van a revelar por sorpresa. Ésta iba a ser una noche memorable, para bien o para mal.

Cuando la ceremonia dio inicio comencé a gozar el efecto de las plantas. De repente, sentí que la energía de mi cuerpo era succionada y transportada en el vacío a través de una gran distancia para, al fin, aterrizar en una playa desierta y salvaje, cercana a un acantilado de piedra que se alzaba amenazante sobre mí. El cielo estaba nublado y se veía anormalmente oscuro.

Me quedé ahí por varios minutos tratando de orientarme, luego noté la silueta de un hombre que se movía cerca de una grieta del acantilado.

Si bien la noche estaba impenetrablemente oscura, la Medicina me otorgó el poder de ver lo oculto, y vi el rostro de aquel hombre. Un lugareño de sangre mestiza que, aunque no lo conocía en persona, de inmediato lo reconocí como un hechicero de magia negra.

Podría parecer extraño que me haya dado cuenta de esto tan rápido. Pero ante los ojos de un curandero, incluso de un novato como yo, un brujo de magia negra tiene un determinado aspecto, como si fuera un muñeco animado. La piel de este hombre se veía abotagada e hinchada, sus labios estaban abultados y sus ojos saltones semejaban botones en un muñeco de trapo, por eso parecía artificial, como si alguien lo hubiera cosido o dibujado. Lo observé moverse en las sombras y comprendí que era un ser vicioso. Pero, sobre todo, entendí que el chamán que esa noche dirigía la ceremonia era el que estaba organizando este encuentro para educarme. Se trataba de una enseñanza dentro de otra.

Mientras lo estuve mirando, el área que me rodeaba se iluminó levemente, ya sea debido a la luna que aparecía entre las nubes o por el aliento de los espíritus ¿Quién podría saberlo? En ese momento tuve la visión más grotesca que jamás haya atestiguado como estudiante del chamanismo. El brujo de las sombras sostenía una cabeza humana, la movía hacia arriba y abajo como si fuera un pedazo de carne. Es probable que la cabeza hubiera sido robada de algún cementerio y fuera de un ser que había muerto recientemente. Su piel estaba empezando a secarse y encogerse.

Aunque yo estaba parado cerca de él, parecía que el brujo no se había dado cuenta de mi presencia. Deseando que con mi estado espiritual pudiera moverme sin ser percibido, me acerqué despacio para ver qué estaba haciendo. De nuevo sufrí un sobresalto: estaba colocando fotografías tamaño pasaporte, tanto de hombres como de mujeres, en la boca de esa cabeza.

Después, mi instructor me explicó que el brujo estaba transmitiendo distintos tipos de sufrimiento a la gente de las fotos. Podría haber sido una maldición sexual o una enfermedad física. Lo más probable es que lo hiciera por venganza. Cuando uno trabaja de esta manera con la energía de los muertos, me explicó, casi siempre es para hacer daño a los enemigos, hacer que se enfermen o incluso para matarlos. Me quiso decir que éste era el tipo de maldad que tendría que enfrentar cuando me convirtiera en un curandero hecho y derecho.

Quizás todo esto fue una prueba, pensé, aunque lo tomé más bien como un entrenamiento. Aun así, ver al brujo realizar su macabro trabajo me enfureció y tuve el impulso de salir de mi burbuja invisible para desafiarlo. De inmediato escuché la voz de mi maestro advirtiéndome que yo no era aún lo suficientemente fuerte para desafiar a un hechicero tan poderoso y que, si lo enfrentaba, me iría mal. En el mundo del curandero, advirtió, la victoria no es para el bueno, sino para el más poderoso. Luego añadió que los espíritus de los moches me habían estado observando todo el tiempo y que estaban complacidos de ver que había reaccionado con mucha furia cuando me enfrenté a la atroz maldad.

Descubrimiento de la Amazonia

Durante mis años de aprendiz, viajé mucho a través de regiones selváticas, en un intento por encontrar lugares de resonancia mística y espiritual.

En particular, siempre me había intrigado la peligrosa pero seductora selva de la Amazonia, que había visitado brevemente cuando era adolescente; desde entonces, la amé por su exuberante naturaleza y su aire de misterio y peligro. Era raro encontrar en la selva rastros de antiguas culturas. A diferencia de las zonas más secas de la costa y los Andes, las viviendas deshabitadas desaparecen rápidamente en las hambrientas fauces de la selva, asfixiadas por su red de lianas y enredaderas. Sin embargo, la selva ofrece un sinfín de sorpresas. A veces, en la parte más espesa y remota, los viajeros se topan con enormes ciudades desiertas, con hectáreas de muros de piedra y edificios en ruinas. Estos lugares ocultos son, en su mayoría, desconocidos para el mundo exterior y, en ocasiones, incluso para los aldeanos indígenas que viven cerca.

Durante esos años itinerantes me fascinó especialmente la zona sur de Cajamarca, al oeste de San Martín, y el extremo oriental de La Libertad, una zona de transición donde las altas cumbres andinas se transforman en colinas y luego se aplanan hacia el este, formando verdes áreas selváticas. Es la antigua tierra de los chachapoyas, una poderosa nación selvática que fue conquistada por los incas. En esta región viajé de pueblo en pueblo, aprendiendo acerca de las hierbas curativas y buscando personas que siguen practicando los vestigios de esos antiguos conocimientos. Incluso en la actualidad, esta región tiene pocos caminos pavimentados, y yo realicé la mayor parte de mis exploraciones sobre estos senderos de tierra en camionetas del transporte público, a caballo o a pie. Cuando encontraba alguna comunidad que tuviera un curandero de buena reputación, me quedaba con él algunos días y le pagaba una renta o a veces colaboraba en la cocina o en el trabajo del campo para pagar mi estadía. Si le caía bien, el curandero iba compartiendo conmigo un secreto aquí, otro más allá. A veces se trataba de la transmisión oral del conocimiento, como historias o instrucciones. En otras ocasiones transmitía un lenguaje corporal o susurraba recetas de plantas sagradas.

Durante este período de travesías y búsqueda tomé la ayahuasca por primera vez.

Nuevas formas de la antigua magia

Si bien yo conocía las sustancias que alteran a la mente, ya que varias veces había probado San Pedro y otras plantas psicoactivas, la ayahuasca pertenecía más a la Amazonia que a las partes occidentales o centrales del país. Fue aquí donde descubrí sus notables poderes de transformación.

En mi primera ceremonia de la ayahuasca me senté en un círculo formado por un puñado de viajeros bajo la supervisión de un chamán que había sido particularmente generoso al compartir sus prácticas conmigo. En el chamanismo de la Amazonia, los rituales de la ayahuasca se celebran de vez en cuando en campos, pero lo más común es que tengan lugar en un sitio abierto, dentro de una especie de cabaña conocida con el nombre de maloca. El interior de una maloca puede tener alrededor de 12 a 15 metros de ancho, esto depende de la cantidad de pacientes para los que haya sido construida. Es casi siempre redonda y está coronada por una cúpula alta hecha de palmas. Se considera que es un espacio sagrado, por lo que se construye a varios cientos de metros de cualquier otro edificio del pueblo.

Esa primera noche, una hora después de haber tomado el brebaje de la ayahuasca, a través de las puertas de mi conciencia comenzó a marchar un desfile de espíritus ondeando una tela luminosa. Sobre la tela flotaba en el aire una pequeña serpiente cuyos ojos estaban enfocados en mí con una intensidad desconcertante. El desfile se detuvo donde yo estaba sentado y la serpiente se deslizó hacia mí, haciéndose cada vez más grande, más gruesa y tremendamente larga, como una anaconda gigante. Desplazándose cerca de mi pecho, de repente se abalanzó para entrar en mi abdomen y llenar mi estómago.

En el momento en que la serpiente se acomodó en mis entrañas, mi estado de conciencia se convirtió en una urdimbre tejida de fibras vegetales verdes. Mi pecho se convirtió en una red de helechos y filamentos de la selva. Extrañas figuras, algunas mitad humanas y mitad vegetales, me miraban desde las diferentes dimensiones de este vórtice de vegetación. Mis venas y mis arterias se volvieron lianas color café, que se ramificaban en todas direcciones y hacia cada célula de mi cuerpo. Los colores que me rodeaban eran sorprendentemente intensos y brillantes. La selva se presentaba ante mí y me engullía, me convertía en una parte de su mundo y, pensé, también en parte de su conciencia universal vegetal. Me di cuenta de que estaba aprendiendo una forma de curanderismo que era parecido al que practica mi linaje nativo de la costa occidental, pero de una forma distinta. Desde ese momento, quedé dividido: una parte de mí se encontraba en la costa y la otra en la selva.

Durante varios de los años siguientes realicé numerosos viajes a la selva para aprender los procesos de las ceremonias de la Amazonia y conocer las plantas psicoactivas que no crecen en el norte. Me acerqué en especial a un chamán de la selva que me enseñó mucho sobre su Arte. Al principio me dejó recolectar las hojas y las lianas.

Después me mostró las maneras de plantar y cosechar la medicina, y finalmente cómo servirla durante una ceremonia, pero en particular cómo entender las energías de la planta y su armonía única en la selva. Fue en este periodo que, de manera gradual, comencé a pensar que cuando ya fuera un curandero del todo formado, realizaría gran parte de mis sanaciones en la selva. De hecho, así es como pasó.

Una lección sobre la Regla de Oro

Quienes aspiran a practicar este Oficio necesitan comprender y aprender innumerables aspectos. No me refiero sólo al aprendizaje para curar una adicción o neutralizar hechizos, sino también a aprender de los profundos retos personales que los chamanes y los pacientes pueden tener que afrontar durante un ritual de plantas y después de que éste haya concluido. A ellos me refiero como la Primera y la Segunda Regla de Oro.

La Primera Regla de Oro es que en una ceremonia chamánica bien llevada nunca pasa algo que empuje a los participantes más allá de sus límites psicológicos y emocionales. Se les puede pedir a los participantes que abracen las zonas más feas de su psique, pero nunca se les impondrá un reto que esté por encima de su capacidad. Mientras experimentan un viaje mental que les obliga a enfrentarse a su lado más oscuro, los pacientes pueden sentir que les resulta demasiado doloroso aceptar este momento de verdad, y que es aún más difícil trabajar con él. Pero se termina el momento del encuentro y se abre un claro iluminado por el sol dentro del campo del autoconocimiento, entonces resulta evidente el motivo por el que esta difícil prueba era necesaria. Siempre que los pacientes se quejan de que una sesión fue en extremo agobiante, les pregunto lo mismo: «¿Valieron la pena esos momentos angustiantes que vivieron?». No puedo decir que todos responden afirmativamente, pero la mayoría dice que sí.

Después está la Segunda Regla de Oro, de la cual hablaremos a lo largo de este libro. En ella se sostiene que las lecciones aprendidas durante una ceremonia con frecuencia regresan en las siguientes semanas o meses para ponernos a prueba. La siguiente historia nos ofrece un ejemplo de la intensidad con que esta Segunda Regla de Oro puede afectar nuestra vida y la vida de otros.

En determinado momento de mi aprendizaje, cuando estaba estudiando la Medicina de la Amazonia, tuve que regresar a mi casa en Trujillo tras varias semanas de intenso entrenamiento en la selva. Dos días después, el asistente del presidente municipal de un distrito cercano a la ciudad me ofreció trabajo.

En aquella época yo estaba vinculado a un grupo de lugareños preocupados por la protección del medioambiente que trabajaban en contra de la tala y la deforestación. El asistente me preguntó si me interesaría un trabajo de un día para acompañar a estas personas e investigar una escarpada montaña que estaba justo a las afueras de Trujillo. Nuestra misión sería escalarla, crear un mapa de sus senderos, buscar sitios interesantes y ruinas, tomar fotos y después presentar un reporte con nuestra opinión sobre la posibilidad de promover esa área como una atracción turística para caminantes y ecologistas.

Diez personas pertenecientes al grupo aceptaron el trabajo, entre ellos yo.

El día convenido abordamos una vieja camioneta y nos dirigimos a un barrio pobre al pie de la montaña. A medida que recorríamos sus calles nos dimos cuenta de las miradas hostiles y de cómo varios de los habitantes del pueblo sostenían en sus manos palos y piedras, para darnos a entender que nos consideraban intrusos indeseables.

Al llegar a las faldas de la montaña comenzamos a caminar por un sendero pedregoso y lleno de zarzas, que ascendía en alocadas curvas y desniveles. Los miembros de nuestro grupo llevaban objetos de valor como cámaras digitales y teléfonos móviles, que en aquella época eran una novedad en Perú. Nuestro equipo fotográfico estaba en una mochila que cargábamos por turnos.

Después de más o menos una hora de escalar esa difícil subida, llegamos a una meseta. Allí desertaron cuatro miembros del grupo; decían que estaban demasiado cansados como para llegar a la cima y que nos esperarían. Un poco más arriba, otros tres miembros hicieron lo mismo.

Tres de nosotros continuamos de frente y hacia arriba: yo, un estudiante universitario llamado Manuel y una mujer de diecinueve años que se hacía llamar Siso.

A medida que subíamos, el sendero se hacía cada vez más estrecho, hasta que se redujo a metro y medio. Una hora más tarde llegamos a la cima, donde no sólo encontramos una vista espectacular de la lejana Trujillo, sino también varias maltrechas construcciones de adobe que databan de siglos atrás. Por lo general, si se encuentran construcciones antiguas en la cima de cualquier montaña importante de Perú, se puede suponer que se utilizaron de forma ceremonial para comunicarse con el sol o para abrir puertas de acceso a los espíritus.

Durante poco más de diez minutos estuvimos inspeccionando la cima, tomando fotos y escribiendo sobre lo que veíamos, hasta que decidimos que era hora de bajar. No habíamos avanzado más que unos pocos metros cuando vi que cinco hombres de aspecto fornido estaban a unos 15 metros por debajo de nosotros y caminaban decididamente por el sendero en nuestra dirección. Tenían sus rostros a medio cubrir con unos pañuelos, no había ninguna posibilidad de que fueran simples excursionistas o turistas.

Al ver que Manuel y Siso no estaban conscientes del peligro, les dije que debíamos prepararnos para enfrentar problemas. Ambos se rieron. Manuel me aseguró que los hombres serían de algún otro grupo ecologista y empezó a caminar por el sendero para saludarlos. Siso se quedó a mi lado, moviendo la cabeza, indecisa ante mi precaución, hasta que uno de los hombres gritó: «¡Eh! ¿Cuántos están allá arriba?». Al oír esta pregunta, Manuel se puso nervioso.

—¡Somos diez! —contestó él; después se dio la vuelta y comenzó a caminar hacia nosotros.

Los hombres se rieron ante la evidente mentira. Luego, con voz medio histérica, uno de ellos gritó: «Entonces los diez van a morir hoy».

Esta amenaza animó a los otros hombres, quienes apuraron su paso para subir por el sendero. Mientras lo hacían, uno de ellos sacó de su camisa un largo cuchillo de cocina. Otros dos sacaron pistolas. En ese momento estaban a menos de 30 metros de distancia.

Me quedé en la cima observando cómo se desarrollaba esta alarmante escena, con la mente a mil por hora.

¡Qué estúpido había sido al no llevar un arma! Sabía de antemano que esta era una zona de riesgo y que recientemente se habían registrado varios hechos violentos en el área. Cuando voy a una zona desconocida del país siempre llevo una navaja o un machete. También tengo un látigo de acero de mis años de *gongfu*. Ese día no llevaba nada.

Miré alrededor de la cima de la colina donde estábamos parados Siso y yo, pero sólo vi escarpados acantilados rocosos que descendían por todos lados. Siso estaba aterrorizada y se acurrucaba junto a mí. Mientras observaba a los hombres que se acercaban, recordé muchas cosas, pero sobre todo la Segunda Regla de Oro: las elecciones que hace un paciente o un chamán durante un rito de plantas sagradas pueden volver en el futuro para ponernos a prueba en el mundo físico. En el caso de esos cinco bandidos que alardeaban en medio de nuestro camino, me recordaban claramente a seres satánicos que había conocido en el plano espiritual durante una reciente ceremonia de la ayahuasca. La similitud era evidente, no sólo por su aura de energía hostil, sino por su aspecto físico real. Así, pensé, es como se verían los demonios si uno se cruzara con alguno de ellos por la calle de una ciudad. Eran esas mismas criaturas torpes y poderosas con rostros malformados las que me amenazaban ahora en el mundo corpóreo como lo habían hecho anteriormente en el invisible.

Al mirar fijamente a estos hombres que se acercaban de manera intempestiva hacia donde estábamos, comprendí que al igual que uno no puede llegar a un acuerdo con demonios, tampoco tendríamos oportunidad de hablar con ellos y convencerlos de que no nos dañaran. Pelear ni siquiera era una opción. No teníamos salida.

Rápidamente tres de los hombres nos alcanzaron, dos de ellos con armas desenfundadas.

Miré a mi alrededor para ver si teníamos alguna ruta de escape, pero por todos lados nos rodeaban acantilados mortales. Abajo, en el sendero, pude ver que los otros dos hombres habían emboscado a Manuel. Uno estaba manoseando su teléfono móvil y el otro lo golpeaba sin piedad. Le susurré a Siso que se mantuviera cerca de mí y que hiciera exactamente lo mismo que yo. Uno de los hombres nos apuntó con su arma, maldijo y gritó: «¡Si te mueves, te mato!». Mi único pensamiento en ese momento era que nunca permitiría que esa fuerza oscura me ganara o me sometiera. Al instante giré y salté por el acantilado, esperando que Siso me siguiera y que la caída no fuera tan pronunciada como parecía.

Después de caer como 5 o 6 metros aterricé en la profundidad, resbalé por el suelo, me golpeé contra las rocas y rodé sobre los cactus, me raspé la espalda y la cabeza, y con un gran alivio me di cuenta de que estaba en un precipicio empinado pero no vertical. Tenía la ropa rasgada porque las espinas de los cactus se me habían clavado por todas partes y mi cuerpo estaba bañado en sangre. Mientras rodaba miré a mi alrededor en busca de Siso. Era evidente que no me había seguido en el salto, porque no se la veía por ninguna parte.

En mi caída pude aferrarme a la raíz de un árbol. En ese instante, una bala se estrelló en una roca cercana. Otra despedazó un cactus y dos más pasaron por encima de mi cabeza. Uno de los hombres de la cima me disparaba por el enojo que le provocó mi huida, sin duda, pero también porque yo llevaba una mochila y él suponía que estaba llena de costosos aparatos de alta tecnología. Tratando de que no me viera, seguí deslizándome, por momentos saltando 2 o 3 metros desde salientes rocosas.

Después de lo que parecía una eternidad, aterricé en una meseta que estaba fuera del campo visual del que disparaba.

Me quedé ahí tumbado durante unos minutos tratando de recobrar el aliento. Tenía los brazos ensangrentados y las piernas temblorosas, pero aún funcionaban. Me pregunté qué les estaría pasando a Siso y a Manuel, ¿cómo podía ayudarlos? Me sentía extremadamente débil y era imposible e inconcebible volver a subir la colina, así que comencé a rezar.

Le pedí a Dios y a los espíritus de la montaña que protegieran a Siso y a Manuel, que los resguardaran de sufrir cualquier daño. Les pedí que los perdonaran para que de alguna manera pudieran salir de este infierno protegidos y con vida.

Después de rezar durante varios minutos, comencé a sentirme extrañamente mareado y con náuseas. Entonces, de repente, un dolor agudo estalló en mi pecho, como si mis costillas fueran a romperse y se me abriera el esternón. Tuve la sensación de que un agujero se había abierto en mi pecho y de él brotaba, no sé cómo llamarlo, ¿agua, viento, una fuerza vital? Mientras esto sucedía, sentí una extraña sensación de alivio, además de una gigantesca explosión de energía en mi interior.

Un momento después oí un fuerte graznido. Cuatro halcones sobrevolaban la tierra en parejas, luego doblaron y volaron hacia la cumbre de la montaña. Yo estaba seguro de que la llegada de estos halcones era un mensaje de la montaña para avisar que todo iría bien.

Descansé otro poco en la orilla y continué hacia abajo. El barranco se había vuelto menos abrupto y, como pude, recorrí el resto del camino a pie. Al llegar abajo caí en la cuenta de que estaba peligrosamente cerca del pueblo que nos trató de manera hostil, y que de seguro allí vivían nuestros verdugos. Para estar a salvo decidí caminar por el otro lado de la montaña.

Luego de avanzar durante un kilómetro y medio, atravesando un paisaje de praderas, el sendero me llevó a una gran duna.

Cuando subí, miré hacia abajo y vi un pueblo de gente marginada que vivía en chozas precarias hechas de un plástico industrial azul, rodeadas de montones de basura y cerdos que deambulaban de casucha en casucha. La mayoría de las estructuras se erguían alrededor de una gran fosa llena de basura.

En varios momentos de mi vida he habitado zonas de pobreza extrema, sin agua ni servicios básicos, pero esto era todavía más extremo. Nunca antes había visto a seres humanos que vivieran en condiciones tan precarias y tristes. Cuando me vieron en la cima de la duna, alguien lanzó un grito, y una pandilla empezó a correr hacia mí agitando palos. Era evidente que ante sus ojos yo era un intruso. Su reacción era rudimentaria, primitiva y territorial. Sin embargo, yo estaba sorprendentemente despreocupado. Después de la experiencia de saltar desde un acantilado, de que me dispararan y de sufrir una explosión de energía de purificación en el pecho, no tenía miedo. Había estado expuesto a una muerte segura varias horas antes y logré escapar. Los halcones volaron por encima. Nada podía lastimarme.

Desde lo alto de la duna miré a la multitud que corría hacia mí. Creo que yo también era un espectáculo intimidante, cubierto de babas y espinas de cactus que sobresalían, con numerosas heridas que me bañaban en sangre. «¡Muy bien, adelante!», me dije pensando, «si quieren morir, moriremos todos juntos».

De inmediato, casi sin querer, bajaba la duna hacia donde estaban ellos. Los desafiaba con mi mirada para que levantaran sus palos. Al acercarme a la multitud, la gente se separó espontáneamente, formando una especie de pasillo por el que pude caminar. En el aire se sentía un total silencio, pero también una profunda tensión. Ellos hacían movimientos espasmódicos y emitían gruñidos. Atravesé de prisa ese estrecho túnel humano girando la cabeza de un lado a otro, mirándolos fijamente pero también sintiendo una profunda pena por lo que debían ser sus vidas.

Crucé entre la multitud sin que me hicieran daño, y seguí caminando hacia las llanuras desiertas de los alrededores. Casi una hora después llegué a un barrio pobre construido con casas de cartón, donde tomé un triciclo taxi motorizado que me llevó hasta mi vecindad en Trujillo. Luego tomé un taxi hasta la comisaría del área de la ocurrencia.

Para resumir la historia, todos los miembros de mi grupo habían sido rescatados por la policía de Trujillo. Los siete que se quedaron en la meseta de la montaña fueron asaltados, pero luego los dejaron ir. Siso estaba herida en el hospital, pero no la habían atacado sexualmente. Manuel estaba mal por la paliza que le dieron, pero iba a recuperarse.

Cuando fui a visitar a Siso, me contó lo que había vivido. Después de saltar por el acantilado, los malhechores le dijeron que me habían matado de un disparo. De pie en medio de la montaña, paralizada y llorando, varios bandidos la agarraron y comenzaron a empujarla sendero abajo, gritándole y dándole morbosos detalles de lo que harían con ella cuando bajaran la montaña.

Luego, de repente, en medio de un estado de sobresalto y pánico, sintió que una oleada de valor la recorría. De inmediato se dio vuelta y se liberó de los hombres que evidentemente no esperaban que su temblorosa prisionera les diera problemas. Se acordó de lo que yo había hecho, caminó varios pasos y saltó desde el acantilado, aterrizando a varios metros de profundidad, y se rompió la pierna. Los malhechores se acercaron al borde del barranco para verla, a gritos la insultaron y amenazaron, pero no se atrevieron a bajar al darse cuenta que la caída era demasiado profunda. Siso se quedó tirada allí, sufriendo mucho dolor por varias horas, hasta que un grupo de bomberos la rescató.

Le pregunté cuánto tiempo había pasado desde que salté hasta que ella sintió esa oleada de valentía. «Como diez minutos», me dijo. Fue en el momento en que yo estaba rogándole a los poderes sagrados para que los ayudaran. Hasta el día de hoy, creo que ese repentino momento de coraje estaba conectado con el don de misericordia de Dios y de la montaña. Pero ¿quién podría tener certeza de algo así?

Para mí, los sucesos de ese día fueron un momento decisivo en mi formación. Me demostraron de una manera ruda, pero práctica, lo real que puede ser la Segunda Regla de Oro. Semanas antes había estado combatiendo espíritus malignos en un universo paralelo. Aquel día en la montaña, el enemigo estaba en la tierra y era de carne y hueso.

Mientras tanto, con el paso del tiempo, comencé a darme cuenta de que la explosión de dolor y euforia que sentí en mi pecho cuando estaba en el precipicio de la montaña había cargado mi batería interna de una manera poderosa, y me daba una fortaleza curativa mucho más potente que cualquiera que hubiera conocido antes. Ese día también vi la relación entre el mundo espiritual y el mundo físico desde una nueva perspectiva, pues comprendí que no están tan separados como lo llegué a pensar. Quizás, me dije, son dos lados de la misma moneda. Así como es arriba, es abajo.

Creo que llegar a comprender esto también fue un regalo de la montaña.

SEGUNDA PARTE

PRINCIPIOS DEL CAMINO CHAMÁNICO

CAPÍTULO 3

EL CHAMANISMO Y LA
FUERZA DE LA VIDA

Unas palabras sobre el mundo espiritual

El chamanismo se puede describir como la alianza entre una persona de Conocimiento y las fuerzas psíquicas que viven e intervienen en los planos invisibles de la realidad. Estas fuerzas se conocen colectivamente con el nombre de espíritus. Si bien son etéreos e incorpóreos, durante esta alianza los espíritus pueden ser vistos e incluso asumir una forma física, para crear una dinámica de reciprocidad entre los seres humanos y el reino de una inteligencia superior.

Esta alianza se puede activar de varias formas: con plantas psicoactivas, con sanación a través de las manos, con música o danza sagradas, con visiones, ayunos, meditación, oración, peregrinaciones y muchas otras prácticas de reflexión. Cuando los chamanes se internan en el cuerpo y la mente de un paciente, identifican las energías negativas que se deben eliminar y piden la ayuda de los espíritus. En pocas palabras, su trabajo consiste en fortalecer las energías espirituales de un paciente y liberarlo de discordias psicológicas, en construir un puente entre el mundo de los espíritus y el mundo de la humanidad invitando a los espíritus benévolos a bajar al reino material, para así permitir que el paciente acceda al funcionamiento natural de su alma.

Mantener este puente puede tener relación con la misión original de la religión, ya que esta misma palabra deriva del latín *religio*, que significa atar o unir (en sánscrito, la palabra «yoga» también significa atar). Incluso podríamos decir que el chamanismo es el fragmento que queda del antiguo pensamiento religioso. En este sentido, el chamán, y el chamanismo en general, son intermediarios entre dos mundos paralelos que interactúan: el mundo natural y el sobrenatural, o dicho de modo más simple, el mundo físico y el espiritual.

Un malentendido que, por lo general, he observado durante mis años de práctica es que la gente interesada en las ideas de otras esferas puede confundir el vasto y rico mundo invisible con el dominio de lo divino. En el chamanismo, y ciertamente en muchas religiones del mundo, el cosmos no consta sólo de dos realidades (el cielo y la tierra), sino de tres: el cielo, la tierra y un reino intermedio al que nos referimos como el mundo astral, psíquico o invisible. Este plano psíquico/invisible es el lugar donde reside lo que llamamos «espíritu», es un reino de material sutil que alberga tanta diversidad de vida como nuestro propio mundo físico. Para usar la palabra europea «espíritu», ante la falta de un mejor término, es el plano intermedio donde los espíritus de las plantas, los animales y el paisaje realizan su trabajo, donde los humanos que han fallecido vagan, a veces durante largos períodos, y donde habitan innumerables formas de distintos seres espirituales.

Algo importante que debemos entender sobre la conformación y la diversidad del mundo invisible es que alberga numerosos tipos de espíritus, que con frecuencia tienen una ética y una moral distintas que a veces resultan conflictivas, como sucede con los seres humanos. Prácticas como el ayuno, la meditación profunda, la contemplación de la naturaleza, la ayuda de las plantas sagradas y otros métodos espirituales proporcionan una manera de conectarnos con el mundo invisible. Pero, de nuevo, tenemos que tomar en cuenta que no todo lo que pertenezca al plano intermedio será necesariamente divino e iluminado, y que no todos los que tienen la capacidad para interactuar con este plano tienen buen corazón o disciplina.

El contacto y la interacción con el mundo espiritual es uno de los pilares principales del chamanismo, aspecto que exploraremos a detalle en el capítulo 5. En este capítulo nos referimos a la estructura y a los aspectos prácticos del reino de los espíritus principalmente como el telón de fondo de otros bloques de construcción sagrados, que en conjunto forman la superestructura del antiguo conocimiento peruano.

El mundo desde una perspectiva paleolítica

El curanderismo del Perú, y en general el chamanismo, es muy muy antiguo.

Es imposible decir con exactitud qué tanto. Algunos calculan que tiene 10 000 años o más. Otros van aún más atrás. Pocos expertos argumentarían en contra del hecho de que es la doctrina espiritual más antigua que conoce la humanidad. A partir de las visiones que personalmente he experimentado a lo largo de los años, me parece que ya desde un tiempo inmemorial, antes de que los historiadores comenzaran a numerar los siglos, la gente estaba espiritualmente despierta y era espiritualmente sabia (también tenía mucha más movilidad de la que se supone). Si queremos adquirir familiaridad con las técnicas y los objetivos originales del chamanismo, necesitamos ver estos elementos configurativos a través de los ojos de los antiguos, quienes vivían en un tiempo en que la humanidad estaba mucho más cercana al reino espiritual que hoy en día, y cuando todos los elementos de la vida se veían en relación con lo sagrado; un tiempo en que el contacto con lo que llamamos las energías espirituales era una experiencia cotidiana; una época en que la gente estaba menos acostumbrada a sacar conclusiones de la vida basándose en la lógica binaria y el pensamiento dialéctico, y más inclinada a basarse en la intuición, la metáfora, el instinto y la revelación.

Esta diferencia entre la perspectiva actual y la de hace milenios es una de las razones por las cuales las cosmologías primigenias son tan incomprendidas. De acuerdo con lo que entendían nuestros ancestros, la realidad no era una caja tridimensional que se mueve a través del tiempo. Era una serie de realidades superpuestas; literalmente, mundos dentro de mundos, cada uno interrelacionado con el siguiente, y todos distintos del universo lineal newtoniano que se nos enseña hoy en día.

La única manera de entender este incomprensible y complejo mosaico de realidades era presentarlas como imágenes simbólicas que expresan los niveles más profundos de la conciencia, cubiertos por el velo de la mente racional. El Árbol de la Vida, el apareamiento entre el cielo y la tierra, una serpiente devorando su cola, una tortuga que carga el mundo en su caparazón; ninguna de estas imágenes es para tomarlas literalmente, ni como seres ni como eventos, sino como expresiones figurativas de verdades que de otra manera serían indescriptibles.

En la actualidad, muchos de nosotros estamos fascinados por estos símbolos antiguos, pero no sabemos muy bien por qué. Lo mismo nos pasa con las construcciones antiguas. Nos quedamos parados observando con admiración, pero también con inquietud, la Gran Muralla China, las colosales piedras de los incas que se embonan con exactitud perfecta (sin que ellos conocieran la rueda), las misteriosas líneas y figuras dibujadas en el desierto de Nazca, los kilómetros de torres de piedra de Angkor Wat. Me resulta inevitable creer que hoy en día sería muy difícil para nosotros, valiéndonos de nuestros martillos mecánicos, grúas y retroexcavadoras, recrear las divinas dimensiones y el aura sagrada de estas construcciones de otro planeta. ¿Cómo es que hace miles de años se construyeron a mano estos edificios tan notables y quién lo hizo? Estamos cautivados por su misterio, pero también perplejos. ¿Qué sabía la gente en la antigüedad que no sepamos ahora? ¿Qué están tratando de decirnos estos extraordinarios vestigios ancestrales que parecen sacados de los sueños?

En una palabra, ellos le hablan directamente a nuestra inteligencia espiritual innata, son un recordatorio de aquellas realidades sagradas que hemos olvidado y que, sin embargo, aún nos hablan, nos llaman, desde el inconsciente de nuestra mente. Estas realidades producen una especie de «escozor» que se origina en la creencia de sentirnos ante la verdad, pero no comprendemos de manera consciente lo que esa verdad está tratando de decirnos.

✦

Cuando nuestros arcaicos ancestros miraban a su alrededor veían la tierra, pero también veían dentro de la tierra.

Por supuesto, tenían perfecta consciencia de su carácter físico, sabían que una piedra era dura y el agua húmeda; que el mundo era una formación física, sí, pero al mismo tiempo también era el reflejo de una realidad superior.

Cuando los antiguos miraban una montaña, no sólo veían un montículo de tierra y roca, sino un templo psíquico que en el centro del mundo conectaba al cielo con la tierra. Miraban los ríos como algo más que agua en curso: era la sangre de la tierra moviéndose por una de sus arterias. Al ver las nubes en lo alto, es de suponer que, igual que a nosotros, les encantaban sus formas. Pero en un nivel más profundo comprendían que las nubes son un mensaje celestial, un recordatorio constante desde las alturas, la expresión de que el mundo material es transitorio y la permanencia sólo reside en ese cielo nunca cambiante por el que flotan las nubes. Para nuestros primeros ancestros, cada elemento de la naturaleza era un mensaje dirigido al alma.

El chamanismo es arte, no biología

Cuando doy conferencias sobre el chamanismo, a veces hay científicos y antropólogos en el público. Al terminar mi exposición, con frecuencia piden mi opinión acerca de la bioquímica de la ayahuasca y de otras plantas. Quieren saber qué papel desempeñan los alcaloides, la dimetiltriptamina (DMT), los inhibidores de la monoamino oxidasa y demás. Por lo general, les contesto vagamente y cambio de tema.

¿Por qué?

Porque en el chamanismo, la sanación y el conocimiento que se genera al ingerir las plantas sagradas se considera mucho más importante que los químicos que los desencadenan. Como cualquier médico tradicional verdadero, me preocupa menos averiguar las causas de una enfermedad o suprimir sus síntomas que equilibrar la energía en el sistema de un paciente y desbloquear sus facultades de autocuración inherentes, de manera que su cuerpo tenga el poder de sanarse a sí mismo. Esencialmente, todo lo que hace un verdadero médico tradicional es crear las condiciones físicas y psicológicas que permitan al cuerpo del paciente llegar a la sanación.

Es raro ver que en textos de psicología o biología se mencione el alma y el espíritu, los estados más elevados de la conciencia y, en general, la vida sagrada, que son los pilares de la espiritualidad en que la civilización humana se ha construido desde hace decenas de miles de años, y que casi todos los que prueban las plantas sagradas experimentan. De igual manera, hay pocos científicos que reconozcan el hecho de que en una ceremonia chamánica se activan energías de otro mundo. A la mayoría le parecería inverosímil o, en el mejor de los casos, anecdótico, hablar de las visiones de toda la vida que las plantas sagradas producen y que actúan como catalizadores espirituales purificadores de la psique humana.

Entonces, ¿cuál es este motor principal, la fuerza que está en el corazón del chamanismo y que impulsa la catarsis y nos acerca a nuestro ser espiritual? Si bien tiene muchos nombres, la mejor versión que conozco es «Fuerza de la Vida».

La Fuerza de la Vida

Cuando nos sentamos en silencio y vemos una parvada de pájaros que vuela en lo alto, animales retozando u hojas que revolotean, nos damos cuenta de que, si bien la apariencia de estos seres vivos es muy diferente, tienen un rasgo que los une a todos: la urgencia de existir.

Nosotros también sentimos este impulso, lo tenemos grabado en nuestra naturaleza desde que nacimos. Entre los pocos impulsos que toda la humanidad comparte, la necesidad de existir es, por mucho, el más poderoso, y haríamos cualquier cosa para no perderlo.

¿Qué es lo que hay detrás de este irrefrenable deseo? Los animales luchan contra depredadores que les doblan el tamaño para proteger su existencia y resguardar a sus crías, con el fin de que ellas también puedan crecer y luchar por la supervivencia. Las plantas se abren camino entre sólidas rocas buscando el alimento de la luz. ¿Por qué? ¿Cuál es el motivo por el que todos los seres vivos luchan tan desesperadamente para conservar la vida?

Los chamanes sostienen que esta batalla es más que un mecanismo biológico o un instinto natural. Es un efecto de la Fuerza de la Vida, la cual, a su vez, es energía *consciente*, un flujo de inteligencia y creatividad que infunde vigor y conciencia a todo lo que toca. Esta cualidad la separa de otras conceptualizaciones de fuerza vital, tales como la electricidad o *qi*, que los filósofos chinos ven como un tipo de energía neutral que hace girar el motor del mundo. Pero la Fuerza de la Vida no es un agente mecánico como el *qi* o el electromagnetismo; es el poder de la naturaleza misma, de la misma existencia, dirigiendo los ciclos de la creación y la destrucción. Nos da ambas cosas, el aliento y la voluntad imperiosa de preservarlo.

⚒

En el mundo material, el principal representante de la Fuerza de la Vida es el agua, que en sí misma es un símbolo ancestral de la vida.

El agua es indispensable para la existencia. Allí donde hay un río o un estanque, florece la vida. Viértanla en el suelo y la tierra reverdece. Como la Fuerza de la Vida, el agua existe para siempre, le otorga vida a cada ser. Sin embargo, no exige nada y es infinitamente paciente. Si la bloquean va por debajo, alrededor, a través de, por encima de, o simplemente espera. Con el tiempo desgasta cualquier cosa que obstruya su camino, pese a que el proceso pueda durar un millón de años. El agua se puede transformar en vapor, pero conserva la misma esencia. Si uno la calienta o la enfría regresa a su temperatura normal; como la Fuerza de la Vida, siempre se empeña en ser lo que es. A uno de mis profesores del arte marcial chino le gustaba citar al *Tao Te Ching*, diciendo que deberíamos ser como el agua, «que es sumisa y débil... y sin embargo no puede ser superada cuando se enfrenta a algo que es duro y fuerte».

Además, como la Fuerza de la Vida, el agua tiene poderes curativos. Lava los venenos internos. Basta nadar o bañarse en ella para sentirse sanado. Si desean entender la esencia y estructura de la Fuerza de la Vida, piensen en el agua.

La Fuerza de la Vida y los tres centros de la conciencia

La Fuerza de la Vida se expresa en la condición humana y en las prácticas chamánicas a través de tres centros de la vida: la mente, el corazón y el sistema reproductivo. De esta división en tres partes, tan importante para la forma chamánica de ver la vida, se deriva una forma totalmente distinta de entender el comportamiento humano.

Comenzando por la zona inferior del centro de nuestro abdomen, la «bolsa del vientre» (como uno de mis maestros solía llamarla) contiene muchos órganos, la mayoría de ellos para la digestión y la procreación.

En la mitad de nuestro cuerpo está la caja torácica, que protege el corazón y los pulmones, órganos responsables de las emociones, la circulación y la respiración.

Descansando sobre nuestros hombros, se encuentra una caja redonda, nuestra cabeza, con cinco orificios, un espacio desde donde evaluamos al mundo mediante nuestra agudeza mental y nuestros cinco sentidos.

Observemos en detalle cada uno de estos centros.

⚜

El primero es la bolsa del vientre, origen de todos los seres, la matriz. También es el lugar donde la Fuerza de la Vida se expresa como forma de supervivencia, provocándonos deseos de comer, beber y reproducirnos. Es aquí donde el miedo, que actúa como una alarma de autoprotección, nos da la señal de alerta cuando nuestra existencia está amenazada. De la misma manera, también es el lugar en que ocurre la relación sexual junto con la unión de los fluidos femeninos y masculinos. Es donde guardamos y procesamos los nutrientes. Es donde ocurre la evacuación, la menstruación y, sobre todo, la fecundación y el nacimiento de un niño; todas ellas son actividades asociadas con el mantenimiento y la conservación de la vida. Cuando los pacientes de una ceremonia albergan tendencias autodestructivas y poca inclinación hacia la superación personal, estas condiciones le indican a un chamán que la energía de su vientre es débil y que su Fuerza de la Vida abdominal necesita recargarse en el mundo espiritual.

Alguna vez uno de mis maestros en el norte me explicó que la erección masculina, en particular la que sucede al despertar por la mañana, demuestra que la Fuerza de la Vida es especialmente vigorosa cuando sale el sol. Los antiguos pensaban que la erección era provocada por la energía solar que trabajaba a través de la Fuerza de la Vida. No es por accidente que ciertas vasijas de la cultura moche muestren figuras de hombres con miembros largos y duros. O que a veces se represente el cuerpo de un hombre con forma de un pene o con una cabeza de pene. Tales descripciones no se refieren precisamente al sexo, sino que simbolizan la Fuerza de la Vida en su estado más animado y robusto.

En algunas ruinas del Perú podemos ver falos de piedra con forma de hongos, símbolos de la fecundidad masculina. Si lo pensamos bien, ¿qué mejor símbolo podría tener la Fuerza de la Vida que el órgano que la canaliza (y, entre paréntesis, el único órgano externo con la habilidad de cambiar su forma)?

En las mujeres, una manifestación de poderosa energía cotidiana en el vientre es la capacidad de estar mojadas en las zonas vaginales. Por ello, algunas vasijas moche muestran mujeres con la vagina abierta y con líquidos saliendo de ella. Los arqueólogos y antropólogos suelen describir estas imágenes como un símbolo de fertilidad. En realidad, no sólo se trata de la fertilidad, sino también de la sana manifestación femenina de la Fuerza de la Vida a través del movimiento de fluidos.

Obsérvese también que la bolsa del vientre guarda el cordón umbilical, lo que la convierte en un conducto que conecta al niño con la vida misma a través de la madre y de innumerables generaciones de antepasados.

Además de encarnar el impulso de la vida y la reproducción, la bolsa del vientre es vista como un recinto sagrado que alberga nuestro potencial espiritual.

En el barrio chino de Lima, durante y después de mi aprendizaje en las artes marciales, comprendí la forma en que este potencial se expresa entre las religiones asiáticas. En yoga, por ejemplo, la ingle guarda energía kundalini. La Fuerza de la Vida se eleva por la columna gracias a la meditación hasta el chacra de la corona, que está en la parte superior de la cabeza, provocando iluminación. En el budismo zen, el vientre es conocido como el *hara* y se le considera el centro de la Fuerza de la Vida. En las artes marciales y en la medicina china, la parte del bajo vientre contiene *tan tien* —el campo de cultivo del cinabrio—, donde se guarda el *qi* y circula por los meridianos de energía, la sangre y los huesos. La próxima vez que visiten la sección de Asia en un museo miren con atención las estatuas hindúes y budistas. Observen que muchas de ellas tienen estómagos prominentes, señal de que el abdomen, la bolsa del vientre, está cargada con la Fuerza de la Vida.

Entonces, se puede decir que la bolsa del vientre es la sede donde reside la supervivencia, pero también un camino potencial hacia la iluminación —el cielo y la tierra en cualquiera de los ejes de la vida, responsables de la expresión de la Fuerza de la Vida, tanto en el plano material como en el espiritual—.

⚹

Luego, a la mitad del cuerpo encontramos el segundo centro, donde la caja torácica contiene dos motores principales: el corazón, cuyo ritmo constante es la expresión pura de la Fuerza de la Vida, y la respiración que penetra en cada célula de nuestro cuerpo y nos conecta al mundo exterior, con el aire y las energías terrestres que nos mantienen vivos.

El centro del pecho, al estar menos preocupado por la comida y la reproducción, y más por los sentimientos, la respiración y una conexión mística con el universo, expresa la Fuerza de la Vida a un nivel más alto que el vientre. Es la parte que se ocupa del amor y el coraje, además de la fuerza de voluntad. Es también la zona de nuestro cuerpo a la que están conectados nuestros brazos, que usamos para abrazar, jalar o rechazar, para defendernos, aferrarnos y soltar.

Vale la pena mencionar que, si bien desde el punto de vista de la psicología moderna el pensamiento se considera algo que pertenece de forma exclusiva a la mente, en la cosmología antigua se creía que la perspicacia y la inteligencia también eran generadas por el corazón. En muchas culturas no es casual que cuando la gente dice «quiero» o «pienso» se ponga la mano en el pecho.

Finalmente está la cabeza, esa parte de nosotros con más cavidades que cualquier otra parte del cuerpo. La boca, la nariz, las orejas y los ojos son las puertas por las que enviamos nuestros pensamientos y sentimientos a través del habla, y por donde las impresiones externas entran en nuestra conciencia. Toda la información sensorial que recibimos se transforma entonces en cognición y conciencia, ayudándonos a entender y a relacionarnos con el entorno que nos rodea. La cabeza es el lugar donde residen la memoria, el juicio, el análisis y la toma de decisiones, y también donde se estimulan nuestras capacidades visionarias mediante la práctica ascética o el uso de plantas sagradas. El hecho de que la cabeza corone la parte superior de nuestro cuerpo, la más cercana al cielo en nuestra anatomía, nos permite mirar hacia el sol, la luna y las estrellas en busca de inspiración, lo que convierte a la mente en un puente potencial que nos une con el cosmos.

Por último, además de existir como «órganos» independientes, nuestros tres centros están íntimamente conectados e interactúan entre sí para crear nuestra identidad y personalidad. Los tres centros también están alineados con el eje de la columna vertebral y forman lo que se reconoce en muchas creencias como el Árbol de la Vida. En la base de este árbol, la bolsa del vientre está arraigada a la tierra. Desde aquí crece hacia arriba a través del corazón, para terminar con una clara visión de los reinos celestiales captados desde la cabeza. De abajo a arriba, este eje forma una conexión vertical entre los tres centros y, a escala contemplativa, entre los tres reinos de la conciencia humana: pensamiento, sentimiento y dimensión física.

Animales simbólicos que representan los centros del cuerpo, el corazón y la mente

Si bien hoy hablamos de los centros básicos del cuerpo utilizando términos modernos, los antiguos, cuyo lenguaje no era tan rico en conceptos como el nuestro, preferían describir los tres centros utilizando símbolos gráficos más que palabras, especialmente animales como símbolos. A lo largo de los siglos, el curanderismo ha seguido este camino.

Por ejemplo, en el chamanismo, la Fuerza de la Vida en el centro del abdomen se simboliza con una serpiente enroscada en el estómago. Las serpientes cambian de piel y entonces se ven jóvenes nuevamente, como si renacieran. La piel que desechan es como un cadáver vacío, aunque en sí misma la serpiente es brillante y llena de vitalidad. Para los antiguos esto era una parábola visual de la Fuerza de la Vida que derrota a la muerte.

Las serpientes grandes también son la encarnación de la continuidad de la vida, y entonces personifican la fuerza y los poderes reproductivos que contiene el centro que está en el vientre. Al contrario de las víboras, que son venenosas y simbolizan peligro en sueños y visiones, la serpiente del vientre nunca muerde y no tiene veneno. En el mundo espiritual es representada por serpientes de tamaño colosal, como la boa, la anaconda y la pitón. Si uno le menciona el concepto de la serpiente del vientre a practicantes de las artes marciales, muchos de ellos describirán la energía que los recorre durante los ejercicios como una espiral en forma de serpiente que se enrolla y desenrolla en sus estómagos. O a veces sienten que una serpiente trepa por su columna vertebral hacia arriba. La cultura occidental muestra el símbolo de la medicina con dos serpientes enrollándose alrededor de una varita alada conocida con el nombre de caduceo, el cetro de Asclepio, el dios griego de la curación.

Ascendiendo hacia la caja del corazón y los pulmones, la presencia simbólica de la Fuerza de la Vida se representa en visiones donde aparece un valiente depredador, el animal que está en el punto más alto de la cadena alimenticia. En algunos países este animal es un lobo. Más comúnmente es un felino de gran tamaño, por lo general uno de la selva, como un tigre o un jaguar. Cuando aparecen en visiones, estos espíritus les están diciendo a los pacientes que tienen que incrementar tanto su compasión como su valentía. Háganlo, dicen ellos, viviendo con más amor y menos miedo.

Es interesante considerar el hecho de que en todo el mundo se piensa que los felinos están especialmente conectados con el mundo espiritual. En Egipto, China, Grecia y muchas otras culturas antiguas, a los gatos se les otorgaba un estatus divino. De un guerrero valiente se dice que tiene el corazón de un león. El león es el rey de las bestias. En América, el jaguar y su variante negra son considerados los animales que mejor personifican la espiritualidad. Incluso los gatos hogareños tienen una mística especial. Pueden pelear y vencer a animales que les doblan en tamaño. Aparecen y desaparecen misteriosamente. Ven en la oscuridad y parecen saber cosas que nosotros no sabemos. En síntesis, cuando es representado por un valiente felino, el corazón es el símbolo arquetípico del valor, la perspicacia, el amor y la Fuerza de la Vida.

Nos desplazamos por último hacia la cabeza, donde está el centro de nuestra capacidad mental, que en las visiones muy apropiadamente se simboliza con grandes aves de rapiña, un águila, un halcón, un gavilán o, en Perú y en otros países andinos, un cóndor.

Debido a que estas orgullosas criaturas sobrevuelan inimaginables alturas, al igual que una mente elevada, y como al mismo tiempo ven al mundo en sus cuatro direcciones, son un símbolo universal de la visión del futuro y de la sabiduría. Muchas aves de poder, en particular el águila y el cóndor, son capaces de mirar directamente al sol sin inmutarse, al igual que una mente sana mira la verdad sin quebrantarse, por muy difícil que sea aceptarla. Cuando en una visión descubrimos el ojo de un halcón o de un águila, sentimos el poder de nuestra propia claridad mental. En términos humanos, una visión de pájaro es como estar en la cima de una montaña, lejos de las pequeñas miserias de la existencia cotidiana, contemplando el despliegue de la vida y el comportamiento humano, y comprendiendo sus complejidades de una manera en la que no podemos hacerlo en la tierra. Tanto el pájaro como la mente espiritual pertenecen al cielo. Cuando aparecen en las visiones, simbolizan posibilidades ilimitadas de desarrollo y comprensión del ser humano.

✤

Los animales simbólicos tienen un papel importante en casi todos los rituales chamánicos.

Si, por ejemplo, un chamán mira en el interior de un paciente durante una ceremonia y ve que el espíritu de un ave, de una serpiente o de un felino de la selva se ha lastimado, como un ave a la que le falte un ala o un jaguar ensangrentado, esto significa que puede estar herida la parte representada por el animal, ya sean las entrañas (la serpiente), el tórax (un felino) o la cabeza (un ave).

En algunos casos, mientras se desplaza en la zona espiritual o mientras experimenta una visión, el chamán adquirirá la forma de una serpiente, de un felino o de un ave, ya que la curación de ese paciente en particular sólo puede realizarse utilizando la energía de alguno de estos animales. A veces, las visiones acechantes de estos tres animales aparecen al mismo tiempo para actuar en conjunto y acelerar la convalecencia de un paciente.

Cuando entro en el reino de las visiones, ya sea en sesiones de curación con las manos, sin medicina, o en trabajos profundos con plantas sagradas, me interno en un área visual y espacial que representa el mundo interior de mi paciente. En esta dimensión veo dos espacios distintivos. Uno es esférico y luminoso. Está relacionado con el corazón del paciente y conectado con la inteligencia de la Fuerza de la Vida. El otro es un fluido informe y viscoso que rodea y cubre la esfera luminosa mencionada, y contiene muchos componentes diferentes, como si fuera una sopa preparada con múltiples ingredientes. En este espacio viscoso es donde se encuentran los recuerdos dolorosos, las formas y energías inarmónicas, y las impresiones sobre el pasado del paciente. Es el campo en el que tienen lugar la mayoría de los procedimientos de curación chamánica.

A lo largo de mis años de práctica profesional he denominado estos dos aspectos del corazón la Conciencia del Alma y la Conciencia del Sufrimiento, respectivamente. El uso de estos términos ayuda a describir mis visiones a los pacientes y les permite entender mejor sus propias experiencias cuando usan las plantas sagradas. Abundaré más acerca de estos dos términos a continuación y en los siguientes capítulos.

Cuando los tres centros internos trabajan al unísono entre sí y con la Fuerza de la Vida, su alianza produce de manera invariable un comportamiento armonioso. Cuando, por ejemplo, la Fuerza de la Vida y las funciones reproductivas se asocian amigablemente en el vientre, la persona se siente enraizada, sana y cómoda en el mundo. El corazón, la fortaleza, la generosidad y el amor son manifestaciones de una conexión floreciente con la Fuerza de la Vida y, por lo tanto, con la vida misma. Con respecto a la cabeza, cuando la mente está energizada por la sapiencia de la Fuerza de la Vida suele ser capaz de llegar más allá de los confines del mundo material y descubrir lo que es real.

No hace falta decir que esta colaboración positiva brinda condiciones excelentes para vivir bien la vida. Al mismo tiempo, surge una pregunta: ¿qué pasa cuando nuestros tres centros y la Fuerza de la Vida no están tan afinadamente alineados?

La Conciencia del Sufrimiento

A un chamán se le confían muchas tareas morales y espirituales. Quizás la más importante de ellas es aliviar la angustia, el egocentrismo, los hábitos negativos y las adicciones causadas por condiciones psicológicas que existen en nuestro espacio interno. Me refiero a ellos como la Conciencia del Sufrimiento.

La Conciencia del Sufrimiento es una forma de reacción emocional negativa que se asienta en el ego. Tiñe nuestro comportamiento con deseos egoístas y a veces beligerantes, innecesarios y, con frecuencia, autodestructivos. El papel de un chamán, especialmente de un chamán guerrero, del que ya hemos hablado, es el de navegar en la Conciencia del Sufrimiento de los pacientes y deshacer los nudos que se han atado en su alma. Cuando en una ceremonia trabajo con pacientes y descubro en su psique una fea masa de energía enferma, sé que estoy viendo algún aspecto de la Conciencia del Sufrimiento de esta persona.

En su esencia, el ego no es una entidad negativa per se. Es simplemente la conciencia de uno mismo como persona individual. Pero cuando una parte del ego percibe la vida sólo en términos de sus propios placeres y necesidades, el resultado inevitable es el egocentrismo y la codicia. Por esta razón, muchas personas suelen hablar del ego en términos contrarios («tiene un ego tan grande», «ése es su ego otra vez», etcétera), cuando en realidad a lo que se refieren es a la parte más oscura del ego.

La Conciencia del Sufrimiento es esa parte oscura. Es el aspecto de nuestra persona que crea ideas falsas sobre quiénes somos y cómo debemos comportarnos. Nos lleva a creer que nuestro sentido conflictivo y siempre cambiante del yo representa nuestra identidad fundamental, que no hay nada más en nosotros que nuestra personalidad interesada en el trabajo cotidiano; que nuestro potencial para alcanzar estados superiores de conciencia y un sentido del alma no son importantes e incluso no existen. Lo más significativo es que, por su naturaleza, la Conciencia del Sufrimiento desea obtener un control completo sobre cómo vemos la realidad, para luego utilizar esta falsa percepción que nos mantiene encerrados en una prisión de ensimismamiento y apego mundano.

Por ejemplo, si en la oficina tengo un altercado con un compañero de trabajo que por lo general es amigable, la Conciencia del Sufrimiento puede responder de diversas formas negativas, desde actos de sabotaje mezquinos hasta tratar a mi otrora querido colega como un enemigo odiado. O si, por ejemplo, un perro muerde a un niño, la Conciencia del Sufrimiento crea en él una imagen negativa de los perros en general. Más tarde, cuando el niño crezca, puede despreciar a los perros o tenerles fobia, aunque el perro agresor haya muerto hace tiempo y la mayoría de los demás perros sean amistosos y accesibles. Básicamente, entonces, cada hora del día la Conciencia del Sufrimiento está ocupada creando conflictos emocionales imaginarios e innecesarios que desencadenan nuestras ansiedades y descontentos.

La Conciencia del Alma

Pero la Conciencia del Sufrimiento tiene un contrapeso, un poderoso lado moral que se le opone y que también forma parte de nuestra naturaleza fundamental, y de hecho más que la Conciencia del Sufrimiento, por estar directamente conectada con el Gran Espíritu. Me refiero a ella como Conciencia del Alma.

La Conciencia del Alma es el núcleo de nuestro ser superior, el más importante y benévolo de todos nuestros órganos psíquicos, pero también el más comúnmente ignorado. La cultura contemporánea está centrada en el consumo, y las normas sociales fomentan muchos elementos de la Conciencia del Sufrimiento, como la competencia, la obsesión por el dinero, la ira y la avaricia, y nos hacen creer que éstos y muchos otros comportamientos agresivos son necesarios para obtener el éxito en el mundo. Al mismo tiempo, nos enseña poco o nada sobre la Conciencia del Alma, que hace de la compasión, el respeto y la búsqueda espiritual la máxima prioridad.

Sin embargo, cuando en una ceremonia o en un momento espiritual, se despierte a la Conciencia del Alma de una persona, todo en ella despierta y, entonces, se le muestra el camino para vivir de acuerdo con los dictados de la conciencia y las enseñanzas de los espíritus. Es la parte sabia de nuestro ser la que nos dice que, así como somos seres individuales y comunes, también tenemos el potencial para un entendimiento más elevado. Y que, por lo tanto, estamos obligados a encontrar ese entendimiento en nuestra mente y en nuestro corazón, para expresarlo a través del amor, el asombro, el servicio a los demás y el sentirse parte de la gran familia humana.

La Conciencia del Alma, la Conciencia del Sufrimiento y la Fuerza de la Vida

La Conciencia del Alma es el aspecto de nuestro ser que nos conecta con la Fuerza de la Vida y que pone en acción su sabiduría. Es lo que alguna gente llama nuestro «yo superior» o, a veces, la «voz de nuestra conciencia». De niños nos conectamos más con la Conciencia del Alma que cuando somos adultos y vivimos bajo el dominio de la Conciencia del Sufrimiento. Es por eso que los niños tienen un sentido natural de la bondad y de la percepción emocional. Puede que no sepan cómo funciona el mundo o las relaciones humanas, pero instintivamente perciben la Conciencia del Alma, que, entre sus muchas bendiciones, los mantiene siempre en el presente. La Conciencia del Alma, se podría decir, es la Fuerza de la Vida en acción.

Nuestra Conciencia del Sufrimiento se puede comparar con una parte interna de nuestro cuerpo. Durante la infancia es maleable, se moldea gracias al entorno y a la gente que cuida del niño. Luego, cuando llega la adolescencia, la Conciencia del Sufrimiento comienza a hacerse permanente. En la edad adulta está totalmente cristalizada, mientras que en la vejez se desintegra y acaba volviéndose frágil, en gran parte, al igual que nuestro esqueleto.

Por lo tanto, si la Conciencia de Sufrimiento tuviera que resumirse en una frase, ésta sería que su objetivo dominante es *tener lo que quiere, como lo quiere, cuando lo quiere,* utilizando cualquier forma de manipulación para conseguirlo. Como la Conciencia del Sufrimiento opera en contra de la Conciencia del Alma y de la Fuerza de la Vida, confunde la gratificación de sus impulsos con la felicidad. La invocación constante de «más rápido», «con más velocidad», «mejor», «más grande» y «más placentero», es un pozo de deseos sin fondo, una condición mental alimentada por la ilusión de que para vivir con plenitud hay que experimentar constantemente emociones dramáticas y exageradas.

Este es un punto clave: para hacernos sentir su importancia, la Conciencia del Sufrimiento genera una variedad de estados de excitación, tanto agradables como desagradables: dolor, placer, frustración, deseo, diversión, miedo, compulsión, lujuria, emoción, euforia, todo ello para convencernos de que estos estados son la verdadera materia de la vida. Esta suposición es, por supuesto, la opuesta a la defendida por la Conciencia del Alma, que nos asegura que nuestros pensamientos y sentimientos, agradables o no, son sueños que van y vienen como el viento, trayendo felicidad o miseria por un momento, pero que nunca duran y nunca nos conducen a la verdadera razón por la que nacimos, que es buscar una existencia en armonía con la Fuerza de la Vida; es decir, con el despertar espiritual.

⚜

La Conciencia del Sufrimiento se emociona cuando se enoja y hace todo lo posible para promover la preocupación (después de todo, uno nunca sabe qué calamidades están a punto de sobrevenir). Le gusta en especial la adicción. A la Conciencia del Sufrimiento le fascina estar conmocionada y alterada, en un nivel maniáticamente bajo o alto. Está segura de que siempre sabe más y crea un muro entre ella y la realidad; tiene su propia versión de cómo deben comportarse nuestras emociones, y hace todo lo posible para sabotear cualquier verdad que la contradiga. Como si no tuviera nada de malo si vivimos una buena parte del día en un estado de ánimo insatisfecho, agitado e inquieto, como si éste fuera el estado en que la naturaleza desea que estemos.

De acuerdo con la Conciencia del Sufrimiento, la generosidad es una indulgencia tonta e innecesaria, mientras que preocuparse por el bienestar de otra gente es una señal de sentimentalismo. Cuida lo más importante, que eres tú, y no te preocupes por los otros. Es lo que nos insta a apropiarnos de más siempre que podamos, incluso si se deja a los otros con menos. Cuando se la confronta, ella dice, enójate. Cuando se la contradice, busca venganza. Satisface los sentidos hasta el límite; para ella, la autocontención es de los mojigatos y las mojigatas. Evita las disculpas y el perdón. Haz cualquier cosa para ganar y nunca admitas que te equivocaste. La mentira es un buen negocio. ¿Por qué no mentir? Todos lo hacen. La autocompasión también es encomiable; merezco sentir pena por mí mismo, el mundo nunca me da las cosas que realmente quiero. Mis sueños rara vez se hacen realidad. Si siento mi vida como un fracaso o si tengo una mala imagen de mí mismo, es culpa de mis padres, es culpa de mi trabajo, es culpa de la sociedad, es culpa de toda esa gente de ahí afuera que no me entiende. ¡Si tan solo supieran lo estupendo que soy! Finalmente, ni siquiera sueñes con hablarle a otras personas sobre la moral y el mal. Todos sabemos que éstos son conceptos nebulosos que no se pueden definir y que todo en la vida es relativo.

Obviamente, la mayoría de nosotros no pensamos y actuamos de estas maneras egoístas todo el tiempo, y entre nosotros hay algunos que en gran medida están libres de tal egocentrismo. El inventario que se brinda aquí tiene el objetivo de darles una idea de las vanidades típicas y los vacíos morales que un chamán puede encontrar cuando trabaja con pacientes que están bajo el dominio de su Conciencia del Sufrimiento.

ༀ

La Conciencia del Sufrimiento inicia en nuestros primeros años, cuando comenzamos a observar y luego a imitar a la gente que nos cuida. De la misma manera en que los alimentos que comemos se integran a nuestras células y tejidos, los sentimientos negativos que aprendemos durante nuestros primeros años alimentan y promueven la Conciencia del Sufrimiento. Nuestros padres, familia y amigos son normalmente bien intencionados y hacen lo mejor que pueden para educarnos con principios. Pero como la Conciencia del Sufrimiento es de alguna manera la condición humana habitual, la gente que nos educó, nos enseña, por lo general sin saberlo, modos de comportamiento que se basan en su propia burbuja de egoísmo y deseos, así nos transmiten esos atributos que les pertenecen y que vienen de generaciones pasadas.

Desde la más temprana edad nos dicen que las personas son importantes o no según su trabajo, educación, apariencia, encanto, influencia, ambición y posición social. Se nos enseñan formas artificiales de caerle bien a la gente y de crear una máscara falsa de personalidad que disfraza nuestros verdaderos pensamientos y sentimientos. Nos advierten que los halagos de otras personas son necesarios y que su desaprobación es dañina, que el dinero, el poder, la fama y el éxito son las metas más importantes que debemos alcanzar. Nos hacen creer que nuestra vida siempre se mueve hacia un tiempo dorado del futuro, cuando todo será perfecto y estaremos eternamente contentos. Ve a la escuela, consigue un trabajo, supera a tus compañeros, resuelve tus problemas con el dinero que ganas y mediante la gente que conoces, y entonces serás feliz.

Pero, por supuesto, esos momentos ficticios nunca llegan y nuestras esperanzas frustradas nos convierten en seres desconfiados y cínicos. Y si llegan, invariablemente pensamos que estas preocupaciones materiales no contribuyen en nada para garantizar nuestra sensación de alegría, asombro y paz.

A lo largo de los siglos, innumerables sistemas, tanto filosóficos como religiosos, han tratado de amordazar, o por lo menos neutralizar, la voz de la Conciencia del Sufrimiento reemplazándola con conexiones momentáneas con la Conciencia del Alma. Es verdad que la religión formal y la psicoterapia actual tienen poderes curativos, pero producir un cambio emocional puede resultar algo opresivamente lento, lo que en ocasiones podría terminar fortaleciendo la Conciencia del Sufrimiento en lugar de debilitarla.

Creo que aquí es donde pueden ayudar los chamanes y sus técnicas chamánicas. Si tenemos un paciente que esté dispuesto a cambiar y un curandero a la altura de la tarea, los problemas psicológicos que tardan años en desarrollarse pueden ser arrancados de raíz en una o dos ceremonias con las plantas. Como mínimo, después de una sesión en el círculo, el paciente se siente limpio, con la cabeza despejada y tiene optimismo sobre el futuro. En el mejor de los casos, se percibe como un ser que ha renacido.

Por todas estas razones, en cada ceremonia chamánica que realizo trato de ayudar a los pacientes a entender por qué se aferran con tanta determinación a su Conciencia del Sufrimiento y cómo pueden abandonarla. Trato de ayudarles a ver cómo la Conciencia del Sufrimiento se ha convertido en su norma, ya que en el fondo ellos no quieren renunciar a su enojo, a su autocompasión y a su envidia. Estos comportamientos se han convertido en una parte muy profunda de la estructura de sus hábitos. Cuando la gente experimenta una emoción o un anhelo muy fuerte, eso les crea la ilusión de que están vivos y de que viven apasionadamente. Muchas personas identifican la paz y el silencio con el vacío. Necesitan la Conciencia del Sufrimiento para que llene el hueco y se mantenga la intensidad emocional que aporta, ya sea positiva o negativa. La única forma en que la Conciencia del Sufrimiento se

siente totalmente satisfecha es creando más emoción y sufrimiento...
más y más.

⚜

Cuando trabajo con una persona durante una ceremonia o en una
curación con las manos, veo que su Conciencia del Alma tiene por
lo general una forma oval o redonda, mientras que su Conciencia
del Sufrimiento es amorfa como una ameba. En algunos casos,
especialmente el de una persona muy perturbada, la Conciencia
del Sufrimiento adquiere una forma grotesca, como la de una cara
deformada, con una hilera de espinas o una serie de extremidades
sangrantes, como el dibujo de un cómic de terror.

A veces, en medio de una ceremonia, un paciente cruel o de sangre fría se me aparece psíquicamente como una bestia en forma
de gárgola. Desbordante de ira y egoísmo, a veces esta cosa medio
humana intenta atravesarme con sus colmillos cuando se da cuenta
de que estoy limpiando los desórdenes psíquicos de su Conciencia
del Sufrimiento. Algunas personas simplemente no quieren desprenderse de sus odios. O bien, si veo a un paciente con enormes
muelas cuadradas, me indica que esta persona arrastra una salvaje sensación de resentimiento y que, cuando trabaje para purgarlo,
este resentimiento se dirigirá hacia mí, de manera emocional y, a
veces, incluso física. De hecho, en raras ocasiones, los pacientes me
han atacado mientras trabajaba con ellos, han tratado de morderme,
arañarme o estrangularme, sobre todo cuando busco desarraigar
sus miedos y enojos más profundos. Hurgar en la Conciencia del
Sufrimiento de pacientes en especial violentos o atormentados es
un reto profundo. Me hace comprender, una vez más, lo que un
maestro me advirtió alguna vez: para llegar a ser un curandero de
éxito hay que aprender a superar el miedo y el asco.

En una ocasión, en un pequeño pueblo peruano del norte, uno de mis pacientes ancianos me contó la historia de un viejo chamán de la sierra a quien se le acercó un fornido soldado en busca de ayuda. El soldado, que tenía fama de ser muy temperamental y a veces violento, había estado fuera de su pueblo durante muchos años y acababa de volver a casa. Desde su regreso, tenía terribles pesadillas y profundos ataques de depresión.

El chamán pasó mucho tiempo hablando con el soldado y haciéndole preguntas. Al final de su conversación, le dijo al hombre que sí, que podría ayudarlo, pero sólo bajo una condición: que durante la ceremonia el hombre tenía que estar bien atado a un árbol.

Por supuesto, el soldado se sorprendió y quiso saber el motivo de esa condición.

—Porque eres un hombre fuerte —le dijo el chamán—, y hay mucha violencia dentro de ti. Tienes que estar atado durante la ceremonia, porque es muy probable que trates de lastimarme e incluso de matarme cuando yo comience a sacudir los demonios fuera de ti.

Lo que el chamán vio durante su conversación con el soldado fue que, si bien estaba claro que era su Conciencia del Sufrimiento la causa de las miserias que lo aquejaban, el hombre era tan adicto a sus tendencias de brutalidad que haría cualquier cosa, incluso matar, para evitar que fueran exorcizadas.

Si bien es cierto que, durante algunas ceremonias, un curandero puede enfrentar situaciones peligrosas mientras trabaja con una persona llena de odio, de todas maneras, es posible alcanzar una sanación cuando se realiza con empatía y sin juicios. La curación compasiva es capaz de suavizar los artefactos más oscuros que puedan estar dentro de la gente más negativa, y ayudarla a sufrir una metamorfosis emocional que eliminará por lo menos parte del mal y el dolor que llena su corazón.

Por último, es importante mencionar que, aparte de su influencia negativa, la Conciencia del Sufrimiento puede jugar un papel potencialmente positivo en nuestra psicología. La relación entre la

Conciencia del Alma y la del Sufrimiento es un intricado cruce de caminos altos y bajos. En el mejor de los mundos posibles nos protege del dolor que nos causan los demás. Cuando actúa sirviendo a la Conciencia del Alma, identifica una experiencia emocional como segura o peligrosa, cómoda o incómoda, gratificante o perturbadora. En momentos de peligro nos advierte si debemos escapar o confrontar la situación: luchar o huir. Nos ayuda a digerir cualquier desgracia que hayamos tenido que soportar y a evitar que nos dobleguemos por el exceso de sufrimiento.

En este sentido, cuando trabajamos en colaboración con la Conciencia del Alma y no tratando de anularla, la Conciencia del Sufrimiento es una herramienta necesaria que tiene un propósito. Cuando esta cooperación se pone en marcha, la Conciencia del Sufrimiento no se suprime, sino que se coloca en el lugar que le corresponde, como si fuera una secretaria de la Conciencia del Alma y de la Fuerza de la Vida.

Más sobre la Conciencia del Alma

La Conciencia del Alma nos habla mediante visiones y sueños. Su lenguaje es el de la poesía. En la antigüedad, los poetas tenían poco interés en la introspección o en los juegos de palabras al azar. Su objetivo era ofrecer una mirada fugaz al corazón de la realidad, no sólo para poner énfasis en el carácter ilusorio y transitorio del mundo, sino para insinuar la existencia de una verdad superior detrás de él.

En una ceremonia con plantas sagradas, o a veces en alguna situación extraordinaria de la vida, nos conectamos con la Conciencia del Alma. Bajo sus auspicios, nos volvemos más compasivos y optimistas. Cuando recibimos noticias de alguna desgracia, las aceptamos con ecuanimidad. Cuando estamos plenos de bien espiritual, no hay nada en nosotros que la Conciencia del Sufrimiento pueda torcer o distorsionar. Nos podemos relajar y soltar, nos sentimos libres por unos pocos benditos minutos, horas o días. En realidad, el verdadero sentido de esa palabra tan ultrajada, «libertad», no es el derecho a hacer cualquier cosa que queramos en el momento en que lo deseamos, sino liberarse del miedo, de la ira y del sufrimiento que nos mantiene prisioneros del mundo material y envenena nuestros corazones.

⚡

Tanto la Conciencia del Sufrimiento como la Conciencia del Alma existen en el tiempo y el espacio, pero cada una funciona de acuerdo con reglas distintas.

El tiempo de la Conciencia del Sufrimiento está confinado a la longitud, anchura y profundidad del mundo material. El tiempo de la Conciencia del Alma es mucho más elástico e ingobernable por las leyes de la física de las que hablan los libros de texto. Cada segundo de ella es infinito y cada momento existe en el presente.

Cuando experimentan el tiempo de la Conciencia del Alma, los pacientes están en el tiempo presente. Sin embargo, de igual manera y bajo ciertas circunstancias, también pueden experimentar lo que yo llamo «el tiempo reversible»: es decir, adquieren la libertad para deambular en el pasado, el presente y el futuro, y a veces en los tres tiempos a la vez, sin las restricciones de los relojes o la geometría. En esos momentos, están, por así decirlo, en la eternidad. Durante una ceremonia, los eventos que tuvieron lugar hace mil años pueden suceder otra vez en el aquí y ahora. Al igual que en la física cuántica, sabemos que, en teoría, es posible ir hacia atrás en el tiempo, y que la misma partícula puede aparecer simultáneamente en dos lugares diferentes del universo; así ocurre en el mundo chamánico, donde un evento que se supone ha concluido permanece intacto hasta que una persona de Conocimiento elige materializarlo y traerlo de nuevo desde el pasado mediante el poder de las plantas sagradas.

Debido a su fluidez, el tiempo del alma está también conectado con los espíritus de nuestros ancestros, de la familia, el clan y hasta de los amigos o de los familiares nacidos en nuestro futuro. Ésta es la razón por la que las ceremonias chamánicas pueden sanar tanto a las generaciones previas como a las futuras y superar barreras generacionales. Como muchos participantes lo pueden atestiguar, no es una experiencia inusual que durante una ceremonia los pacientes conversen con sus descendientes como si estuvieran sentados frente a ellos, o que intercambien historias con nietos o bisnietos aún no nacidos. Cuando ocurren estos encuentros, se nos permite observar nuestra genealogía desde un punto de vista panorámico. Desde esas alturas podemos mirar hacia atrás y evaluar nuestras fortalezas y debilidades ancestrales, las mismas fortalezas y debilidades que nos han llegado desde innumerables generaciones del pasado y que nos convierten en lo que hoy somos. Todos los seres vivos son gotas en el río de las generaciones, por lo que la calidad de cada gota determina la calidad del río.

A lo largo de nuestra vida estamos sintonizados con esa estación de radio que es la Conciencia del Sufrimiento. Escucharla en todo momento es un hábito que nos permite sentirnos estimulados y nos da un sentido falso de seguridad. A diferencia de la Conciencia del Sufrimiento, la Conciencia del Alma no emite sus mensajes las veinticuatro horas del día, sino que espera los momentos en que nos vemos obligados a acudir a ella. Esos momentos pueden ocurrir cuando sufrimos una pérdida o un dolor extremos, cuando experimentamos el fallecimiento de un ser querido, cuando tenemos una experiencia cercana a la muerte, un divorcio, un momento de intenso peligro personal, cuando un médico nos da la noticia de que tenemos una enfermedad grave, cuando a duras penas sobrevivimos a un desastre natural o financiero, etcétera.

Tales acontecimientos dolorosos nos sacuden tan profundamente que quiebran nuestro mecanismo de defensa psicológico y permiten que la voz de la Conciencia del Alma se haga escuchar por encima del clamor de la Conciencia del Sufrimiento, recordándonos que, a pesar de que creamos que siempre tenemos todo bajo control, existe una fuerza superior que determina nuestro destino.

En tales momentos de conmoción, en que tomamos conciencia de nosotros mismos, la Conciencia del Alma puede producirnos un cambio benéfico completo, lo que parecía una tragedia se puede transformar en una bendición.

He sido testigo de cómo, mientras están bajo la influencia de las plantas sagradas, algunos miembros del grupo retroceden consternados cuando su Conciencia del Alma les muestra partes de sí mismos que son indiscutiblemente malas. Tales momentos son aún más abrumadores porque puede que los pacientes estén percibiendo esas partes de su personalidad por primera vez y se estén dando cuenta de que, aunque no lo hayan reconocido, han jugado un papel muy importante para trastornar sus vidas. En otras ocasiones, aquellos individuos que sobreviven a experiencias cercanas a la muerte son llevados en viajes hacia el reino del más allá, donde son testigos de cómo el dios de la muerte juzga su conducta mundana, a veces de manera desaprobatoria. A lo largo de los años he visto las profundas revelaciones que la Conciencia del Alma imparte a los pacientes, transformando a los incrédulos más acérrimos y provocándoles un florecimiento emocional que a veces dura una noche y a veces toda la vida.

Otra fuerza que evoca a la Conciencia del Alma y, en el proceso, silencia a la Conciencia del Sufrimiento es enamorarse o sentirse profundamente amado y aceptado. Porque el verdadero amor no es egoísta, la Conciencia del Sufrimiento sabe que no tiene poder sobre los amantes y se queda en calma. Estos momentos de libertad que brinda el afecto pueden o no durar, pero en la mayoría de los casos su recuerdo se convierte en un hito en nuestra memoria.

La Conciencia del Alma también se puede presentar durante una ceremonia con plantas, cuando los pacientes llegan a sentir que realmente se están muriendo. Imaginan que los espíritus se disponen a llevarlos hacia el inframundo o que los dejan caer en un agujero llameante. Tales visiones, si bien pueden parecer pesadillas, son lecciones de la Conciencia del Alma para recordarle a los pacientes que se pueden morir en cualquier minuto y que necesitan ordenar su vida antes de que llegue su hora final. La Conciencia del Alma también es capaz de enseñarle a la gente sobre la misma muerte, los puede llevar en un recorrido por la tierra de los muertos y hacer que entren en contacto con espíritus que les describen lo que deben esperar cuando crucen hacia el otro lado.

Luego de estos y otros encuentros similares con su mortalidad, con frecuencia pasa algo curioso. Es posible que durante una ceremonia los pacientes no sólo se vean forzados a enfrentar a la muerte, sino que también tengan recuerdos de momentos que cambiaron sus vidas y que habían olvidado, como sucede con las personas que están a punto de morir y ven pasar delante de ellas buena parte de sus vidas, según se dice. Si así sucede, les pido a los pacientes que me describan esos recuerdos y los guarden en su memoria.

Al día siguiente, cuando los pacientes han regresado a su estado normal, les pido que escriban los eventos más importantes de sus vidas. Casi siempre, en la lista hay algunos de los que me describieron la noche anterior, incluida la revelación de que son mortales. En cierto sentido, las revelaciones que parecían ser trascendentales durante la ceremonia se han desvanecido de su conciencia. ¿Por qué? Porque lo que los pacientes ven durante la ceremonia proviene de su Conciencia del Alma, mientras que la lista que redactaron en su estado mental normal es producto de su Conciencia del Sufrimiento.

❧

Como la Conciencia del Alma tiene una relación de tipo cuántica con el tiempo y el espacio, puede estar en muchos lugares a la vez, entre ellos en nuestro corazón, centro de la vida y sitio que irradia la comprensión espiritual.

Desde el punto de vista de un chamán, el corazón está dividido en dos mitades y cada parte representa una familia distinta de sentimientos.

En una mitad del corazón está el amor en todas sus formas: la capacidad de perdonar, la gratitud, la compasión, la paciencia, la hospitalidad, el deseo de servir a los demás y de sanarlos, así como muchos otros impulsos solidarios.

La otra mitad del corazón está gobernada por la valentía y el amor por la justicia en todas sus manifestaciones: la equidad, la tenacidad, la fidelidad, el buen criterio, la intuición, la acción y la autopreservación. Hablando alegóricamente, la mitad del corazón que contiene al amor es una fuente de compasión, la mitad que contiene a la justicia es un centinela que nos ayuda a navegar por los retorcidos senderos de la vida y evita que cometamos actos de maldad. Una mitad es la bondad, la otra es la fuerza.

Estas dos mitades de la totalidad divina crean el poder de la unión mística que nos inspira a ayudar, tanto a nosotros mismos como a los demás. La expresión benevolente de esta unión ocurre constantemente en nuestra vida, aunque con frecuencia en formas que parecen comunes. Cuando tenemos la valentía de perdonar, cuando usamos nuestra voluntad para apartarnos de una discusión potencialmente irritante, cuando cumplimos una promesa, cuando nos olvidamos de una ofensa y perdonamos una deuda, cuando tenemos una oportunidad fácil para engañar y optamos por ser honestos, cuando sacrificamos nuestro tiempo para ayudar a una persona que nos necesita, estos comportamientos pueden parecer insignificantes para otros e incluso para nosotros mismos. Pero en realidad abren conexiones con lo divino. De hecho, esos que parecen intentos mínimos de actuar con virtud son como las piedras que se usan para construir un templo al poder de nuestra propia alma, que es la fuente y el manantial de todas nuestras acciones justas, estemos conscientes o no.

Hace décadas, cuando estaba trabajando con mi maestro Pedro, me asignó un ejercicio que parecía fácil pero que terminó siendo una difícil herramienta de entrenamiento que alimentó ambos lados de mi corazón. Con frecuencia, Pedro me enviaba a realizar búsquedas en las montañas sagradas de la costa norte. Para llegar a ellas tenía que caminar durante muchas horas, atravesando praderas rocosas. En una de esas misiones me pidió que, mientras estuviera caminando, pensara en un pie como si fuera la familia del amor y en el otro como si fuera la familia de la justicia. Yo podía elegir cuál pie representaría a una u otra familia. Al dar un paso con el pie del amor, me dijo, deja que evoque la ternura, el amor, los afectos, el perdón. Cuando des un paso con el otro, concéntrate en la justicia, la objetividad y la imparcialidad. No era contraproducente, me aseguró Pedro, si conjuraba los mismos sentimientos muchas veces. Después de todo, me dijo riendo, ¿cuántos sinónimos del amor y la justicia se te pueden ocurrir en cuatro horas? Al final resultó que había más palabras para cada familia de las que yo había previsto. En muchos casos aparecían automáticamente en mi mente, como si vinieran de una red inalámbrica oculta.

Lo que resultó fascinante e incluso emocionante al hablar conmigo mismo de esta forma durante tantas horas, fue que cuando llegué al pie de la montaña empecé a sentir que no sólo caminaba con mis pies sino también con mi conciencia. Me vinieron a la mente recuerdos de acontecimientos importantes que hacía tiempo tenía perdidos en la memoria, pero ahora comprendía que habían enriquecido profundamente mi vida. Al llegar a lo alto de la montaña sentí que llevaba mi corazón en una bandeja y que Pedro no se había limitado a darme una letanía reflexiva para recitar, sino que me había enviado a una meditación en movimiento, dentro de un espacio sagrado donde él sabía que descubriría cosas maravillosas. Este ejercicio fue como una gimnasia para el corazón.

Ciertamente, cuando alcancé la cima, todos los buenos sentimientos que pasaron por mi mente mientras la escalaba emergieron conjuntamente en mi Conciencia del Alma. Mi corazón ya no estaba en una bandeja, sino que brillaba en mis manos, encarnando la sobrecogedora felicidad que sentía e irradiando amor y justicia para todos los seres humanos de la tierra.

Chamanes guerreros y chamanes sacerdotes

Existen dos enfoques fundamentales para la difusión del Conocimiento curandero. Ejemplos de estos enfoques son los individuos conocidos como chamanes guerreros y chamanes sacerdotes. Estos dos tipos de curanderos se diferencian por sus objetivos y por su estilo de trabajo.

Para empezar, la mayoría de los chamanes son chamanes sacerdotes. Su objetivo es promover conexiones sólidas y afectuosas entre los aldeanos que están a su cargo y lo sagrado. De esta manera protegen y alimentan el alma de la comunidad. Ellos trabajan de acuerdo con el calendario, supervisan ritos de paso y las ocasiones en que se honra a las festividades de cada estación, así como los momentos importantes del año. También son cronistas de los pueblos e historiadores culturales, conocen profundamente las leyendas locales, las canciones y los acontecimientos históricos importantes, que transmiten a los habitantes del pueblo en sesiones de narración oral que a veces duran un día entero.

Cuando un chamán sacerdote brinda orientación personal, lo hace para resolver problemas comunes de la vida, como disputas matrimoniales o discusiones sobre quién es el propietario de un pedazo de tierra colindante. Esto en vez de trabajar para erradicar las neurosis y los demonios que tiene una persona. Además de ofrecer algunas sesiones para dar consejos, un chamán sacerdote dedica sus esfuerzos a la comunidad en general más que a los individuos.

Un chamán sacerdote oficia en ceremonias de plantas sagradas que están abiertas a todo el pueblo, a veces incluso para los niños. Se asegura de estar presente en los eventos oficiales o institucionales del pueblo. Se encarga de cocinar, mezclar y servir el brebaje medicinal, y normalmente también lo bebe él mismo. Su devoción comunitaria, que hasta cierto punto ha sido puesta en peligro por los cambios a través del tiempo, aún es algo básico en la vida de los pueblos del Perú, como lo ha sido durante miles de años. Por lo general tienen lugar en un área del pueblo que se considera sagrada y que se conoce comúnmente como maloca. La mezcla medicinal que se bebe en estas sesiones es distinta a la medicina que usan los chamanes guerreros. Contiene menos ingredientes y tiene el propósito de inducir un trance comunal leve, más que un estado contemplativo profundo.

Durante una ceremonia sagrada, el chamán sacerdote ayuda a sus seguidores para que establezcan contacto con el mundo invisible y promueve una unión colectiva que va más allá de los intereses y preocupaciones individuales de cada miembro, aunque alguna gente también experimenta hermosas liberaciones y sanaciones. La música anima los rituales del chamán sacerdote mediante el sonido de los tambores y las danzas grupales o individuales. Es frecuente que se canten canciones tradicionales, y a veces un chamán sacerdote bien entrenado interpreta los sueños o realiza algunas formas de adivinación para conocer el futuro de la comunidad.

Cuando la gente del pueblo está en un trance inducido por las plantas sagradas, el chamán sacerdote puede también ofrecer una medicina social, tal como reparar las relaciones entre familias o clanes, así como enmendar las amistades que se hayan deteriorado. Cuando una pareja del pueblo construye una casa, el chamán sacerdote visita el lugar para ofrecer bendiciones especiales. Utiliza sus dotes psíquicas para ayudar a que los participantes encuentren objetos perdidos, recuerden un hecho importante o ubiquen a algún animal de granja que se haya perdido. Durante ocasiones formales, como matrimonios, días feriados, funerales y nacimientos, juega el papel de un pastor espiritual y dirige también las ceremonias.

En resumen, la tarea de un chamán sacerdote es mantener un orden social equilibrado en el pueblo, es decir, exhortar a los habitantes de la comunidad a establecer una conexión benevolente con la tierra, con el mundo espiritual y entre ellos. Un chamán sacerdote puede ser comparado fácilmente con los sacerdotes de otras religiones del mundo, ya que su meta es la misma: promover la armonía en el grupo.

⚹

La tarea de un chamán guerrero es bastante diferente de la de un chamán sacerdote.

Mientras que los chamanes sacerdotes cuidan el bienestar comunitario, un chamán guerrero trabaja directamente con un individuo para ocuparse de cargas psicológicas o de la salud física. Realiza ceremonias con grupos pequeños o de manera individual con las personas seleccionadas, a veces en sesiones que duran muchas horas y requieren un trabajo de orden psicogénico, tanto de parte del chamán como del paciente. Las plantas sagradas que utiliza son mucho más poderosas que las que se mezclan en la infusión preparada por un chamán sacerdote. Estas medicinas tardan más en cocinarse y, con frecuencia, se deben preparar siguiendo procedimientos secretos y protocolos estrictos cuando se les ofrece a los pacientes. La medicina de un chamán guerrero incluye además un mayor número de plantas que las que utiliza el chamán sacerdote en su infusión. En algunos casos se necesitan arbustos o lianas raras, y el chamán guerrero está obligado a viajar a lo profundo de la selva para recolectarlas. Asimismo, puede mantener relaciones comerciales de larga duración con proveedores profesionales de plantas psicotrópicas, de las que hablaremos más adelante.

La cantidad de pacientes que participan en la ceremonia de un chamán guerrero rara vez excede la docena, y en general se prefieren reuniones más pequeñas. Incluso si un chamán guerrero es muy competente, nunca es lo suficientemente poderoso como para rastrear el inconsciente de muchas personas al mismo tiempo o para identificar la herencia, los problemas psicológicos o las maldiciones que pueda tener cada una de ellas. El camino del guerrero es profundizar en la mente de sus pacientes para borrar las aflicciones emocionales causadas por la Conciencia del Sufrimiento y barrer los residuos psíquicos que obstruyen su Fuerza de la Vida. A veces, un chamán guerrero también les enseña conocimientos secretos a los buscadores avanzados o, incluso, los hace sus aprendices.

Es frecuente que, durante las ceremonias de pueblo, un chamán sacerdote tienda a hablar, a veces con los miembros de la reunión, a veces dando algo que podría llamarse un sermón que invita a reflexionar acerca de la vida espiritual y social. En el círculo de un chamán guerrero hay muy poca conversación, a veces ninguna, por lo general sólo unas pocas frases o palabras de apoyo. Aunque los chamanes guerreros trabajan para el bien, a nivel personal muchos de ellos tienden a ser malhumorados y distantes. En las calles del pueblo, que la mayoría de ellos evitan constantemente, es difícil acercárseles. Mientras que el chamán sacerdote vive en el centro del pueblo y socializa con sus habitantes, los chamanes guerreros viven en las afueras. A veces construyen sus cabañas en una zona apartada en el bosque, cerca de una montaña o de una cascada. Cuando se ven forzados a estar en los pueblos, se mantienen distantes, evitan los chismes y las conversaciones casuales, porque los hacen sentir incómodos y porque creen que estos comportamientos dañan su relación con lo sagrado. La mayoría de los maestros que me entrenaron eran así, excéntricos y elusivos.

Como pueden ver, la tarea de un chamán guerrero es considerablemente más personal que la de un chamán sacerdote y exige más. Ésta es la razón por la cual, cuando los del pueblo tienen un problema personal urgente, cuando piensan que los han maldecido, que están enfermos o que están poseídos, por lo general buscan la ayuda de un chamán guerrero.

Por último, hay que notar el hecho de que hoy en día es cada vez más difícil encontrar los linajes de chamanes guerreros. Esto es desalentador no sólo para los chamanes, sino también para aquellos en todo el Perú que aún creen en las viejas costumbres. Tradicionalmente, los chamanes guerreros eran doctores y curanderos, por eso eran considerados rivales e incluso enemigos cuando llegaron los españoles al Perú y trajeron su propia medicina occidental. En el mundo de hoy, existen los mismos prejuicios, y esta vez la medicina convencional moderna encabeza el ataque. El resultado es que, en la actualidad, el chamanismo guerrero existe sobre todo en las áreas rurales del Perú, e incluso aquí la medicina moderna aleja a muchos pobladores que en el pasado habrían atesorado la oportunidad de ser tratados por un curandero guerrero.

Algunos conceptos comúnmente equivocados

Entre muchas personas prevalece la suposición de que un chamán debe verse, hablar y actuar de cierta manera. Quizás porque han visto demasiados sitios de propaganda en Internet, a algunos buscadores les cuesta creer que los chamanes modernos como yo somos auténticos curanderos. Yo no luzco como para ejercer ese papel, no uso ropa de nativo ni aretes o collares. Además, mi lengua natal es el español y no algún idioma indígena del Perú, aunque estoy familiarizado con las palabras tradicionales que tienen que ver con mi trabajo. Algunas personas automáticamente adjudican un sentido de legitimidad a las apariencias formales sin darse cuenta de que pueden ser engañadas por gente que sólo está representando un papel.

Algunas personas que conocí en Europa hace varios años habían participado en ceremonias de la ayahuasca realizadas en la Amazonia, supervisadas por individuos completamente vestidos con la indumentaria tradicional. Algunos de estos practicantes tenían una reputación cuestionable en cuanto a su entrenamiento y a sus intenciones, un hecho que enojó mucho a los miembros del grupo que habían pensado que eran auténticos basándose solo en su aspecto. Hice lo que pude para explicarles que la apariencia de los chamanes puede ser engañosa, y que si algunos miembros del grupo volvían a Perú para una ceremonia de la ayahuasca deberían elegir un curandero con base en su reputación y en los comentarios positivos que sobre él se escuchan de boca en boca, más que en su aspecto. Por razones que no alcanzo a explicar del todo, parece que cuanto más común es el aspecto de un chamán y cuanto menos se perciben diferencias en su comportamiento, será más poderosa su Medicina.

Más sobre los chamanes guerreros

Los chamanes guerreros pueden ser hombres o mujeres. A veces tienen familia, aunque lo más común es que vivan una vida de ascetismo. No hay reglas fijas. Pueden ser jóvenes, hombres o mujeres que tienen un don y son reconocidos como curanderos de nacimiento. Usualmente son expertos en una técnica de curación en particular.

Por ejemplo, hay hombres jóvenes que tienen una fuerte conexión instintiva con cierto grupo de plantas curativas y que saben todo acerca de cómo se cosechan, se preparan y se usan. La comunidad ve a estos jóvenes como potenciales hombres de conocimiento, y a lo largo de los años algunos desarrollan profundas formas de entendimiento espiritual. También he visto mujeres que trabajan como parteras y que son expertas en el uso de plantas y resinas que ayudan a las mujeres a dar a luz o que tienen otros fines medicinales. Las chamanas guerreras que he conocido tienen, en general, cierta edad. Es bien conocido que después de la menopausia, cuando el reloj natural de una mujer le indica que su tiempo para la maternidad ha acabado, estas mujeres se vuelven cada vez más capaces de obtener un profundo conocimiento del alma a través de su trabajo. Si bien en el Perú hay menos mujeres que ejercen el chamanismo, algunas personas creen que pueden ser superiores. Pero, de hecho, este tipo de comparaciones no tiene sentido, pues a largo plazo todos los chamanes, ya sean hombres o mujeres, son juzgados solamente por sus talentos en la sanación más que por su género.

Además, en la mente de algunas personas puede haber confusión sobre el carácter de un chamán guerrero y su estado de ánimo. Para algunos, un chamán guerrero no es sólo una persona entrenada en la medicina tradicional, sino que debería ser la combinación de un maestro Zen, un hechicero que cura y un santo cristiano. Pero en realidad, un chamán es simplemente un hombre o una mujer común que ha aprendido a comunicarse con el mundo espiritual, eso es todo.

Aquí podemos hacer notar que los visitantes y los peruanos modernos ansiosos de participar en una ceremonia a veces le piden a un chamán guerrero «ayahuasca» o incluso un nombre inventado como aya, madre o *motheraska*. Sin embargo, tradicionalmente, los peruanos evitan preguntar de manera directa a un chamán guerrero por la «ayahuasca», y nunca piden «aya» o sus derivados idiomáticos. Consideran una falta de respeto referirse a la liana en términos de jerga o destacar la ayahuasca a expensas de otras plantas importantes que forman parte de cualquier brebaje sagrado. Cuando los lugareños se acercan a un chamán guerrero, le piden una curación o una purga o una ayuda. O como saben que cada practicante mezcla sus ingredientes y supervisa una ceremonia de forma única, le dicen al chamán guerrero que han bebido el brebaje del señor X o del señor Y, y que ahora les gustaría probar su Medicina.

A veces, a los chamanes guerreros se les confunde con hechiceros de magia negra. Ambos trabajan con un pequeño grupo de pacientes, y ambos resuelven necesidades individuales, cualesquiera que éstas sean. Pero, por supuesto, hay una gran diferencia entre ellos.

Un chamán guerrero trabaja para reducir los deseos egoístas de un paciente. Recuerden que ese «Yo quiero lo que quiero y cuando yo lo quiero» es el canto de batalla de la Conciencia del Sufrimiento y la fuente de la mayor parte de la desdicha humana. Dado este hecho, un chamán guerrero remueve y aleja a sus pacientes de esta compulsión autodestructiva, trabaja para liberarlos de los impulsos del ego que hacen que sus vidas sean solitarias e insatisfactorias. Para hacer esto, el chamán guerrero intenta discernir cuáles son los diferentes motivos por los que la gente busca sus servicios y actúa conforme a ello.

Los hechiceros de magia negra, por su parte, ven su trabajo como una profesión por la que reciben dinero a cambio y nada más. Según su parecer, la magia blanca y la magia negra tienen igual peso. Como parte de su trabajo, ellos hacen pactos con demonios o permiten que espíritus infernales los sodomicen para adquirir poderes oscuros. Cuando un paciente los contrata, aceptan maldecir a su enemigo, lanzan hechizos, mezclan venenos y les ordenan a espíritus malévolos que hagan daños a víctimas que no conocen;

también crean amuletos de amor que fuerzan a la gente a entrar en uniones que no desean, y todo esto en un día de trabajo. Sin embargo, si se le paga lo que pide, un brujo de magia negra puede realizar tareas benevolentes con el mismo entusiasmo, reunir a quienes se aman, curar a los enfermos, enviar bendiciones a los necesitados y cosas por el estilo. Sin embargo, la naturaleza de sus herramientas es un préstamo de una fuente oscura. En pocos casos, raros pero reales, un hechicero se complace en dañar a la gente gratuitamente con su magia, y sólo acepta tareas que causen ruina, locura y hasta la muerte.

En general, un chamán guerrero es una persona común que ha desarrollado formas de interactuar con la energía espiritual y ha aprendido métodos para dirigir la Fuerza de la Vida con el fin de sanar. Si bien puede parecer que los chamanes generan dotes super- naturales durante una ceremonia, en realidad ellos no crean esta magia ni este poder. Puede que hayan nacido con Medicina o que la hayan desarrollado en grandes proporciones gracias a la práctica. Pero los dones son siempre un préstamo del Gran Espíritu; no son un regalo, sino un préstamo. Si se utilizan mal, o para fines egoístas, pueden desvanecerse o ser retirados por completo.

Tanto para la mayoría de mis hermanos y hermanas curanderos como para mí, este préstamo del mundo invisible juega un papel central en nuestra práctica, nos conecta con la Medicina protectora y dinámica contenida en una caja sagrada de herramientas.

Yo llamo a esta caja mi «Familia Curativa».

CAPÍTULO 4

LA FAMILIA CURATIVA

Yo la llamo mi «Familia Curativa»

Cuando hablo de mi Familia Curativa, a veces me refiero a ella como a mi caja psíquica de herramientas. En pocas palabras, esta caja de herramientas es un grupo de entidades psíquicas, espíritus de plantas y animales, y lugares de la naturaleza, que a través del tiempo se hicieron amigos y después aliados de un chamán, y le dieron más poder a su habilidad para sanar. Entre estos aliados puede haber ancestros del pasado cercano o lejano, así como espíritus de plantas y animales que el chamán ha conocido. Además, maestros, los maestros de los maestros y chamanes amigables pertenecientes a distintos linajes. A veces, en sus visitas a ruinas y asentamientos, un curandero se alinea con almas que han muerto hace mucho tiempo. Todos pueden ser miembros de la Familia Curativa del chamán: ciertas montañas, lagos, desiertos, cascadas, bosques y playas desiertas que tienen su propio poder y conciencia.

Siempre que estoy tratando de resolver un caso difícil durante una ceremonia, las energías que uso son una combinación de mi propia Medicina personal y la guía que me ha dado mi Familia Curativa. En algunas ocasiones he tenido que luchar durante horas para vencer una maldición o un mal, y llegué a quedarme sin fuerzas. En tales momentos, casi a punto de ser derrotado, recibí el apoyo de un aliado de mi Familia Curativa, quien me dio el poder que necesitaba para ganar, un poder que no habría tenido al actuar yo solo.

Algunos miembros de mi Familia Curativa

Toda caja de herramientas de un chamán es exclusiva para su propio trabajo. Los aliados espirituales de mi Familia Curativa son distintos de los que forman la Familia Curativa de otro chamán, y así debe ser, ya que cada Familia Curativa tiene su propia historia.

¿Cuál es la ayuda que ofrecen los miembros de mi caja de herramientas? A veces, un aliado sanador se me acerca mediante una voz o un susurro mientras atiendo a un paciente, lo que provoca una sensación que al mismo tiempo se percibe como una intuición, una receta y una inspiración. Otras veces aparece como una visión que guía mis manos hacia las partes correctas del cuerpo de un paciente o me envía su energía.

Curiosamente, un chamán guerrero puede tener una fuerte Familia Curativa, pero por una u otra razón decide no utilizarla. Un amigo mío que trabaja en la Amazonia, a quien considero una persona medicina genuina y dotada, cierto día se confesó conmigo y admitió que después de años de estar trabajando con unos cuantos pacientes peruanos ahora prefería ejercer como chaperón en grandes ceremonias integradas por fuereños. La razón de este enfoque, me explicó con un tono un poco avergonzado, es que las reuniones grandes aportan más dinero que las pequeñas. Cuando su maloca está abarrotada de gente, me dijo mi amigo, él canta canciones sagradas y toca los tambores, pero raramente o ninguna vez convoca al mundo espiritual o a los poderes de su Familia Curativa. Los pacientes, me aseguró, están por lo general contentos con el procedimiento, ya que las plantas sagradas les dan el trance alucinógeno que ansían, si bien no reciben la sanación que sólo un chamán dedicado puede brindarles.

Esta reticencia, por parte de un curandero, para usar sus herramientas psíquicas no sólo se debe al incremento de las ganancias. A veces es simplemente más fácil para un hombre Medicina, sobre todo si se trata de uno cuyos principios son flexibles, acompañar a los pacientes inocentes en una juerga nocturna de «campanas, olores y hechizos», evitando involucrarse con los aliados de su Familia Curativa y sus exigencias.

Si bien la Familia Curativa tiene ciertos poderes de los que por lo general no hablo, cuando me ocupo de buscadores que están interesados en el curanderismo, descubro que es útil describirles algunos de los más prominentes aliados que pertenecen a mi Familia Curativa. Aquí abajo hay una lista, incompleta por supuesto, que incluye los necesarios para mostrar las potentes herramientas y fuerzas que puede ofrecer una Familia Curativa.

LA VOZ DEL ESPÍRITU

Recuerdo un incidente en el que estaba involucrado un hombre de mediana edad, iracundo y atormentado sexualmente. A veces vienen a mis ceremonias pacientes que practican formas de sexualidad en extremo sádicas o no consensuadas. La gente predispuesta a tales inclinaciones con frecuencia se siente culpable y experimenta sus ansiedades como una compulsión incontrolable que de todo corazón desean eliminar. Tales personas vienen a mí para que los ayude a controlar estas prácticas sexuales potencialmente dañinas.

Una noche estaba trabajando con cinco o seis personas en la ladera de una montaña sagrada, incluido el paciente mencionado arriba. Este hombre era muy alto, de complexión robusta y con una presencia poderosa. Socialmente era muy extrovertido, con un magnífico sentido del humor y una actitud relajada. En nuestras conversaciones preliminares me contó que su padre murió cuando él era niño y que este abandono le produjo una gran confusión y malestar en su interior.

A medida que iba creciendo se llenaba de ira y con frecuencia se valía de su corpulencia para amedrentar a sus compañeros de clase en la escuela. Para cuando se convirtió en adulto, su ira se transformó en un fuerte impulso sádico, tanto sexual como social. Se deleitaba en herir a la gente con comentarios cáusticos o cortantes. Las fantasías sexuales que me confesó eran crueles, incluso criminales. Este paciente parecía ser un tipo decente y moral. Sin embargo, en su interior ardía un fuego malévolo y tenía que luchar para mantenerlo controlado y bajo la superficie.

Desde el inicio de la ceremonia trabajé cerca de este hombre conflictivo. Enseguida, su lado perverso se materializó en el plano psíquico tomando la forma de un demonio negro. El hombre estaba literalmente poseído. El monstruo que dejó crecer dentro de sí mismo era ya visible en el plano psíquico.

Mientras trabajaba en él, me di cuenta de que su lenguaje corporal cambió delante de mis ojos, su espíritu oscuro vibraba en su estómago y en su pecho. Este no era el mismo tipo amigable con el que había charlado unas horas antes, sino una especie de humanoide malicioso que vivía para provocar el dolor en los otros. El demonio estaba tan integrado a su personalidad y había tomado posesión de él tan completamente que era imposible desalojarlo con hechizos normales. La criatura aparecía por un momento y luego se desvanecía, era imposible agarrarla o inmovilizarla. Se necesitaban métodos especiales. ¿Pero cuáles?

Después, como a menudo sucede, un miembro de mi Familia Curativa, en este caso la voz incorpórea de la que hablé, vino en mi ayuda y me dijo qué hacer.

Sus instrucciones parecen un poco extremas, pensé, pero cuando un miembro de tu Familia Curativa te da consejos, los tomas. Esperando el momento adecuado, caminé hacia el hombre hasta que quedé parado cerca de él. Entonces me miró con una expresión indescriptible y llena de odio. Antes de que pudiera expresar su rabia, le di un puñetazo muy duro en la mandíbula. Aturdido por el impacto, el demonio literalmente saltó fuera del cuerpo del hombre como si hubiera recibido un choque eléctrico. Un momento después, lo agarré y luché contra él, lo até con sogas invisibles como si se tratara de un toro y luego lo disolví por completo, una tarea fácil ya que él mismo se había desprendido de aquel hombre.

Como es natural, las otras personas del círculo se quedaron sorprendidas con esta repentina muestra de violencia, pues ni veían ni entendían el escenario psíquico que acababa de ocurrir. Pero el hombre en cuestión, en vez de enfurecerse o de responder a la agresión, se desplomó en el suelo y permaneció totalmente inerte. Durante varios minutos permaneció tirado, con una expresión de sorpresa y asombro en su rostro, y luego empezó a llorar. Durante los diez minutos siguientes lloró como nunca antes yo había oído llorar a un hombre.

La ceremonia terminó unos minutos después y el hombre regresó rápidamente a su tienda de campaña sin decir una palabra. A la mañana siguiente, durante el desayuno, me llevó aparte y me susurró: «Se ha ido».

LA LLUVIA DORADA

Una mujer de Lima vino un día a pedirme una sesión individual de plantas. La gente en Perú a veces busca tener acceso a nuestro Arte simplemente para saber qué cosa es útil o perjudicial para ellos en un determinado período de sus vidas, casi como ir a un médico para un chequeo de salud. Accedí a su petición y, dos noches después, iniciamos una sesión.

A los veinte o treinta minutos de la ceremonia empezaron a

aparecer visiones, y enseguida vi nódulos oscuros de aspecto siniestro esparcidos por sus órganos. Cuando un paciente está sano, sus órganos y su sistema nervioso irradian luz. Si está enfermo, las cosas se ven oscuras por dentro.

Pasé mucho tiempo intentando eliminar los nódulos, porque había tantos y eran tan pequeños que parecía, como dice el dicho, que estaba tratando de arrear gatos. Después de varias horas de intenso trabajo, finalmente aislé una serie de estas protuberancias, para que se disolvieran antes de poder sacarlas. Esto ocurrió varias veces más.

A medida que avanzaba la tarde, me sentía cada vez más frustrado y, finalmente, empecé a preguntarme si tenía capacidad para ayudar a esta persona. La presencia de los nódulos oscuros era alarmante, aunque la clienta no sabía nada de ellos y creía que estaba bien y en buena forma. (En la sanación peruana hay un dicho que dice que los síntomas son el último y no el primer signo de una enfermedad). Tuve la fuerte sensación de que lo que estaba viendo era un cáncer o una reacción autoinmune grave que necesitaba con urgencia ser eliminada. Por lo general, no necesito saber el nombre de la enfermedad con la que trabajo, ya que sólo me ocupo de las energías y no de la fisiología. Sin embargo, la palabra «cáncer» flotaba en el aire, así que después de todo hice lo que hago en estas situaciones en apariencia desesperadas: le pedí ayuda a mi Familia Curativa.

Al principio no ocurrió nada. La mujer estaba sentada cerca de mí con los ojos cerrados, respirando tranquilamente y ajena a cualquier peligro. Entonces mis ojos se sintieron atraídos hacia el techo, donde vi flotar una niebla acuosa que se parecía un poco al oro derretido. Cuando una fuerza de ayuda llega durante una ceremonia, genera un agradable calor dentro de mi pecho. Esta sensación me indicó que el apoyo había llegado, aunque no sabía qué era ni cómo utilizarlo. Todavía estaba en mis primeros días como chamán practicante, y era la primera vez que mi Familia Curativa me enviaba esta herramienta en particular.

Impresionado por su belleza, contemplé la nube durante varios minutos. De pronto, comenzaron a caer gotas de lluvia sobre la clienta, a veces como suaves gotas de luz dorada, a veces como un torrente de oro. A medida que caían se podía ver cómo la luz lavaba a la mujer por dentro y por fuera, penetrando en cada célula de su cuerpo. Los nódulos se aflojaron con rapidez debido a la fuerza de la Medicina, lo que me facilitó su extracción. Al cabo de unos minutos, los nódulos habían desaparecido y la mujer, que hasta el día de hoy no sabe lo enferma que estaba, emitía de manera inconsciente el resplandor de vida y serenidad que comúnmente sigue a una curación.

A partir de allí, la lluvia dorada se convirtió en una herramienta esencial en mi Familia Curativa. A menudo, cuando cae sobre un paciente, veo que lava una suciedad parecida a la ceniza, brota de las yemas de los dedos, las manos y los pies. A veces, el cuerpo de un paciente se vuelve dorado por completo: las uñas de oro, las puntas de los dedos, los brazos, la ingle, incluso las plantas de los pies. Cuando esto ocurre, me relajo y me alejo para trabajar con otros pacientes en el círculo, pues sé que la lluvia está realizando la curación por sí misma. Cuando regreso, la persona sigue rodeada de esa luz dorada, que suavemente comienza a desvanecerse.

El arribo de la lluvia dorada es un ejemplo de cómo un nuevo recurso psíquico puede aparecer de la nada cuando un curandero está ya en el límite de sus capacidades al ocuparse de un caso difícil. Cuando está luchando por hacer el trabajo con todo su corazón con los métodos que ya conoce, pero los encuentra inadecuados, de repente recibe un nuevo don de los espíritus que le ayuda a lograr la curación, y luego este don, que es una herramienta recién adquirida, se queda con él permanentemente.

Por lo general, no convoco a la lluvia dorada, porque ella prefiere venir por su cuenta cuando la necesitamos. Sin embargo, me gustaría que cada uno de mis lectores lograra ver algún día la belleza sobrenatural de esta nube mágica y que pudiera ser testigo de cómo desde ella cae esa cascada de niebla dorada.

EL RAYO VERDE ESMERALDA

Durante mi formación en la Amazonia trabajé con un curandero experto que me enviaba a retiros, me hacía ayunar y me mostraba varias formas de trabajar con el mundo espiritual. Además, me enseñó que a veces un maestro comparte una técnica de sanación, pero deja que quien aprende se dé cuenta por sí mismo de cómo se practica. Los maestros del chamanismo arman el escenario, pero sus pupilos o aspirantes deben hacer el trabajo. Puede que hoy te presenten el arco, las flechas al día siguiente, las instrucciones de cómo se jala de la cuerda pueden darse un día después, o a la semana siguiente, o al año siguiente, o tal vez nunca. Quien te entrena espera que con las herramientas que te ofrece te des cuenta de lo que debes hacer, hay pocas explicaciones sistemáticas paso a paso. Mis maestros eran guías, no gurús, y se esperaba que nosotros, los estudiantes, aprendiéramos más a partir de la experiencia práctica que mediante una instrucción formal.

Una vez, durante una ceremonia con plantas, estaba sentado en el círculo con mi maestro y varios de sus pacientes. Después de un largo período de silencio, se levantó repentinamente, caminó hasta donde yo estaba sentado y se quedó mirándome sin decir nada. Después de varios minutos, sacó algo de su bolsillo y lo presionó justo en el punto que está entre sus ojos. De inmediato, un rayo de luz verde esmeralda se disparó desde sus cejas y alcanzó mi frente. En ese momento toda mi cavidad craneal se encendió, como si el interior de mi cabeza fuera la cúpula de un planetario y docenas de galaxias y constelaciones brillantes estuvieran dando vueltas allí arriba.

En medio de esta visión, mientras me sentaba estupefacto, un pequeño órgano con forma de pene se materializó lentamente en el centro de mi cráneo, erecto y apuntando hacia arriba; esto, unido a las luces y estrellas que giraban. Mi maestro no dijo nada, sino que volvió a su asiento y la ceremonia continuó en silencio. A partir de entonces, el órgano quedó fijo en mi frente.

En las semanas siguientes, tras una buena dosis de práctica, logré aprender a proyectar ese rayo verde parecido a un láser desde ese nuevo interruptor que había crecido en mi cabeza. Pero tenía un problema: no podía entender qué debía hacer el rayo. Cuando se lo pregunté a mi maestro, me dijo que el rayo era ahora mío, pero que debía averiguar su propósito por mi cuenta. Me había dado el arco. Ahora tenía que encontrar la flecha.

A partir de ese momento me llevó más de dos años de experimentación constante llegar a comprender plenamente la función del rayo esmeralda y la forma de utilizarlo para diferentes fines. Aunque prefiero no dar más detalles acerca de esta luz mágica, diré que en ciertos casos puede sanar trastornos graves y a veces incurables, sobre todo mentales, y es capaz de viajar y conectarse con las personas a larga distancia. Sigue siendo uno de los instrumentos más importantes en el la caja de herramientas de mi Familia Curativa.

JARDINES EN EL CENTRO DE UNA MONTAÑA

Un día, mi maestro Pedro me sugirió que condujera hasta una cordillera que él consideraba uno de los centros de poder más importantes del norte de Perú. Estas montañas estaban situadas en medio de un desierto alejado de la carretera principal. Al acercarme, cada montaña parecía tener una personalidad especial y un aura propia. Varias eran totalmente benignas, de carácter áspero, cualidades que se podían sentir al ascender. Una montaña en particular era considerada como el pico más poderoso de la cordillera. Para llegar a ella tuve que conducir por tierra y fuera de la carretera durante muchas horas antes de que apareciera a la vista en un sitio aislado a la mitad del desierto y lejos de las colinas circundantes.

Con la determinación de investigar esta legendaria fuente de energía, partí con una mochila llena de comida y agua para explorarla de abajo a arriba durante varios días. La segunda noche que pasé en la montaña bebí una medicina psicoactiva que mezclé y preparé con una combinación de plantas norteñas; a esta receta la llamé «*yunga*», por la región *yunga* que recorre la costa de Perú.

No había ninguna misión particular que tuviera que realizar en la montaña. Vine simplemente a empaparme de su poder y a sentir y escuchar cualquier secreto que me susurrara. Aquella segunda noche, sentado en una cima y en silenciosa contemplación, oí que algo me llamaba. Caminé hacia donde provenía la voz hasta llegar a una grieta en la ladera. El interior estaba vacío, excepto por una especie de nido hecho de rocas.

Me senté junto a las rocas pensando que iba a continuar con mis meditaciones cuando, de pronto, apareció una sombra oscura en una pared cercana, que revelaba una cavidad en la montaña. Cuando entré, di unos pasos y, de repente, en la oscuridad de la caverna se manifestó una luz cegadora que iluminó un vasto jardín en el interior de la montaña, y cuya belleza desafiaba toda descripción. En pocos metros había pasado literalmente de un agujero en la pared a un campo abierto de flores y árboles iluminados por el sol.

Había una flor cercana que, como muchas de las otras plantas, no se parecía a ninguna especie vegetal que hubiera visto antes. Parecía invocarme y podía sentir la aprobación de la montaña. La planta se presentó, me dijo que era una medicina, me explicó el tipo de ayuda que podía proporcionar y me propuso convertirse en un miembro de mi Familia Curativa si la aceptaba como un regalo de la montaña.

Actualmente esta planta sigue siendo mi querida amiga y una parte importante de mi caja de herramientas. A menudo, mientras realizo ceremonias, evoco su imagen si necesito ayuda para un tratamiento difícil. Aquella noche, antes de despedirme de la flor, le pregunté si todas las montañas tienen jardines secretos escondidos en su interior. No muchas, me dijo. Sólo las montañas especiales. Como ésta. Y sólo se manifiestan ante las personas favorecidas por la montaña.

EL ESPÍRITU DE LA ANCIANA DE LA CASCADA

Un día, mientras pasaba una temporada en el norte de la Amazonia, los miembros de una comunidad nativa me preguntaron si quería acompañarlos en una caminata a un lugar especial. «¿Qué tipo de lugar es?», les pregunté, pero me miraron de forma inexpresiva. Siempre dispuesto a lo desconocido, acepté y nos pusimos en marcha. Después de varios kilómetros, atravesando intensas marañas de maleza, llegamos a un claro en el bosque donde una cascada de varios cientos de metros de altura caía sobre las rocas en un torbellino de niebla y bruma. Mis guías me sonrieron de forma extraña, moviendo sus cabezas me indicaron que mirara hacia la gigantesca cortina de agua, hicieron varios gestos con las manos que no entendí y luego se alejaron bruscamente, dejándome solo.

Era un día caluroso en la selva. Me desvestí y caminé sobre las rocas hasta el chorro, permanecí bajo el agua que caía durante varios minutos, disfrutando de su gélida humedad y del sonido del agua que salpicaba sobre las rocas. De repente, vi una serie de destellos visionarios en las olas que se formaban al caer el agua, y entonces apareció una anciana que me sonreía. A pesar de que el agua caía sobre los dos, su vestido permaneció seco durante toda la conversación. Se presentó, me dijo que podía ayudarme en mi trabajo de curación, me prometió que volveríamos a vernos en el futuro y se desvaneció en el agua como la niebla se desvanece en el aire.

Muchos años después, mientras estaba fuera de mi país trabajando en un caso difícil con una mujer enferma, de la nada apareció a mi lado la Anciana de la Cascada y me dijo que podía ayudarme. Al instante, mi paciente y yo nos vimos transportados a la misma cascada de la Amazonia en compañía de la anciana. Cuando llegamos, nos acercó a un lugar tranquilo, 100 metros más allá de las cataratas, donde vi un estrecho arroyo con una fuerte corriente que serpenteaba en varios giros hasta desembocar en un pequeño estanque.

«Aquí es donde se producen las sanaciones», me informó la anciana. Ella y yo procedimos a trabajar con la mujer enferma, lavando sus zonas enfermas con agua del lecho del estanque. Después de varios minutos, la clienta y yo fuimos transportados de vuelta a nuestro círculo ceremonial, confundidos pero felices. La mujer me dijo que ya se sentía mucho mejor.

Hoy en día, cada vez que trabajo con una persona con una dolencia grave, como el cáncer o una enfermedad cardíaca, a menudo me encuentro a mí mismo y a mi paciente transportados en forma psíquica a esta cascada y desde allí, bajo la dirección de la anciana, al estanque cercano donde lavo las energías dañinas que son difíciles de eliminar de cualquier otra manera. A lo largo de los años, la cascada se ha convertido en un lugar extremadamente redentor para mí y, lo que es mejor, la anciana y yo somos ahora amigos cercanos.

La música

De acuerdo con los ancestros, todo organismo tiene su propia representación visual y auditiva, su propia trama y su color, y su propia canción y armonía. Las criaturas vivientes, los árboles, las rocas, las montañas y los espíritus, todos tienen su propia canción, incluso si no podemos oírla.

Conociendo el impacto que un sonido melodioso puede tener tanto en la Conciencia del Alma como en la Conciencia del Sufrimiento, la gente de la antigüedad aprendió a transmitir sus armonías utilizando instrumentos musicales: las percusiones, el punteo, el viento y la voz humana. Desde tiempos inmemoriales, los chamanes han utilizado una serie de artefactos musicales en sus ceremonias, en general con buenos resultados. Como tradicionalista que soy, prefiero los tambores, los sonajeros y la voz en frío, ya que hacen el trabajo sin necesidad de nada más. Al mismo tiempo, es necesario que cualquiera que esté interesado en la música chamánica entienda que no está hecha para agradar o entretener. Su único objetivo es sanar y no importa en absoluto si los sonidos que se producen son suaves o ásperos.

EL TAMBOR

Con frecuencia se dice que el sonido más efectivo para transmitir el conocimiento místico es el golpe de un tambor. Hay muchas razones que sostienen este pensamiento, pero muchos estarán de acuerdo en que el primer sonido que escuchamos fue ese de baja frecuencia emitido por el corazón de nuestras madres, durante las veinticuatro horas del día, cuando aún estábamos en el útero bajo el cuidado de nuestra Conciencia del Alma. Como resultado, el sonido de los tambores tendrá un impacto conmovedor en nuestras almas por el resto de nuestras vidas.

Además, cualquier estilo de percusión chamánica que escuchemos, y cualquiera que sea su ritmo o cadencia, crea una serie de conexiones positivas: primero, con el recuerdo de haber estado dentro del útero; segundo, con el latir de nuestro propio corazón; tercero, con el latir del corazón de otra persona y, cuarto, con la relación de nuestro corazón con las resonantes pulsiones de la naturaleza que nos rodea. Como se ha dicho, cada fuerza natural tiene su propia canción.

Piensa en cómo vibra una gran telaraña con las pisadas de

un pequeño insecto. De esa misma manera, incluso un pequeño tamborileo puede transmitir un poderoso temblor emocional que conecta los corazones de todos los que participan en una ceremonia. Cuando un chamán golpea la piel de un tambor durante una ceremonia, significa que está enviando una energía amorosa y protectora a todos los que están en el círculo. Lo que existe en la tierra tiene un corazón y su lenguaje son los tambores.

Si bien alguna gente piensa que estos golpes de tambor son simples y monótonos, el instrumento del curandero, dependiendo de cómo hayan sido estirado y cómo sea tocado, produce tantos tonos y armonías sutiles como para que algunos de mis pacientes lo hayan comparado con una orquesta en miniatura. Además de los sonidos en sí mismos, cuando los pacientes están bajo la influencia de las plantas sagradas a veces ven los sonidos derramándose fuera del tambor, como si se tratara de un tapiz de energía. Hay momentos en los que el guía necesita tamborilear mensajes para todos los presentes en el círculo. También hay momentos en que concentra sus ritmos en una sola persona, quién es la única en recibir el regalo de la medicina de los tambores.

Después de tocar el tambor durante muchas horas en una ceremonia, con frecuencia encuentro que el instrumento ha cambiado de forma. Siendo clásicamente redondo, se ha transformado durante la velada en un óvalo o una elipse y, en ocasiones, ha producido sonidos que ninguno en el círculo, ni siquiera yo, habíamos oído antes. Quizás nadie sobre la faz de la tierra los haya oído jamás. El tambor puede también hacerse más grande o pequeño, más ancho o profundo, o incluso puede retorcerse hasta convertirse en un raro objeto escultórico que no tienen ningún parecido a su forma original.

Para los chamanes guerreros, el principal uso de un tambor es producir un estado de meditación profunda entre los miembros de una ceremonia. Sin embargo, su estilo y sus técnicas para producir los sonidos difieren de ceremonia a ceremonia, y nunca hay dos sesiones de percusión que sean iguales.

En la ceremonia de un chamán guerrero el tamborileo puede ser calmado y medido, como si fuera un bote que cruza lentamente un río en calma. Sin embargo, la mayor parte del tiempo el tamborileo es rápido, con intricados patrones que se funden de manera continua unos con otros, y esto ayuda a los pacientes a navegar a través del laberinto de la Conciencia del Sufrimiento hasta alcanzar el mundo de los espíritus.

Cuando el chamán guerrero toca el tambor también está modulando la energía de sus golpes, de acuerdo con los ritmos que sus pacientes necesitan en esa noche en particular, con lo que los espíritus le piden o con lo que un miembro de su Familia Curativa le dice que haga. En ocasiones los golpes son tan fuertes y asíncronos que los oyentes se tapan los oídos con las manos. Otras veces el ritmo es sonoro y contenido. Hay momentos en que apenas se toca el tambor o no se toca en absoluto.

De vez en cuando, un chamán guerrero necesita extender el episodio del tamborileo por largos períodos, a veces durante varias horas o más, sin parar. Si bien tal esfuerzo es agotador, un curandero comprometido se esfuerza en continuar hasta que su voz interior le dice que se detenga, y sabe que la magia de la voz del tambor ha traído una curación necesaria a uno o más pacientes.

EL SONAJERO

En estados profundos de concentración, los pacientes pueden percibir un fuerte y agudo temblor o un zumbido dentro de su cabeza. También pueden sentir una fuerza vital que empuja dentro de su vientre y su pecho, produciendo una vibración que va desde lo bajo hacia lo alto. Por eso, los antiguos encontraron un valioso uso para una fruta seca llena de semillas, un sonajero o maraca que reproduce este sonido o vibración. Los curanderos descubrieron que al sacudirlo podían inducir un estado de trance.

Un tambor es un vehículo de vibración de tono bajo, mientras que los sonajeros son sus equivalentes de tono alto. Ambos producen sonidos opuestos, pero maravillosamente complementarios, y a menudo se tocan juntos. En general, los tonos altos del sonajero resuenan en el pecho y en las vías de los nervios que llevan a la cabeza, mientras que las bajas frecuencias del tambor resuenan en las áreas abdominales y en el pecho. Tanto el tambor como el sonajero son de origen ancestral.

Comúnmente decorados con símbolos tradicionales de diseños místicos, la mayor parte de los sonajeros amazónicos se fabrican con una calabaza de fruta seca rellena de semillas. A veces estas semillas se toman de diferentes plantas y se colocan dentro del sonajero, y cada conjunto produce un tono distinto. Los sonajeros también se hacen utilizando grandes semillas ensartadas en un palo, con un grupo de plumas unidas al extremo. Hay variantes en la construcción de los sonajeros en todo Perú y también en muchos países donde se practica el chamanismo, lo cual es un testimonio de lo verdaderamente universal que es este instrumento.

El tipo de sonido producido por este instrumento hipnótico, aparte de provenir de las semillas, depende de su forma y tamaño, de qué tan rápido o despacio se agite, de la forma en que se sostenga, de lo alto o bajo que sea el tono, del tipo de energía que el curandero transmita a través del instrumento, de los ritmos creados al agitar dos sonajeros al mismo tiempo y de una serie de otros factores, la mayoría de los cuales pasan inadvertidos por los pacientes, pero son de vital importancia para brindar ayuda ante enfermedades específicas.

Por lo general, en mi propio trabajo uso dos sonajeros, uno en cada mano, y cada cual tiene un tono ligeramente distinto. El proceso es parecido al de tejer. Cuando el ritmo es constante, cada sonajero emite fugaces filamentos de energía que varían de color, como si estuvieran tejidos. Este método para conducir la energía siempre me hace pensar que estoy cubriendo el cuerpo de un paciente con una manta de curación, deslizando una alfombra voladora por debajo de él o, incluso y extrañamente, envolviéndolo con listones.

Los sonajeros se usan por lo general para convocar a los espíritus de los animales o para enviar energía curativa. También para alejar y dispersar energías malas. Durante una ceremonia, los sonajeros pueden provocar una niebla o una bruma sobre los miembros del grupo, hacer llover colores, chispas, pétalos de flores y a veces regalos espirituales. Hacia el final de una ceremonia, cuando los pacientes están evaluando lo que han experimentado, veo estos regalos flotando sobre sus cabezas y utilizo el sonajero para hacer que su contenido se disperse uniformemente hacia abajo.

Un típico ejemplo de regalo es la «calabaza de la prosperidad», una gran calabaza que parece flotar sobre uno o varios pacientes durante una ceremonia, normalmente cerca del final de la velada. Cuando se abre, libera coloridas gotas, cubre a los pacientes con pétalos o con un confeti de colores que trae consigo prosperidad espiritual y material. Esta práctica me parece en especial importante, ya que confirma mi idea de que ciertos entretenimientos modernos, como golpear una piñata para que libere juguetes o confeti durante las celebraciones, son réplicas de antiguas técnicas chamánicas que a lo largo de los siglos se han convertido en algo puramente secular y aparecen en la vida cotidiana en forma de juego durante una fiesta infantil.

✻

En ciertos casos, el sonido del sonajero se puede usar como un arma en el mundo espiritual.

El curandero lo agita y activa su Medicina. En respuesta, el sonajero emite una línea de sonido invisible, que corta, limpia y despedaza la formas parasitarias que se desea eliminar. Aquí vemos la versatilidad psíquica de los sonajeros, que son capaces de provocar una gentil lluvia de misericordia o, cuando se necesita, producen un filo que atraviesa y corta a seres demoníacos con la efectividad de una espada mágica.

Por último, durante una ceremonia se puede usar un sonajero como una especie de brújula psíquica, que en un breve destello visionario muestra el camino que los pacientes deben seguir en determinadas situaciones de la vida o en su viaje espiritual por el mundo. Esta visión se le aparece al paciente, al chamán y a veces a ambos al mismo tiempo, y se convierte en una meta que los pacientes deben buscar, ya que literalmente señala el camino a seguir como la manecilla de una brújula. El chamán también puede usar los poderes vibratorios para hacer que los pacientes continúen, después de la ceremonia, por ese camino que han visto en sus visiones —un efecto a largo plazo que los protege de las tentaciones que les envían los poderes de la oscuridad para hacer que se desvíen de su destino espiritual—.

Cuando yo practicaba el chamanismo en la costa norte, un hombre de edad mediana llamado Luis vino a mí quejándose de varias molestias dolorosas. Luis era conocido por ser un hombre de mal carácter y propenso a los insultos, abusaba de todas las personas que conocía, incluidos sus amigos, su familia y los compañeros de trabajo en su oficina. Al verlo por primera vez, supe instintivamente que para hacer que recobrara su salud, él tenía que hacerse responsable de sus horribles comportamientos y cambiarlos.

La ceremonia de esa noche fue de sólo tres o cuatro personas, incluido Luis, quien constantemente le contaba a los demás sobre sus problemas del corazón y otras enfermedades. A menos de una hora de iniciado el ritual de la noche, ante mis ojos tuve la visión de un poderoso indígena peruano que estaba parado en un lejano desierto y tenía un látigo en sus manos. Imágenes de este tipo suelen corresponder a personas reales, más que a espíritus, quizás a un fantasma o a un alma de las sombras, y a veces es una persona de Conocimiento. Este hombre comenzó a caminar hacia nuestro círculo con gran urgencia, aunque estaba a kilómetros de distancia. Sus ojos tenían una mirada dura y decidida mientras caminaba por las dunas haciendo sonar su látigo.

En ese momento miré a Luis y vi que estaba temblando. También él estaba viendo a ese hombre, y sabía que él hacía lo mismo. Un miembro de mi Familia Curativa me explicó que quien sostenía el látigo era un ancestro de Luis, enviado por sus antepasados para hacer que este pariente malhechor viera lo erróneo de sus actitudes.

Cuando el desconocido se acercó, Luis entró en un estado de evasión total, cerró los ojos y miró hacia otro lado, y luego se levantó para tratar de salir del círculo. Pero el hombre del látigo no iba a permitirlo; al contrario, caminaba a una velocidad cada vez mayor hacia Luis, quien podría haber sido su nieto o tataranieto, ¿cómo saberlo?

En este momento comencé a trabajar con los sonajeros, utilizando una combinación de tonos agudos y graves en oleadas que me permitieron viajar psíquicamente a través de esa larga distancia. Necesitaba acercarme al hombre. Cuando estuve frente a él, le dije que había llegado para ayudar. El hombre me dijo que le dijera a Luis lo que debía hacer: salir de su burbuja de negación y sentarse en una de las orillas de un gran canal psíquico. Entonces, el ancestro del látigo estaría sentado en la otra orilla. No entendí del todo hasta que, de la nada, apareció un canal que suponía iba a servir como un túnel del tiempo desde el desierto hasta nuestro círculo; todo eso llevó a que, en un instante, el ancestro de Luis estuviera de pie junto a él, levantando su látigo como para golpearlo. Estuve todo el tiempo sacudiendo mi sonajero y observando el desarrollo de ese drama.

En ese momento Luis soltó un grito y cayó de rodillas, llorando de manera incontenible, gritando que estaba arrepentido y suplicando que se le diera otra oportunidad. Tan rápido como había llegado, el ancestro desapareció, y Luis se acurrucó en el suelo como un perro herido.

A la mañana siguiente se recuperó y su rostro brillaba como el de un niño sereno. Había vomitado gran parte de su rabia y su culpa durante el encuentro nocturno, de manera que se sentía como un recipiente vacío. Cuando varias semanas después hablé con él, me dijo que estaba mejor de sus males cardiacos, pero sobre todo ya tenía un mejor corazón.

LA CANCIÓN

En las ceremonias sagradas la voz humana es aún más antigua que los tambores o los sonajeros. Además de transmitir historias y mensajes sagrados, el canto articula estados emocionales y sentimientos melancólicos, mediante una forma que no se puede expresar tan profundamente por ningún otro medio de comunicación. Desde los sonidos del mundo animado, como el canto de los pájaros y de los grillos, o el aullido de los lobos, hasta las melodías del entorno, como los truenos, la lluvia o el murmullo de un arroyo, los primeros seres humanos disponían de una inmensa paleta sonora para incorporar a sus canciones, en una época en que el conocimiento todavía se transmitía de generación en generación mediante el canto y la declamación.

Muchas de las canciones que hoy cantan los chamanes proceden de antiguos maestros y linajes. Otras son enviadas por revelación de los espíritus o se aprenden durante un retiro de ayuno, mientras que otras más se reciben en estado de trance. Hay casos de curanderos que recuerdan melodías escuchadas en un sueño y las incluyen en composiciones musicales que acaban convirtiéndose en clásicos populares.

En algunas zonas de la selva amazónica, los cantos curativos se conocen como icaros, nombre que en los últimos años se ha incorporado al vocabulario general de la comunidad chamánica. Hay tres cualidades que caracterizan a un icaro.

La primera es que la melodía debe provenir desde lo profundo del corazón, los pulmones y las entrañas de un chamán. Cuando se canta desde estas profundidades, la canción eleva el estado de ánimo de la gente e intensifica su percepción del espacio que la rodea. También puede abrir un canal directo con los espíritus.

Segunda, la melodía de un icaro brinda una Medicina más poderosa que la de los versos, aunque las palabras siguen siendo parte valiosa de una canción, ya que da información espiritual a la mente consciente. En algunas tradiciones, las palabras de una canción son oraciones tonales cuya finalidad es hacer que la atención de los pacientes se concentre en el Gran Espíritu. En otros icaros las palabras no son ni siquiera palabras, sino sílabas engarzadas para ayudar a llevar la melodía. Además de cantarse, un icaro se puede hablar, murmurar o silbar.

La tercera, y más importante, cualidad es que un icaro transmite una fuerza de sanación. Cuando un chamán está cantando, las energías dadoras de vida que se concentran en su respiración son enviadas al círculo ceremonial y a los corazones de cada paciente. Sin embargo, este despliegue de la Medicina a través del canto puede tardar un momento en alcanzar su máxima expresión. Si el chamán pierde su concentración espiritual durante este tiempo, la energía de la canción baja y se convierte simplemente en un tono estimulante más que en una herramienta terapéutica; es como manipular una cinta en gimnasia rítmica, la gimnasta debe jalar con destreza la cinta para que siga fluyendo de manera uniforme mientras realiza sus movimientos. Si su forma se afloja, todo se afloja con ella.

Cuando los curanderos cantan, cargan la melodía con su propia Medicina personal, y crean a veces canciones que son distintas a las originales y que corresponden de manera única a su Arte en particular. Puede que su Familia Curativa le enseñe al chamán canciones nuevas, y en algún momento éstas serán parte de su tradición. Con el tiempo aprendí que un chamán también puede usar las vibraciones de un icaro para hacer que las plantas crezcan más rápido, para domar a animales salvajes y para comunicarse directamente con el Gran Espíritu.

En ciertas ocasiones, un chamán puede sorprender a todos los miembros de su grupo cantando melodías profanas e incluso tontas. Una vez asistí en la selva a una ceremonia llevada a cabo por un chamán de primer rango. Después de muchas horas de trabajo serio y de icaros tradicionales, de repente se puso a cantar canciones populares de los años sesenta y setenta, del tipo de música que uno podría escuchar en una emisora de «éxitos del pasados». Me atrevo a decir que todos los miembros del círculo, incluido yo mismo, quedamos sorprendidos por esta brusca intrusión de lo mundano. Pero resultó que esas melodías llevaban los ritmos, el tempo y los armónicos adecuados que necesitaban ciertos pacientes para sanarse. No importaba que las melodías no fueran arte: eran Medicina.

Al hablar de los efectos mágicos del sonido y las vibraciones, es interesante señalar que hay dos grupos de insectos cuyos cantos se cree que producen una elevación curativa similar a la de un icaro y que eran considerados sagrados por los pueblos de antaño.

El primero de ellos son las abejas, cuyo zumbido aligera un corazón pesado y cuyo murmullo curativo calma la ansiedad y reduce el dolor emocional. La segunda es la cigarra, cuyo canto aleja los pensamientos inútiles y reduce la hostilidad generada por la Conciencia del Sufrimiento. Las abejas curan el corazón y las cigarras la mente.

Otro ejemplo de Medicina transmitida por el canto son las canciones de cuna. Rebosante de adoración, cuando una madre canta a su hijo pequeño, el amor se le transmite al niño a través de las vibraciones emocionales de su voz. Además de llenar al niño de gracia, la canción de la madre transfiere una sensación de seguridad a cierta parte de la mente del niño, que le ayuda a crecer sintiéndose fuerte y seguro. En realidad es algo maravilloso: cuando una madre le canta a su hijo está infundiéndole la Fuerza de la Vida a través de la melodía. La Fuerza de la Vida está en todas partes, pero se mueve con mayor naturalidad en el flujo del amor y la música. Cantar canciones de cuna a los niños pequeños es una de las cosas más importantes que pueden hacer los padres.

Finalmente, al igual que vimos en el caso de las piñatas, hay muchas diversiones culturales que fueron creadas por los antiguos para demostrar las verdades del mundo invisible a través de historias, canciones y cuentos de hadas, o por medio de juguetes cuyos orígenes se remontan a tiempos muy lejanos y promueven la intuición de los niños. Ciertas canciones y rimas infantiles nos llegan desde la Edad Media y tienen una sabiduría espiritual oculta en sus letras. Los niños, que tienen mentes abiertas y fundamentalmente místicas, absorben este aprendizaje con mucha más facilidad que los adultos y reciben semillas de conocimiento que algún día pueden florecer en su conciencia espiritual. Tal es el poder del canto, la poesía y la música para sanar el espíritu.

CAPÍTULO 5

EL LENGUAJE DE LAS VISIONES: LOS ESPÍRITUS Y EL MUNDO ESPIRITUAL

A lo largo de este libro he utilizado relatos, ejemplos, historias de casos particulares y mi experiencia personal para dejar claro que, desde tiempos inmemoriales, la sociedad tradicional ha creído en espíritus y ha reconocido la influencia que tienen en la existencia humana. Por supuesto, los espíritus se manifiestan de distintas formas en diferentes partes del mundo. Hay duendes, espíritus halcones, gigantes, seres elementales, dragones, hadas, genios, menahunas, devas, dríadas, trolls y muchos más. Como estos seres no son físicos, su apariencia está condicionada por la época y el lugar, por la conciencia cultural, e incluso por los antecedentes genéticos de las personas que los perciben. No vemos el mundo espiritual como es, porque no tiene forma y puede tomar cualquier apariencia, lo vemos como somos nosotros.

En el siglo XII los europeos veían a los seres del mundo inmaterial como demonios, ángeles y gárgolas, semejantes a los que se esculpían en los contrafuertes de las catedrales góticas, porque todo estaba en sintonía con el espíritu de la época. Desde los tiempos del Neolítico, los elfos, las hadas, los gnomos y toda la familia de seres de los cuentos de hadas pertenecen a las verdes colinas druidas y a los profundos bosques vírgenes de Europa. Para algunos nativos de América del Norte, el mundo de los espíritus es un mundo de pradera, gobernado por espíritus águila, cactus mágicos, animales totémicos. En el Medio Oriente hay engendros, *ifrits*, genios. Por supuesto, la sociedad occidental percibe el reino de los espíritus en función de su obsesión por la tecnología: extraterrestres bondadosos o malévolos y científicos alienígenas que experimentan con seres humanos en naves espaciales flotantes. Esto no quiere decir que los ovnis no existan, sino que al menos algunos de los que parecen seres extraterrestres son criaturas espirituales del mundo oculto.

En pocas palabras, las formas espirituales son tan antiguas como la humanidad misma. Si le dijera a un amigo estadounidense que los elfos existen, probablemente pensaría que estoy trastornado. Si le dijera lo mismo a un nativo peruano o a una campesina irlandesa o a un miembro de la tribu Dayak en Borneo, me hablarían de un genio o espíritu o persona extraña que han visto recientemente jugueteando en la hierba en una noche de luna. Innumerables civilizaciones utilizan oráculos, clarividentes, adivinaciones y plantas psicoactivas para comunicarse con seres de mundos superiores. Casi todas las obras de arte creadas antes de la época del Renacimiento se basaban en alguna forma de creencia en el otro mundo.

Hoy en día, muchas personas consideran que, desde la perspectiva materialista del mundo, las civilizaciones del pasado que se basaban en lo espiritual carecían de una comprensión científica del funcionamiento real del mundo. Estas personas niegan con firmeza la validez de lo sobrenatural y la existencia de un cosmos inmaterial más allá de la percepción sensorial. Según el pensamiento chamánico, este tipo de ideas profanas está entre las principales razones por las que la raza humana se balancea actualmente en el filo de la navaja de la extinción. Desde los albores del tiempo, miles de civilizaciones han interactuado con los espíritus a través de sus mitos, religiones, ritos, teatro y música, y se han beneficiado de ello. Al no tener esa conexión, hoy vivimos en una burbuja secular, negando las mismas fuerzas espirituales que pueden darle a nuestras vidas un verdadero propósito y significado.

Estas formas seculares de pensar también muestran hasta qué punto la sociedad contemporánea se ha alejado de la naturaleza. Esta manera de pensar nos lleva a concebir la tierra como un lugar cuya única finalidad es proporcionar recursos naturales para el desarrollo industrial y el placer físico. Creemos que nuestra sociedad impulsada por la tecnología e irrespetuosa con el medioambiente es el *statu quo*, algo normal y progresista, o incluso la cúspide de los logros humanos, en lugar de una aberración que nunca antes había existido en toda la historia de la humanidad, un mundo artificial que habría desconcertado y horrorizado a nuestros antepasados. Vivimos un sueño de realidad material y nuestro corazón sabe que es falso, pero eso es lo que nos han vendido quienes se enriquecen. En algunas ocasiones, y en diversos grados, estas personas trabajan conscientemente para el lado oscuro. Alguna vez, un amigo mío citó una frase de la autoridad estadounidense en chamanismo, Martin Prechtel, quien lo expresa de manera tan acertada: «Vivimos en una especie de época oscura, astutamente iluminada con luz sintética, de modo que nadie puede decir cuán oscura se ha vuelto realmente. Pero nuestros espíritus desterrados pueden decirlo».

Estamos viviendo el período más peligroso en la historia de la humanidad, y se nos está acabando el tiempo. Lo que es más importante: como resultado de esta posición precaria, las antes innombrables plantas sagradas nuevamente se están manifestando en nuestra cultura, están haciendo sonar la alarma a través de los espíritus y ofreciéndonos las respuestas para muchos de los problemas que ponen en peligro a la civilización humana. Estas plantas mágicas están al alcance, crecen en los jardines del patio trasero del mundo, para que las usemos y las tomemos. Espero que les demos un uso honorable y las tratemos con respeto.

El lenguaje de las visiones

Si bien hay diferencias considerables entre los muchos tipos de espíritus que habitan el reino de lo invisible, todos tienen algo en común: hablan el lenguaje de las visiones.

Muchas de estas visiones, aunque no todas, se generan al usar plantas sagradas. Se pueden manifestar también gracias a los ayunos, a la meditación, a ejercicios de respiración, o por medio de la oración y otras técnicas espirituales tradicionales. Los espíritus pueden aparecer ante los buscadores en forma de pájaros, insectos, seres humanoides, figuras mitológicas como los genios o los gnomos, o narrativas pictóricas que cuentan una historia que fluye a través de la pantalla de la mente como una película. Están los espíritus de los ancestros, de antiguos chamanes y brujos, los de animales, los del tambor y los sonajeros, los de las gemas y piedras preciosas, los que gobiernan un lugar especial en la naturaleza, como el de un volcán o el de una cascada (por ejemplo, nuestra amiga, el espíritu que llamé «la Anciana de la Cascada»), o los que cuidan el agua que fluye (como el pequeño tritón y las sirenas que vi cuando tomé San Pedro). También están aquellos que llamo «espíritus hermanos y hermanas», que tienen una apariencia extraña, a veces estrafalaria, y pertenecen a una realidad totalmente distinta a la nuestra, como los seres de otro planeta, que sin embargo son generosos en extremo, tanto con los pacientes como con los chamanes.

Todos ellos y muchas otras entidades invisibles hablan el lenguaje de las visiones, cada una con su propio acento y dialecto. Sus mensajes pueden transmitirse telepática y visualmente por medio de la música o como una combinación de estos tres medios, con muchas variaciones en el tema.

Luego de experimentar visiones durante las ceremonias de las plantas sagradas, incluso muchos escépticos se convencen de la existencia del mundo espiritual. Después de todo, es difícil seguir desconfiando cuando ves con toda claridad los espíritus de una anaconda, de un mono o de tu tío que ha muerto hace mucho tiempo y está parado enfrente de ti ofreciéndote la solución a un problema que te ha atormentado durante años, o está abriéndote la puerta hacia un estado de consciencia en el que toda tu vida se despliega ante ti en una milésima de segundo.

Al mismo tiempo, desde el punto de vista de los escépticos, es acertado decir que ciertas visiones son, de hecho, proyecciones de la mente y la imaginación, y no una visitación metafísica.

Irónicamente, ambos casos pueden ser verdad. En efecto, algunas visiones provienen del mundo invisible, otras son pensamientos que surgen de las profundidades de nuestra mente. Aquí no hay contradicciones, simplemente son dos fuentes distintas de información, una del exterior, la otra del interior. La realidad es que, sin duda, durante una ceremonia, el paciente puede tener diálogos con espíritus de otros mundos, quienes le dicen cosas que de otra manera nunca llegaría a saber. Le pueden revelar hechos sobre el futuro que se volverán realidad o le proporcionan percepciones espirituales. Al mismo tiempo, con la ayuda de las plantas, lo más profundo de su mente también puede despertar e inspirarlo con percepciones de la Conciencia del Alma que habían estado enterradas hasta ese momento, pero que se elevan hasta la superficie con la ayuda de la fuerza de sanación.

Aunque la acción conjunta de las fuerzas del lenguaje de las visiones de los espíritus y de la sabiduría del inconsciente no sane o transforme a todos los que las experimentan, invariablemente les muestran partes de sí mismos y del mundo que nunca antes habían conocido. En todos mis años como chamán, nunca me han dicho que una ceremonia con las plantas sagradas fue totalmente irrelevante o que no tenía propósito alguno, aunque en ocasiones algunos pacientes se muestran apáticos ante su experiencia.

⚮

Un maestro chamán me dijo que los espíritus están muy cerca de nosotros y a la vez muy lejos. Es verdad que la mayoría de la gente en el mundo moderno de hoy en día parte del supuesto de que la existencia de los espíritus es un mito y hasta una broma. Pero incluso cuando se están riendo, me dijo el maestro con una sonrisa maliciosa, los espíritus se ríen con ellos. Hay formas de la vida invisible que constantemente dan vueltas a nuestro alrededor, y por supuesto que la tierra está poblada de incontables seres demasiado sutiles como para que podamos percibirlos con nuestros cinco sentidos. Algunos son amigos, otros son indiferentes. Unos pocos desean hacernos daño o son manejados por agentes de la oscuridad para dañarnos o destruirnos.

En la antigüedad era normal comunicarse con los espíritus, me siguió diciendo el maestro. Pero ahora el mundo es un lugar distinto. Debido a la destrucción de la naturaleza por parte de la tecnología y a la creencia de que el mundo material es el único que existe, la relación que en los tiempos antiguos existía con los seres etéreos se ha vuelto más distante. A causa de estos cambios, que son el signo de los tiempos, el reino de lo espiritual se ha retirado de la conciencia humana. Aunque quizás sea mejor decir que, a lo largo de los últimos cien años, la calidad de la conciencia humana es cada vez menor debido a que las creencias en lo espiritual son más frágiles, lo cual reduce nuestra capacidad para percibir las realidades más profundas que existen más allá de las formas materiales. Como resultado, ahora vemos la naturaleza y el mundo menos como un reflejo de realidades superiores, y más como una pila de bienes y recursos materiales.

En tiempos antiguos, intermediarios como las plantas sagradas y los chamanes eran una parte integral de la sociedad. Actualmente, si bien aún son usadas por los sanadores en algunas partes del mundo, la gente común de occidente, que en el pasado creció junto a estas medicinas, hoy en día las conoce muy poco. Incluso, me dijo mi maestro, estos intermediarios se necesitan ahora más que nunca.

⚕

A lo largo de este libro he hablado continuamente sobre los espíritus, pero muy poco he descrito su apariencia, conducta y personalidad. En este capítulo les voy a presentar a distinguidos habitantes de los reinos superiores, mencionando sus principales características: cuál es su aspecto y cómo actúan, las diferentes formas en que pueden hacer daño, sanar o impartir conocimiento, lo que quieren y lo que esperan, y las maneras en que su influencia puede permanecer durante años luego de una ceremonia con plantas.

Algo importante que se debe recordar es que los espíritus benevolentes que visitan a un chamán en el círculo están ahí porque *quieren*. Porque se preocupan por la humanidad y porque son la fuerza principal que hace posible todas las transformaciones y las sanaciones en una ceremonia. Si alguna vez participan en una ceremonia con plantas, cuando lo hagan y vean a estos seres, se quedarán sin aliento, muy probablemente colmados con la determinación de ser mejores personas. Aquí están algunos de los personajes más relevantes que pueden llegar a conocer.

Tipos de espíritus

Básicamente, hay cuatro «especies» de espíritus: los espíritus animales, los espíritus vegetales, los espíritus del paisaje y los espíritus humanos (incluidos nuestros ancestros y los fantasmas).

Comencemos con los espíritus animales.

Durante una ceremonia sagrada, una o más criaturas espirituales del reino animal pueden aproximarse a los pacientes, sentarse cerca de ellos o tocarlos. A veces sólo muestran su rostro o una pequeña parte de su cuerpo. Un espíritu de zorrillo puede mostrar su hocico, un águila su pico. Los pacientes sienten el pelaje del animal o perciben su olor, que no siempre es agradable. A veces aparece el cuerpo entero de la criatura en toda su magnitud, una experiencia decididamente alarmante si la criatura es un tigre, una anaconda o un oso.

Por fortuna, para aquellos que están en el círculo, el tipo de fuerza de sanación que un espíritu transmite está hecho a la medida de cada paciente en particular. Si un halcón es enviado desde el mundo espiritual, traerá la Medicina exacta que un paciente necesita para recuperarse de su problema o enfermedad. Si otro animal llevara su particular tipo de Medicina al mismo paciente, no tendría tanto efecto, si es que llegara a funcionar; su Medicina está hecha para otros pacientes con otros problemas, pero no para el paciente del que hablamos. En este caso, sólo la energía de curación específica del halcón puede hacer el trabajo.

En términos generales, cualquier forma animal que adquiera el espíritu será uno o dos seres posibles. Primero, puede que, de hecho, sea el espíritu de un animal el que trae la ayuda. O segundo, puede ser la Medicina encarnada en la forma de un animal, pero no el animal en sí mismo. En otras palabras, un espíritu que aparece como un gato o un búho puede no ser literalmente el espíritu de un gato o de un búho, sino una fuerza vital sin forma que «se viste» con el cuerpo del gato o del búho para hacerse visible mediante una forma familiar con el fin de transmitir un mensaje.

Los tres primeros espíritus animales que quisiera presentarles van a resultar familiares porque están en el capítulo anterior: la serpiente gigante, el enorme felino y el ave de rapiña. Ellos, como recordarán, son los representantes de nuestros tres centros de conciencia: las entrañas, el corazón y la mente.

ESPÍRITUS SERPIENTE

Como parte de las tradiciones chamánicas de todo el mundo, la serpiente es probablemente el espíritu que con más frecuencia aparece en una ceremonia con plantas.

De acuerdo con los conocimientos antiguos y modernos del Perú, dos tipos de serpientes juegan un papel en el trabajo de un curandero. El primero son las serpientes de campo y de pasto que tienen un tamaño regular, buena parte de ellas son venenosas. La segunda es una serpiente no venenosa de enorme tamaño, llamada boa constrictora o anaconda. De acuerdo con la Medicina peruana, estas criaturas gigantes, algunas de las cuales llegan a tener una longitud de nueve metros o más, son la encarnación de la Fuerza de la Vida, protectoras de las aguas y de la selva. Si una aparece en las visiones de un paciente, iluminada por brillantes colores y piedras preciosas que le cubren el cuerpo, o si surge desde el centro del círculo ceremonial en donde tanto el chamán como los pacientes la ven claramente, agradézcanlo: las fuerzas cósmicas están complacidas y harán todo lo que puedan para ayudar.

A veces, en nuestros sueños aparecen ciertas visiones de serpientes que nos transmiten mensajes durante varias semanas o meses después de una ceremonia. Si soñamos que una víbora nos muerde la mano, alguien en quien confiamos nos puede estar traicionando. A veces los sueños te recuerdan lecciones importantes aprendidas en una ceremonia, o te incitan a seguir los consejos que recibiste durante un ritual pero que habías estado descuidando. No es raro que una gran serpiente se aparezca en un sueño para ayudar a que un paciente supere un miedo irracional a la muerte.

En otras ocasiones, un espíritu serpiente te puede invitar a dar un paseo. Aferrándote a su cuello, te elevas sobre los continentes y cruzas sobre paisajes que no son de esta tierra, mirando ruinas de civilizaciones pasadas que están pobladas de la misma manera que hace diez mil años. O la serpiente puede llevarte a un círculo de maleza en lo más profundo de la selva, donde te indicará que recojas una planta que sanará tu dolencia particular.

A veces, los pacientes que en una ceremonia ven una boa o anaconda que se dirige hacia ellos zigzagueando, de inmediato asumen que van a ser atacados. Puede que griten pidiendo ayuda o intenten huir. Entonces la serpiente se levanta y les sonríe. Parpadea de forma amistosa. A veces les da un beso en la boca. A veces entra en su cuerpo por la boca o el vientre. Es la Fuerza de la Vida que le dice al paciente: «No te dejes engañar por mi aspecto de serpiente. Soy la gran fuerza cósmica de la curación que está aquí para bendecir cada célula de tu cuerpo. Alégrate».

Es frecuente que luego de varias semanas y meses después de una ceremonia los pacientes olviden muchas de las visiones extraordinarias que experimentaron. Pero ninguno de ellos, *ninguno*, olvida nunca su encuentro con el espíritu de una serpiente gigante.

Recuerdo que una vez, durante una ceremonia, tuve la visión de estar prisionero en el fondo de un pozo con docenas de serpientes que medían como 2 metros de largo y se deslizaban sobre mi cuello y cabeza. No eran de ese tipo común y corriente en los jardines, sino víboras enojadas con colmillos que goteaban veneno. Yo sabía que si hacía cualquier movimiento extraño o sonido imprevisto, me morderían.

Entonces, ahí estaba yo, rodeado por inquietantes espíritus serpiente, casi seguro de estar a punto de morir. En ese momento, mi maestro, que estaba dirigiendo la ceremonia, vio lo que estaba pasando y me dijo que no tuviera miedo, que todo estaba bien, que simplemente debía abandonar mis miedos y conectarme con mi Medicina personal. Al hacer lo que me aconsejó, mi Medicina respondió que soltara toda la tensión de mi cuerpo y entrara en un estado de desinterés, en un estado mental en el que literalmente yo ya no existía, sino que estaba vacío como un cielo sin nubes.

No fue una tarea fácil, es lo menos que puedo decir, pero hice lo mejor que pude. Después de varios minutos de tratar de soltarme, sentí que las serpientes se relajaban lentamente a mi alrededor. En ese momento me di cuenta de que era mi miedo el que las alborotaba y no mi presencia física. Al cabo de unos minutos, ondulaban y se balanceaban a mi alrededor con afecto, querían estar cerca de mí y bañarse en mi Medicina. Tras cinco o diez minutos de lo que ya se había convertido en algo así como un extraño festival de amor, se despidieron y volvieron a su lugar en el mundo invisible. La lección que aprendí en este encuentro fue que es posible mantener el flujo de la Medicina sin distracciones, incluso cuando se produce una situación de peligro para la vida. Este acontecimiento resultó ser un entrenamiento específico para mejorar mi manejo de la fuerza de la Medicina.

Varios meses más tarde, mientras viajaba por otra zona de la selva, visité un recinto profesional en el que expertos en el manejo de serpientes extraían el veneno de víboras mortales para usarlo como antídoto ante ciertos tipos de venenos. En el centro del recinto había un pequeño corral de hierba donde se deslizaban unas cuarenta serpientes shushupe. Las shushupes son consideradas por algunos como las serpientes más mortíferas de América.

Recientemente, yo acababa de experimentar la visión de estar atrapado en el pozo con las serpientes venenosas que he descrito antes. Ahora, tenía enfrente de mí a las serpientes reales. Como era joven y audaz, y quería poner a prueba las dotes en las que me había entrenado, me puse de acuerdo con el encargado para que me permitiera entrar en el corral.

Cuando estuve entre el montón de serpientes que se retorcían y siseaban, cogí varias que mostraban los colmillos, las traté con suavidad y conseguí calmarlas con la fuerza de mi Medicina. Hubo algunos momentos difíciles durante la sesión, y el hombre encargado, al ver que las serpientes se retorcían peligrosamente en mis manos, se puso nervioso; lamentaba haberme dado permiso para entrar, y me rogó que las bajara y saliera del corral.

Manipular serpientes venenosas no es algo que recomendaría a nadie, ni siquiera a un aspirante a curandero. Sin embargo, viendo las cosas en retrospectiva, me doy cuenta de que manipulé esas serpientes no sólo para demostrar mi capacidad, sino también para honrar la Segunda Regla de Oro llevando al nivel físico mi visión de estar atrapado en el pozo de serpientes y permaneciendo confiado en la fuerza de la Medicina.

ESPÍRITUS FELINOS

Mientras que en el norte de Asia los lobos son el principal depredador, en la mayoría de otras partes del mundo, incluida la Amazonia, los grandes felinos son las principales bestias cazadoras. Los leones, tigres, panteras negras y otros felinos depredadores representan nuestro segundo centro de conciencia, que se encuentra en el pecho. Estas magníficas criaturas son notablemente astutas y agresivas, por lo que no pueden ser conquistadas por ningún medio natural. Cuando aparecen en nuestras visiones, nos transmiten voluntad, heroísmo y amor. Si bien no son tan comunes como las serpientes, los grandes felinos son espíritus que nos visitan con frecuencia, y en Perú suelen aparecer como jaguares, aunque a veces también como ocelotes y pumas.

Puede ser que en una ceremonia aparezca de repente un espíritu gato gigante, como un jaguar, y se acurruque suavemente junto a uno, ronroneando como un gatito. Puede empujarnos para que lo acariciemos o moverse a nuestro alrededor como un gato doméstico. A veces ruge para mostrar su fuerza. Puede hablarnos, darnos consejos o llevarnos en su lomo a través de los claros secretos de la selva, lo cual hace que nuestras preocupaciones y ansiedades desaparezcan.

En una ceremonia, los gatos grandes también visitan a personas que han pasado la mayor parte de su vida estafando y engañando a los demás, entonces los obligan a abrir las ventanas de su conciencia para que puedan, quizá por primera vez, mirar dentro de sí mismos y ver lo fraudulenta que ha sido su vida. El resultado puede ser un profundo cambio interior y una conversión espiritual. Por supuesto, no todas las personas infractoras experimentan una metamorfosis semejante al ver a un espíritu felino, pero un número sorprendente lo hace.

Durante una ceremonia, los pacientes también pueden ser atacados por criaturas espirituales salvajes con colmillos y ojos ardientes. Estos animales tienen una forma parecida a la de un gato, pero sus cuerpos son generalmente peludos, coloreados o deformes. Aunque se mueven de forma escurridiza y gatuna, en realidad no son gatos, sino seres míticos que dan forma a los pensamientos y acciones negativas del paciente, obligándolo así a ver las características oscuras de su personalidad que durante mucho tiempo se ha ocultado a sí mismo.

En mi trabajo me relaciono con muchas personas sinceras, tanto peruanas como de otros países, que trabajan incansablemente en su desarrollo espiritual. Cuando estas personas reciben la visita de un gato cariñoso, una serpiente u otro espíritu animal durante una ceremonia, a menudo creen que la criatura debe ser su animal totémico.

Por supuesto, es natural que quienes anhelan una compañía espiritual piensen de esta manera. Pero esta suposición es generalmente incorrecta. Cuando un espíritu animal visita a un paciente durante una ceremonia y se convierte en su acompañante a lo largo de la velada, la relación suele ser de una sola noche. Como se ha mencionado varias veces, muchos espíritus animales no son animales en absoluto. En realidad, son la Medicina que está asumiendo la forma de un animal, como la experiencia extrema que tuve con las serpientes que me amenazaron en el pozo de víboras. Hago esta observación sólo porque he visto a algunos pacientes hacer cosas peligrosas al querer abrazar a su supuesto animal de poder, como, por ejemplo, ir a la selva desprotegido para hablar con su «compañero» jaguar o abrazar a una serpiente gigante. El resultado, como se han de imaginar, puede ser catastrófico.

ESPÍRITUS AVES

Los pájaros grandes, en particular las aves de rapiña, son el animal que simboliza el tercer centro de conciencia, el que está situado en la cabeza. Estas aves vuelan alto (como la mente) y son capaces de mirar directamente al sol, se acercan a sus rayos curativos y los dispersan a la humanidad a través de la belleza de su vuelo y su canto. Como las grandes aves tienen una visión extraordinaria (un águila puede ver los bigotes de un ratón desde 800 metros de altura), captan información de todo lo que ocurre abajo. Esta óptica de 360 grados es propia de un espíritu águila o cóndor, un noble aliado emplumado que puede llevarte a volar, mostrarte cómo se ve el mundo desde arriba o comunicarte una enseñanza que sólo puede venir de un ser que llega a alturas cercanas al ojo del cielo.

Las plumas de aves, que se utilizan en las prácticas chamánicas de todo el mundo, representan la comprensión espiritual y, con base en esta función, pueden colocarse en un altar, utilizarse para acariciar a pacientes enfermos o para agitarse en el aire y avivar el humo o el aliento con el fin de purificar un entorno ceremonial. Los curanderos nativos suelen portar una corona de plumas durante las ceremonias. Las plumas canalizan la energía curativa del ave a la que pertenecen, y en muchos pueblos nativos se utilizan como un tocado, considerando que quien lo porta tiene una elevada comprensión mental y espiritual.

ESPÍRITUS VENADO

Cuando aparecen en visiones, los venados generalmente representan una relación con nuestros antepasados. Estos ancestros pueden ser parte de nuestra herencia generacional. O pueden pertenecer a una tribu o cultura del pasado.

¿Por qué se asocia a los venados con el linaje humano? En primer lugar, debido a la forma bifurcada de sus cuernos, que se parecen a las ramas de un árbol, cada una de las cuales representa una herencia ancestral distinta, y además simbolizan la red de conexiones psíquicas que unen a las personas con sus parientes del pasado. Antes de que fuera mal visto por las convenciones actuales, las familias colocaban una cabeza de venado en una placa y la colgaban en su salón sobre la chimenea. Aunque la mayoría de los dueños de casa no tenían ni idea de su significado más profundo, esta tradición se remonta a mucho tiempo atrás, cuando se sabía que la cornamenta de un venado puede actuar como una especie de diapasón, una estación capaz de percibir a los espíritus ancestrales de la familia que vive en la casa, así como una radio recibe las ondas a través de su antena. Menciono esto porque a menudo me intriga el hecho de que muchas de las actividades que la gente realiza a diario, sin saberlo, tienen orígenes mágicos que se remontan a siglos atrás.

Como la mayoría de los animales que se mueven en manada, los espíritus venado tienen un líder, un magnífico ciervo o un ser humano con cabeza de venado. Una noche, mientras trabajaba con plantas en una meseta rocosa de los Andes, vi una manada de espíritus venado pastando en una saliente, el mismo lugar en el que debió pastar todos los días cuando estaba viva. Esta especie de venado se había extinguido, por eso el espectáculo era aún más sorprendente. Mientras se alimentaban, varios de ellos me miraron con sorpresa, pues de alguna manera sabían que los estaba viendo en su forma espiritual. El mero hecho de contemplar estos elegantes fantasmas me llenó de admiración y gratitud.

De repente, las filas de la manada se abrieron y un ciervo mucho más grande e imperial que el resto se adelantó.

Digo que vi un enorme venado, pero esto no es del todo correcto. Aunque la criatura tenía cuatro patas, una cola y un conjunto de magníficas astas, era en parte humano, pero me resulta imposible describir la forma en que sus partes estaban combinadas para darme esta idea. El enorme hombre venado se quedó en el centro de la manada contemplándome en silencio durante varios minutos. Luego se adelantó unos metros más, hizo un movimiento de reverencia que claramente significaba «hola», y se alejó corriendo con los otros ciervos por la cima y hacia la noche.

ESPÍRITUS OSO

De todos los animales de la selva, el oso es el que emite los sonidos más estruendosos, especialmente cuando caza. La gente suele creer que el rugido de los felinos que están al acecho en la selva es más fuerte. Pero no es así. La pantera, el puma, el jaguar y otros depredadores felinos, cuando se ven obligados a hacer ruido mientras cazan, emiten un gruñido suave y agudo o, a veces, un simple seseo. En cambio, los osos siempre braman. No lo hacen por rabia o hambre, sino como una muestra de poder. Le están diciendo al bosque: *estoy aquí y ahora; todos los animales que me escuchen tienen que saberlo*. Mientras que los grandes espíritus felinos necesitan pasar desapercibidos, los espíritus oso quieren que su grito se escuche en todo el mundo.

Durante una ceremonia con plantas, percibir a un espíritu oso significa la fuerza potencial de la voz de un paciente y, por lo tanto, la fuerza de su voluntad; es decir, cuando el espíritu oso visita a los pacientes, los ayuda a liberar las energías reprimidas, ya sea hablando o incluso gritando en un tono de voz que normalmente reprimen. Exteriorizar sentimientos de este modo ayuda a los introvertidos a expresar lo que han mantenido reprimido durante mucho tiempo dentro de sí mismos, lo que hace que la energía del oso sea la medicina perfecta para aquellos que son tímidos y reservados. Al hablar en voz alta o incluso al gritar, los pacientes se despojan de muchas inseguridades, de tal manera que después de la ceremonia tienen la fuerza para hablar y hacer valer sus necesidades en casa, con los amigos, en el trabajo, todo sin culparse por ello, o sin sentir que han sobrepasado sus límites. Ésta es una de las razones por las que en todo el mundo se utilizan órganos de oso en la medicina tradicional para curar enfermedades de la lengua, la garganta y las vías respiratorias, todas estas partes del cuerpo están relacionadas con la voz.

Una vez, mientras viajaba por Arizona hace varios años, entré a una tienda para turistas que estaba al borde de la carretera. Buscando artefactos zuni y hopi entre los estantes, descubrí un interesante amuleto de piedra que tenía la imagen pintada de lo que parecía ser un oso atravesado por una flecha que pasaba desde su boca hasta el centro de su cuerpo. Los propietarios me dijeron que la flecha era un signo de suerte y que había sido incrustada en la boca del oso para traer buena suerte al portador del amuleto. Pero cuando estudié la imagen más de cerca me quedó claro que la «flecha» no era una flecha en absoluto. La «punta» triangular en el centro del oso era en realidad el corazón del oso, mientras que el asta era un relámpago disparado desde el poderoso corazón del oso hacia el mundo. El talismán no era en absoluto un amuleto de buena suerte, sino que estaba destinado a ayudar a quienes lo llevaran a utilizar la fuerza de su voz como un trueno para expresarse, considerando que tanto el bramido de un oso como el estrépito de un trueno se encuentran entre los sonidos más fuertes de la naturaleza.

ESPÍRITUS CARROÑEROS

Un animal carroñero es el que come cadáveres. Los carroñeros del Perú incluyen cuervos, buitres, perros, cóndores y muchas otras criaturas.

En el ámbito chamánico, los espíritus carroñeros pueden ayudar a las personas que han sufrido una gran pérdida o que están en proceso de morir. Cuando el espíritu de un perro carroñero sin pelo visita a un enfermo terminal, viene a preparar a esa persona para su próximo paso al otro mundo. Lo mismo ocurre con un buitre o un chacal. Los espíritus carroñeros también ayudan a las personas que están cerca de la muerte, para que se desprendan de sus odios, amores y apegos; ayudan a su alma a liberarse en sus últimos días y les permiten hacer las últimas reparaciones sin el lastre de su pasado.

Pero no hay que preocuparse. Si ves un espíritu de animal carroñero en tus visiones, no significa necesariamente que tú o cualquier otra persona esté a punto de morir. Por lo general, no es así. Al igual que los animales carroñeros despojan los huesos de la carne podrida, los espíritus carroñeros limpian el alma de un paciente de los restos de recuerdos y apegos difíciles. Los animales carroñeros también ayudan a los pacientes a desprenderse de un amigo o socio al que antes estaban unidos pero que ahora actúa hacia ellos de forma maliciosa. Asimismo, ayudan a superar sus pequeñas muertes, es decir, las pequeñas y a veces dolorosas interacciones y conflictos por los que pasamos cada día. También asumen un papel délfico, que pronostica los cambios que se avecinan en la vida de los pacientes o los alerta sobre una crisis o una transformación cercana.

Por último, durante una ceremonia, los espíritus carroñeros pueden mostrarle a los pacientes el verdadero reino de los muertos, guiándolos a través de sus laberínticos corredores y revelando el paisaje de ese otro mundo que encontrarán cuando mueran. En el proceso, los pacientes pueden reunirse con sus antepasados, ver a viejos amigos, convivir de nuevo con sus queridas mascotas o recibir mensajes del reino angélico. En el caso de los que están obsesionados con su mortalidad, los espíritus se esforzarán por desalentar sus fantasías mórbidas y amortiguar sus temores.

ESPÍRITUS BÚHO

En el chamanismo peruano se cree que el búho puede ver todo lo que le rodea en el mundo físico y espiritual, tanto de día como de noche. Es un símbolo clásico de sabiduría filosófica y mística. Cuando un espíritu búho aparece en una visión aporta comprensión, a veces ofreciendo conocimientos que ayudan a que los pacientes vean zonas del reino espiritual que normalmente están ocultas. También, he visto como los espíritus búho les dicen a los pacientes que están buscando las respuestas a sus problemas en el lugar equivocado, y que sus problemas sólo pueden entenderse de forma espiritual mas no psicológica.

Estos conocimientos son los que hacen que los búhos sean compañeros frecuentes de brujas, hechiceros, curanderos, dioses y diosas del verdadero conocimiento. No es casualidad que también aparezcan con frecuencia en los libros infantiles y en los dibujos animados como maestros o profesores con lentes. En virtud de que conocen y ven el mundo con profundidad, a veces los espíritus búho actúan como consejeros de una «persona medicina» dándole, en ocasiones, permiso a los chamanes para que adopten ciertos aspectos de su apariencia en el mundo invisible. Este cambio psíquico, mitad búho y mitad humano, se representa a menudo en el arte antiguo del norte de Perú, especialmente en los diseños de las vasijas de cerámica moche.

VASIJAS MOCHES PARA BEBER

Aunque, por supuesto, no son espíritus de animales, menciono aquí los cuencos y vasijas moches porque la mayoría de sus imágenes pintadas representan aspectos del mundo espiritual. La próxima vez que visiten un museo en el que haya una exposición de la cerámica moche, les sugiero que lean las descripciones con algo de escepticismo. Los académicos que escriben estas etiquetas tienen un conocimiento limitado del lenguaje de estas cerámicas antiguas. Nueve de cada diez veces describen sus pinturas como representaciones de eventos de la vida cotidiana, y dejan de ver por completo su sentido más profundo. Recordarán que ya mencioné cómo la imagen de una vasija de la cultura moche en la que se representaba a un hombre imponiendo las manos sobre un paciente fue descrita por los curadores del museo como la escena de un diagnóstico médico, cuando, de hecho, se trataba totalmente de una curación chamánica. Como dice el refrán: «El conocimiento erudito es un conocimiento de oídas».

Muchas de las vasijas moches para el agua están diseñadas de tal manera que el agua que contienen tome la forma de cierto espíritu. Al beber de estos recipientes, el espíritu entra en el cuerpo de quien bebe. Así, las vasijas moches, al igual que las cerámicas de muchas otras culturas antiguas del Perú, no son ni vajillas decorativas ni reliquias de museo; son instrumentos espirituales diseñados para elevar el nivel de conciencia de las personas que las utilizan y, a veces, para sanarlas de ciertos trastornos. Se puede decir que, en el arte peruano antiguo, muchas o la mayoría de las jarras, cuencos, figuras y dibujos tienen un mensaje religioso y, muy a menudo, también tienen un uso curativo.

GRANDES ESPÍRITUS PEZ

Los espíritus pez son casi siempre grandes: espíritus ballenas, marsopas, rayas, anguilas eléctricas y diversas criaturas de tamaño monstruoso con colmillos y dientes afilados, similares a los que nadan en la Amazonia. En el mundo de las visiones, estas criaturas encarnan el poder concentrado de la Fuerza de la Vida.

Los espíritus pez suelen aparecerse a aquellos pacientes que padecen de miedo a ahogarse o que tienen fobia al agua. Estos espíritus pueden llevarlos a dar un paseo por las profundidades del océano espiritual, donde les muestran que el agua que los rodea es benévola, curativa y, de hecho, una manifestación de la propia Fuerza de la Vida. Además de ayudar a los pacientes a superar el irracional pánico al agua, los espíritus pez también consuelan a los que están emocionalmente marcados o llenos de ira y confusión.

Cuando en las visiones aparecen peces enormes, me he dado cuenta de que su gran tamaño asusta a los pacientes que quizá ya experimentan una crisis emocional. Después, para su sorpresa, los gigantes nadadores se comportan de una manera juguetona y amistosa, retozan y bailan con ellos, se burlan de sus miedos inútiles, modelan los buenos sentimientos y los animan —como a un pez— a nadar con suavidad y sin esfuerzo por las aguas de la vida.

ESPÍRITUS TUCÁN

El pájaro tucán, multicolor y tropical, vive en las selvas de México, América Central y Sudamérica, y en el mundo de los espíritus es un médico experto. A veces proporciona a los chamanes información poco conocida sobre hojas y lianas que expanden la mente. O les indica dónde encontrar plantas raras y les explica cómo cosecharlas.

El espíritu tucán es experto en reducir los síntomas de los trastornos mentales y nerviosos. Una vez trabajé con un joven que sufría un caso avanzado de epilepsia. Durante nuestra sesión, el espíritu del tucán bajó volando y le dio un suave picotazo en cada hombro, de una forma que me recordó a un rey nombrando caballero a un guerrero. Aunque el hombre nunca se curó, la intensidad de sus ataques se redujo y ha permanecido así hasta el presente. Por desgracia, el tucán es cazado hoy en día por su pico y su lengua, que se convierten en un polvo que supuestamente ayuda en los casos de enfermedades mentales. Lo trágico e irónico es que durante una ceremonia, cuando se establece una conexión con el espíritu del tucán, se logra un efecto curativo mental similar sin necesidad de matar al médico.

ESPÍRITUS TAPIR

El tapir es un gran cuadrúpedo parecido a un cerdo, con una probóscide, o trompa, flexible (pertenece a la familia de los elefantes), y es el animal más grande de la selva amazónica, con un peso de entre 130 y 180 kilos. Se le conoce en Perú como sachavaca o «la vaca de la selva».

Durante un ritual con plantas, un espíritu de tapir ayuda a calmar a los pacientes histéricos, en particular a los que son mentalmente inestables. A veces, les da un empujón en la nariz con su probóscide, lo que les hace bajar a la tierra y calmar su manía. A veces, este contacto es todo lo que se necesita para ayudar a los pacientes agitados a conseguir un estado mental más plácido cuando la ceremonia ha terminado.

Además de «vaca de la selva», en español el tapir también recibe el apodo de «la uña de la gran bestia», debido a que su pezuña crea la huella más profunda de todos los animales de la Amazonia. Cuando estos animales cabalgan en manada, la gente puede sentir que el suelo tiembla tan violentamente como si hubiera estallado una bomba. El espíritu del tapir está, pues, fuertemente anclado a la tierra, lo que ayuda al chamán a «enraizar» a los pacientes cuando se pierden durante una ceremonia. Resulta que muchos peruanos saben que la pezuña seca de un tapir proporciona una serie de beneficios médicos, por lo que los cazadores furtivos la venden como medicina en el mercado. Se trata de una práctica tan poco ética como ilegal, ya que el tapir es una especie en peligro de extinción.

ESPÍRITUS ARDILLA, PUERCOESPÍN Y ZORRILLO

La ardilla habla el lenguaje de muchos animales. En las raras ocasiones en que se manifiesta, acompaña a otros espíritus animales a los que sirve como intérprete. Por esta razón, los curanderos la conocen como «el traductor universal».

Tanto el espíritu del puercoespín como el del zorrillo son maestros de la defensa y la protección. Utilizan sus púas como armas, pues las púas del puercoespín protegen al paciente del ataque de los demonios, así como de los hechizos y maldiciones. Los espíritus puercoespín también pueden levantar púas directamente sobre el cuerpo del chamán —y quizá el propio chamán no sepa lo que está ocurriendo— para proporcionar seguridad contra los ataques psíquicos. No es raro ver en la comunidad amazónica brazaletes o adornos para el pecho elaborados con púas de puercoespín, que llevan los niños, los guerreros y los aldeanos como protección contra enemigos tanto mundanos como invisibles.

Al igual que el puercoespín proporciona protección personal, el zorrillo es maestro en la protección del espacio circundante de un paciente, sobre todo dentro de un círculo ceremonial. Lo hace estableciendo líneas de energía de olor que no pueden ser cruzadas por invasores psíquicos o enemigos, aunque el olor no sea necesariamente percibido por el paciente.

ESPÍRITUS DE PARTES DE ANIMALES

Ciertas partes de los animales, como garras, huesos, escamas, patas y piel, si son activadas adecuadamente por el guía, pueden utilizarse para convocar la fuerza curativa del animal psíquico al que pertenecen. Cuando es necesario, durante una ceremonia un chamán puede sacar de su bolsa una garra, una pezuña, un colmillo o una pluma y colocarla en la mano de un paciente enfermo para proporcionarle protección y facilitar su recuperación. O a veces, pasa la parte del animal sobre el área afectada y recita ciertas palabras sanadoras mientras realiza el trabajo.

⚜

Como última reflexión sobre los espíritus de los animales, y a riesgo de repetir un punto tratado en capítulos anteriores, es triste ver que la gente, tanto la tradicional como la moderna, está tan a menudo apegada a los accesorios y, específicamente, a los accesorios hechos de animales inocentes o especies en peligro de extinción. Ésta es otra razón por la que recurro al minimalismo espiritual y a la ayuda de mi Familia Curativa, y evito depender de aparatos mágicos, en especial de artículos extraídos de los cuerpos de criaturas vivas. En lugar de usar patas, pezuñas y huesos, intento sanar con la cooperación de la naturaleza y los espíritus. Este enfoque exige compromiso y disciplina, pero siempre ha sido reconocido como un nivel superior de la medicina natural, sobre todo porque permite que los animales del campo y del bosque sigan su camino sin sufrir daños.

ESPÍRITUS HUMANOS

A lo largo de mi carrera, con frecuencia me han preguntado cómo se protege de las fuerzas ocultas dañinas, especialmente de los fantasmas y los espíritus humanos oscuros, a los pacientes que están en el círculo ceremonial.

Para comenzar, a la persona que me pregunta le recuerdo la Primera Regla de Oro. Ésta sostiene que durante un ritual sagrado los pacientes nunca se enfrentan a un desafío psíquico o psicológico que no puedan superar. También les digo que cuando se construye el círculo ceremonial, el chamán erige una cúpula psíquica protectora sobre el lugar, no sólo para mantener alejados a los malos, sino para filtrar cualquier fuerza que actúe contra la Familia Curativa del chamán. Cuando un curandero supervisa una ceremonia en una zona natural aislada, especialmente en unas ruinas o una ciudad abandonada en la que tuvo lugar una gran actividad tiempo atrás —actividad humana, lo que significa también actividad chamánica—, los espíritus de personas fallecidas hace mucho tiempo pueden seguir merodeando por el terreno, y es ahí donde uno debe estar muy alerta.

Cuando un curandero crea un círculo sagrado y genera energía radiante en su interior, el efecto es parecido al de encender un fuego psíquico en medio de la noche; un fuego alto y brillante que puede ser visto por los espíritus de los muertos a kilómetros de distancia, lo cual despierta su interés. Estos fantasmas, tanto los buenos como los no tan buenos, se sienten especialmente intrigados cuando la ceremonia tiene lugar a altas horas de la noche en un lugar no visitado y alejado del mundo.

¿De qué tipo de espíritus humanos estamos hablando?

Hay básicamente tres tipos. A falta de nombres formales, los llamo espíritus humanos tipo uno, tipo dos y tipo tres.

Espíritus humanos tipo uno

Los espíritus humanos tipo uno son infelices e insatisfechos; se han visto perjudicados psíquicamente durante su vida por accidentes, malas acciones, desgracias o autolesiones. Su desdicha proviene del apego a algún aspecto de su vida anterior. A veces están conectados a objetos, lugares, pertenencias que han querido, o a las casas familiares donde crecieron; en otras ocasiones, a las personas que amaron, necesitaron u odiaron; o tienen apego a la forma en que murieron —por asesinato, digamos, o por muerte accidental repentina, en cuyo caso pueden aparecer como fantasmas que rondan el lugar donde ocurrió el hecho violento—.

Cuando los espíritus tipo uno aparecen en una ceremonia, suelen ir vestidos con una mantilla o capa, similar a la que visten las mujeres españolas e italianas para la iglesia. Llevan mantos harapientos y raídos, que parecen más telarañas que ropa. Las manos y los pies de los espíritus están manchados, como si hubieran estado jugando en la tierra. En ocasiones se presentan cubiertos de aceite o suciedad. Sus rostros no están bien definidos y a veces son totalmente borrosos.

Como ya se ha dicho, por lo general, el temperamento emocional de estos seres manchados e intranquilos oscila entre la preocupación y el tormento, porque los aflige el recuerdo de experiencias tristes, a veces crueles o destructivas, que no resolvieron mientras estaban vivos. Cuando veo a estos espíritus merodeando por los perímetros de las ceremonias, los percibo como almas atrapadas en su Conciencia del Sufrimiento, que se ha «pegado» a ellos después de su muerte de una manera muy parecida al karma del que hablan los budistas, y que sigue a las personas en la otra vida. En toda su añoranza y sus recuerdos dolorosos, es como si un peso estuviera anclado en sus corazones, y no pueden escapar del plano mundano hasta que este peso sea retirado; es decir, hasta que sean liberados por una curación externa o por sí mismos.

En su soledad, los espíritus humanos tipo uno anhelan el contacto con la gente. Cuando ven que se celebra una ceremonia sagrada, buscan cualquier puente o túnel astral que pueda conectarlos al círculo y permitirles participar en sus ritos.

Curiosamente, cuando un chamán mal entrenado dirige una ceremonia, estos espíritus tipo uno son los primeros en escabullirse del distraído e inepto practicante, y se introducen en el círculo ritual, donde pueden limitarse a observar los procedimientos o, en determinadas circunstancias hacer travesuras. Estos espíritus también pueden colarse en un ritual diciéndole al chamán que tienen un mensaje para un pariente cercano en el círculo. O el espíritu puede fingir su identidad por completo y convencer al torpe practicante de que es el padre de uno de sus pacientes o un personaje importante, como un rey inca. Para saber si estas peticiones son verdaderas o falsas, un chamán debe utilizar su experiencia, su intuición y, a veces, el consejo de los espíritus de su Familia Curativa. Si no tiene nada de esto, nunca sabrá lo fácil que ha sido para los espíritus humanos tipo uno utilizarlo.

De vez en cuando, en mi propia práctica, los espíritus tipo uno realmente tienen un pariente o un ser querido en el círculo, y me ruegan que les permita entrar. Estas peticiones suelen ser una interrupción brusca. Después de ayudarles durante un rato, como hago a veces, pido a los espíritus que abandonen el círculo. Recuerden, en el momento en que los curanderos inician una ceremonia tienen el deber moral de realizarla estrictamente por el bien de las personas en el círculo, la mayoría de las cuales han pagado por el derecho a estar allí, y todas ellas necesitan cada instante de orientación que puedan obtener. Prestar atención a un espíritu no invitado es una pérdida del precioso tiempo del paciente.

Recuerdo que alguna vez una mujer, con la que solía trabajar en sesiones de plantas y sanación, me pidió que dirigiera una ceremonia con ella en un lugar apartado. Muchas veces habíamos compartido ceremonias en mi campamento de la selva. Ahora quería saber cómo se desarrollaría la experiencia en una zona salvaje y remota bajo un cielo estrellado.

Varias semanas después visitamos los restos de una antigua ciudadela en una escarpada colina. Montamos el campamento, nos relajamos y esperamos hasta que oscureció. Era una noche tranquila y nos sentamos en una cima desde donde se veía un impresionante paisaje del valle. Todo estaba en paz y no había motivos para sentirnos tensos o preocupados. Alrededor de las once nos tomamos la medicina y entramos en las esferas superiores. Tan pronto comenzamos nuestro trabajo, de repente, apareció de la nada una horda de espíritus errantes y rodeó nuestro círculo. No parecían enfadados, y su comportamiento era más suplicante que agresivo. Lo triste y evidente era que pedían entrar en nuestro círculo simplemente para interactuar con seres humanos vivos.

¿Quiénes eran? ¿De dónde venían? ¿Había tenido lugar una masacre en este lugar hacía mucho tiempo? A lo largo de los años, las ruinas de la ciudadela habían sido desmanteladas a conciencia por saqueadores en busca de oro y huacos. No había cerca espíritus chamanes ancestrales que pudieran informarme sobre la historia del lugar. Finalmente, decidí que eran lo que parecían ser: un grupo de espíritus tipo uno, desaliñados y a la deriva, que le pedían amistad a los humanos. Encuentros como éste pueden romperte el corazón.

Sólo había una cosa que hacer: detuve la ceremonia diciéndole a mi amiga que la presencia de la multitud (que ella podía ver y sentir a medias) distraía demasiado como para hacer un trabajo significativo. Tendríamos que volver a intentarlo en otro momento y en otro lugar.

Pero darle fin a la ceremonia no sería tan fácil.

Me refugié en mi tienda de campaña e intenté dormir, pero me sentí insoportablemente presionado por la multitud de espíritus que se agolpaban afuera. Nos estaban rodeando por todas partes, y quedaba claro que no tenían intención de rendirse. ¿Qué podía hacer? Me arrastré fuera de la tienda con las manos y las rodillas, me levanté tembloroso para orientarme y pasé las siguientes cinco o seis horas intentando darle a estos espectros alguna forma de consuelo para sus culpas y remordimientos. Al final resultó ser una noche de servicio y compasión; y cuando todo llegó a su fin, por lo menos algunos de los espíritus tipo uno que me habían importunado parecían esperanzados y tranquilos.

Al amanecer, los espíritus se desvanecieron. El sol se hizo presente, y cuando mi amiga salió de su tienda de campaña se dio cuenta de que yo había estado despierto toda la noche interactuando con nuestros visitantes, pero eso era todo lo que sabía y yo evité hablar de ello.

Después de desayunar, levantamos el campamento y nos dirigimos a la ladera. Al fondo estaba un pueblo que había visitado varias veces durante mis expediciones. Por allí vi parados a varios campesinos conocidos. Les conté lo difícil que fue la noche en la colina y cómo nos rodeó una turba de seres espirituales. Mis amigos se miraron con sonrisas cómplices y luego nos contaron que en ciertas noches del año —la pasada fue una de ellas— en la colina donde acampamos se realizaban celebraciones muy elaboradas desde tiempos ancestrales. Sin saberlo, mi amiga y yo habíamos realizado nuestra ceremonia justo en el lugar donde tiempo atrás se había llevado a cabo un gran ritual en el que, sin duda, participó la multitud de espíritus con los que trabajé esa noche. Ahora, olvidados y abandonados, esos mismos espíritus esperaban eternamente la visita de la compañía humana y, tal vez, que su ceremonia volviera a tener lugar.

Espíritus humanos tipo dos

Los espíritus humanos tipo dos parecen gente común, se visten con ropa normal, están limpios y tienen buenas maneras, son calmados y decorosos, aunque con frecuencia lucen melancólicos o preocupados. Estos espíritus no se muestran angustiados, pero tampoco dan apariencia de estar en paz.

Su actitud taciturna casi siempre se debe a que recién han muerto y todavía están fuertemente atados a ciertas personas o a ciertas cosas que han dejado atrás. Aquí no hay nada violento o miserable, sólo una conexión fuerte, por lo general afectuosa, que quedó sin resolver o sin terminar durante su vida y que ahora quieren completar.

Los espíritus humanos tipo dos están especialmente conectados con sus seres queridos, con frecuencia los protegen de ciertos peligros o les dan consejos por medio de sueños o inspiraciones. Si bien la conexión que mantienen con la gente de su pasado casi siempre se basa en dar un servicio, para poder liberarse de un apego exagerado a un ser querido, necesitan soltar y avanzar hacia otros reinos del ser.

Al contrario de lo que sucede con los espíritus tipo uno, generalmente acepto a los tipo dos en mis reuniones chamánicas.

Durante una ceremonia puede ser que los pacientes estén trabajando un conflicto difícil, se sientan sobrecargados con recuerdos dolorosos y estén demasiado débiles como para llevar a cabo el proceso de purificación por sí mismos. En esos casos, es hermoso ver cómo los espíritus tipo dos se materializan y ayudan a acelerar la limpieza.

Durante estas sesiones también sucede a veces que un paciente está obsesionado con una persona tipo dos, más que a la inversa. Puede que el espíritu sea un pariente muerto, una esposa o un amigo con el que el paciente tenía una especial cercanía. En esos casos, es extraordinario ver cómo, durante el mismo proceso de ayudar al paciente a soltarlos, estos espíritus pueden también despojarse de su propio apego al paciente y, por consiguiente, de su apego al mundo. Una vez liberados de esta manera, los espíritus tipo dos ya están libres para continuar a la siguiente etapa de su destino.

En otras situaciones dentro de una ceremonia, el encuentro de un paciente y los espíritus tipo dos se transforma en algo torpe. Por ejemplo, he visto a una madre o un padre tipo dos visitar a su hijo durante una ceremonia y he presenciado el surgimiento de las discordias del pasado entre ellos. Le siguen peleas y acusaciones, hasta que, al fin, ni los padres ni el hijo se conceden perdón.

Espíritus humanos tipo tres

Al ver la expresión serena de los espíritus tipo tres, queda claro que han ido más allá de las irritantes miserias de la condición humana: la ambición, el resentimiento y el egoísmo, que tan bien describen a la Conciencia del Sufrimiento. Casi todos los miembros de este grupo proyectan un aura brillante, algunos irradian un espectro de colores: crema, verde azulado, amarillo, un suave púrpura, colores amables que hablan con humildad. Cuando uno los ve, entiende que estos espíritus humanos han limpiado sus corazones de toda corrupción y han ganado un noble rango en el mundo de las almas. ¿Entonces, por qué están aquí si podrían estar descansando para siempre en mansiones de gran altura?

Sin duda habrán adivinado la razón: entran en el círculo ceremonial para brindar asistencia a un paciente que tiene una necesidad especial. Cuando aparecen, están entre los más poderosos y gentiles de todos los espíritus sanadores.

Un hombre, que luego se hizo mi buen amigo, viajaba a Perú una vez al año para participar en una ceremonia con plantas sagradas. Varios años después trajo a su hijo, un muchacho de once o doce años, quien superaba en cordialidad e inteligencia a los de su edad. El padre pensó que sería buena idea que su hijo participara en una ceremonia con plantas, y así lo hizo. Si bien las cosas fueron difíciles para él, pues por momentos se sintió abrumado, al terminar la ceremonia el muchacho dijo que las plantas le ayudaron a entender con más claridad su vida.

En los años siguientes, el muchacho tuvo otras experiencias con las plantas. Estaba creciendo y transformándose en un joven reflexivo y consciente de sí mismo cuando, de repente y para sorpresa de todos, murió a los diecisiete años a causa de un problema en el corazón. De hecho, nació con una deficiencia cardíaca, pero durante años parecía estar perfectamente saludable, y su familia no se preocupó por eso.

Obviamente devastado, el padre del joven llamó y me preguntó si podía ayudar a su hijo más allá de la muerte. Estuve de acuerdo en intentarlo, aunque hasta ese momento yo sólo había hecho unos cuantos intentos de sanar a una persona del más allá, porque siempre he trabajado para sanar solamente a los vivos. Sin embargo, el joven me había simpatizado muchísimo y llegamos a ser amigos tan cercanos que de inmediato me sentí con la obligación de hacer todo lo que estuviera en mis manos. Supongo que, en cierto modo, estaba tratando de ayudar a mis dos amigos, al padre y al hijo.

Desde ese momento, cada amanecer me concentraba unos minutos para saber en qué estado se encontraba el adolescente que había muerto. Al principio, era claro que se sentía angustiado por haber sido despojado de su vida a una edad tan temprana y por perder el contacto con su amada familia. Pero, a medida que pasó el tiempo, sucedió algo sorprendente. El joven tenía ya desde su nacimiento cierta capacidad de comprensión, además adquirió un mayor conocimiento a partir de las ceremonias con plantas en las que participó. Gradualmente, y de hecho bastante pronto, trabajó con toda intención para aceptar su destino, y después para transformar su muerte en una bendición convirtiéndose en un espíritu que ayuda.

El joven hizo que su determinación trabajara de varias maneras. Apareció en varias ceremonias con plantas que organicé en los meses siguientes. Se comunicó con su padre y le demostró que la muerte no es el fin sino el comienzo. Luego se diversificó y ayudó a muchos otros pacientes, tanto en mis ceremonias como en las de otros, centrando su sabiduría curativa en los jóvenes que habían perdido el rumbo. Finalmente, se convirtió en un aliado universal, un ejemplo de alma humana tipo tres, cuyo único objetivo es echarle una mano a otras personas atrapadas en el dolor de su Conciencia del Sufrimiento.

Como corolario de esta historia, sucedió que hace poco la familia del muchacho trasladó su cuerpo a un cementerio de otra ciudad. Durante los días en que se realizaba el traslado, el joven se me apareció temprano por la mañana y me explicó que su Conciencia del Alma siempre supo que su condición genética lo haría morir joven. Me explicó que por ese motivo, durante su adolescencia, ejercitó su cuerpo de una manera excesiva para acelerar la insuficiencia cardíaca, y lo hizo así para evitar que tanto él como su familia experimentaran un período más largo y más intenso de sufrimiento. Un suceso muy interesante es que, cuando se me apareció, daba la impresión de que su reloj biológico hubiera continuado funcionando, porque parecía un joven adulto. Conservo el recuerdo de este muchacho y de su historia en un lugar muy especial de mi corazón y de mi memoria, como un hermoso ejemplo de la Conciencia del Alma en acción.

Un aspecto interesante de estas visitas de los ancestros, glamorosas y cautivantes, es cuando un grupo de espíritus tipo tres de una determinada cultura visitan a un paciente de su propia etnia, vestidos y arreglados con la indumentaria de su tradición: togas, bufandas, sombreros, turbantes, mantos, capas, joyas, todo según la manera de vestir en el linaje del paciente, ya sea celta, nigeriano o de los antiguos peruanos. Ver a estos impecables espíritus reunirse con sus parientes vivos, haciendo gala de miles de años de elegancia autóctona, de alguna manera capta la magnífica identidad de clan de las civilizaciones humanas del pasado y del presente.

Espíritus oscuros

El mundo invisible, como el de los humanos, es el hogar de espíritus malvados y de espíritus buenos. Si bien estos poderes o potencias se conocen por varios nombres, en general me refiero a ellos simplemente como «fuerzas oscuras».

Las fuerzas oscuras son espíritus malignos que actúan para hacer daño tanto explotando la negatividad de la gente como mediante el uso de su propia energía perversa, y lo hacen para ganar dinero así como para obtener placer. Los peores de estos seres, parecidos a los parásitos, no sólo tienen el propósito de destruir a la raza humana, sino también todo el orden natural. A veces se les llama «los hijos de Satán».

Las fuerzas oscuras permiten que los hechiceros los utilicen como herramientas que sirvan a los deseos egoístas de la Conciencia del Sufrimiento de algún paciente. En primer lugar, el hechicero hace un pacto con un espíritu maligno, que a su vez acepta llevar a cabo cualquier acto nefasto que el hechicero desee, ya sea una maldición, un hechizo, provocar impotencia en un hombre o que una mujer se vuelva estéril, hacer daño o incluso matar a los enemigos de un paciente. A cambio, el mago debe prometerle un poco de su propio poder al espíritu maligno que le está ayudando. También puede proporcionarle oportunidades para perturbar la buena voluntad y la unidad en comunidades pacíficas. A veces, el hechicero ofrece su propia alma como garantía.

Como los pueblos de todo el mundo lo han entendido durante muchas eras, el alma es una fuerza real aunque etérea, la cual se puede comprar, robar o encarcelar. Los escépticos que se burlan de esta idea quedarían estupefactos si supieran la cantidad de celebridades de alto perfil que trabajan en secreto con hechiceros (conocidos eufemísticamente como psíquicos), y la forma en que mucha de esta gente, en especial músicos de rock, actores, políticos, ejecutivos de empresas y atletas, han negociado su esencia moral a cambio de fama y poder. Incluso se sabe que algunas celebridades han admitido su conexión con fuerzas oscuras en entrevistas y en las letras de sus canciones, si bien el público toma estos reconocimientos como metáforas más que confesiones y, por tanto, no les da importancia.

Sin embargo, el camino de un hechicero de magia negra lleva finalmente a la degradación, es una espiral descendente que acaba por absorber al hechicero en un vacío abismal. Una vez que los hechiceros ya no le sirven al espíritu oscuro, porque ya no tienen nada más que ofrecerle, el espíritu pierde interés y ya no les brinda protección ni ayuda. Cuando esto sucede, el hechicero se vuelve débil y apático; ha perdido toda su potencia y con el tiempo se empieza a pudrir. Literalmente, se pudre. La carne de su cuerpo se descompone y enmohece, hasta que ni siquiera sus familiares toleran su olor y terminan evitándolo. He oído más de una historia de brujos que tenían una gran reputación, pero que al final se vinieron abajo, y terminaron mostrando lo viles y corruptos que en realidad eran.

¿De dónde provienen originalmente estos poderes oscuros y por qué buscan dañar a los humanos y al mundo? Ese es un misterio que, como todos los otros misterios de la creación, sólo lo conoce el Gran Espíritu. Cualquiera que sea su origen, gran parte del entrenamiento chamánico está centrado en las técnicas para identificar la apariencia y linaje de las entidades oscuras, y en aprender las formas de contratacarlas. Nada ilustra mejor estas prácticas que las historias. Aquí presentamos dos, una corta y otra larga, para mostrar lo oscuro que, en última instancia, puede ser el camino de un brujo.

~&~

La primera historia proviene de un anciano que conocí en el norte, quien me contó sobre uno de sus parientes instruido en el chamanismo pero que nunca lo había practicado. Como vivía en un pueblo pequeño en las tierras altas con su hijo de diez años, su trabajo le exigía que viajara bastante, por lo que se veía forzado a dejar a su hijo con familiares durante varios meses cada vez que se ausentaba.

Cuando el muchacho se volvió adolescente, el padre pasó períodos de tiempo más prolongados en su casa. Durante estas estadías, sus amigos y su familia le dijeron en secreto que su hijo daba muestras de tener una inclinación hacia las artes oscuras. El muchacho pasaba bastante tiempo con un anciano, le dijeron, y todos en el pueblo sabían que el anciano era un brujo de la categoría más vil.

Alertado por estos hechos y para su desasosiego, el hombre comprobó que la personalidad alegre y participativa de su hijo estaba cambiando, se estaba convirtiendo en un ser taciturno, como su maestro brujo, y a veces amenazaba a sus amigos diciéndoles que si no estaban de acuerdo con él, los hechizaría o utilizaría el ocultismo para dañar a sus familias. De vez en cuando, les anunciaba a los demás que le gustaría que su maestro de oscuro corazón lo iniciara para poder practicar sus enseñanzas.

Un día, mi amigo decidió hablar con su muchacho y le dijo que deseaba hacerle una pregunta. Él estuvo de acuerdo. «¿Quién es la persona a la que más amas más en la vida y está más cerca de tu corazón?». El hijo respondió sin dudarlo: «¡Tú!».

Cuando el hombre escuchó esto, de inmediato decidió vender

su casa para mudarse con su muy inconforme hijo a un pueblo que estaba a cientos de kilómetros de allí. Lo que motivó este impetuoso cambio no fue solamente querer proteger a su hijo de la corrupción de ese brujo chamán. El padre también sabía que, en el linaje de este hechicero de magia negra, cuando un hombre quería ser iniciado como brujo, primero debía matar a la persona que más amaba en el mundo. El padre estaba cuidando el alma de su hijo, sí, pero también estaba protegiendo su propia vida.

⚹

No hacía mucho que había terminado mi formación como chamán y me dedicaba a trabajar con pacientes de todo el norte del Perú. Si bien todavía era joven y estaba aprendiendo, ya sentía confianza en mis dotes y con frecuencia llevaba grupos al desierto o a la selva para participar en ceremonias de sanación y exorcismos.

En una de esas ocasiones acompañé a un grupo de nueve pacientes, todos ellos con equipo para la noche colgado en sus hombros. Nos dirigimos a lo profundo del desierto, a un lugar poderoso en donde muchos curanderos habían acampado en siglos anteriores. Fue allí, al pie de una gran montaña, donde preparé el espacio para la ceremonia nocturna. Ya había trabajado varias veces en esta preciosa y aislada zona de Perú, siempre recibido por la amable ayuda de la propia montaña y sus innumerables espíritus locales.

En esta ocasión llegamos al campamento justo al caer la tarde. La luna había salido, el cielo era de un azul profundo y el aire tenía esa calma y fragancia especial del desierto, era una noche de verano perfecta. Marqué un círculo en la arena, construí una cúpula psíquica y llevé a cabo una contemplación silenciosa convocando a los espíritus y agradeciendo su ayuda.

Entre mis pacientes de esa noche estaba una pareja que yo conocía desde Lima. Felizmente casados, se amaban mucho, pero los asediaba un problema que al parecer no tenía solución: la mujer no podía concebir.

A largo de los últimos años este problema había provocado una creciente tensión entre ellos. Luego de visitar incontables doctores y especialistas, quienes les dijeron que ambos eran fértiles, la pareja, como es frecuente en Perú, comenzó a considerar la posibilidad de que alguien los había embrujado. ¿De qué manera se realizó esto? Ellos no lo sabían, pero confiaban en que una ceremonia con plantas sagradas les ayudaría a saberlo.

La oscuridad llegó pronto mientras nuestro grupo se alistaba para una larga noche. En silencio durante varios minutos y sentados alrededor del círculo, serví un vaso del brebaje de mi planta costeña y bebí una dosis. Luego le serví una taza a cada una de las personas. Toqué mi tambor y canté canciones sagradas convocando enseguida la aparición de los espíritus de las plantas sagradas. A veces, cuando se manifiestan, bailan en círculo, pero esa noche llegaron en silencio y por parejas. Después de trabajar con varios pacientes dirigí mi atención a los esposos.

Mientras estuve al borde del círculo observando a la mujer, me llamaron la atención varios indicios de su infertilidad. La zona que rodeaba su útero desprendía un olor húmedo y desagradable. De acuerdo con el conocimiento chamánico, todos tenemos sentidos espirituales que son paralelos a nuestros cinco sentidos. Son estaciones de recepción psíquica que captan imágenes, sonidos y olores en el plano invisible, en el mismo plano en que aparecen las visiones sagradas. Por experiencia, sabía que el tipo de olor a podrido que emanaba de la mujer suele estar asociado con la magia negra.

Esta impresión se acrecentó cuando empecé a sentir, ver y oír, aunque era difícil definir qué era, un zumbido que provenía de la parte inferior del cuerpo de la mujer, un sonido estridente y constante que se parecía al zumbido de las moscas. Al acercarme un poco más, pero manteniendo la distancia, vi imágenes extremadamente grotescas e incluso demoníacas que se arremolinaban alrededor de su área vaginal.

La pareja no se había equivocado, alguien había maldecido a la mujer.

Al estudiar este y otros signos, pude identificar ciertos hechos acerca del brujo que la había hechizado. No sabía quién era él, pero estaba bastante seguro de que podía decir a qué linaje pertenecía. Entre los linajes chamánicos cada tipo de maldición tiene su propia estructura y su manera particular de afectar a una víctima. Parte de la formación de un chamán es reconocer estos diferentes tipos de encantamientos, descubrir cómo funcionan y deshacerlos. También pude ver que el brujo había colocado fuerzas protectoras alrededor del hechizo, para evitar que otros chamanes lo observaran detenidamente o descubrieran sus secretos. Cada maldición tiene su propio juego de candados y llaves.

Desde unos 3 metros de distancia comencé a trabajar psíquicamente en la señora, rastreando la oscura y agresiva aura que la rodeaba. Después de varios minutos pude ver una especie de cortina etérica que cubría sus partes íntimas. Al otro lado de esta cortina toda la historia se revelaba al instante, junto a una terrible verdad: era seguro que allí había un hechizo y, más sorprendente aún, en mi visión pude ver que había sido comprado y pagado por la madre de su esposo.

Más tarde me enteré de que era una mujer terriblemente celosa y que, como siempre había despreciado a la mujer de su hijo, a lo largo de los años hizo todo lo posible para destruir su matrimonio, siempre sin éxito, pues ellos se amaban demasiado. La madre sabía que si la pareja alguna vez llegaba a tener un hijo, se formaría entre ellos una unión que nunca podría ser destruida. Por eso, como último recurso consultó a un brujo de magia negra y lo contrató.

Como el hechicero era muy experto, aplicó su maldición taponando literalmente el vientre de esta mujer con una masa de energía oscura en forma de calamar, diseñada para bloquear cualquier posibilidad de fecundación. La única forma de deshacerse de ella era sacándola psíquicamente y destruyéndola. Mientras pensaba en cómo lo haría, me di cuenta de un repentino cambio en el clima. Unas horas antes, cuando nuestra sesión dio principio, el aire estaba seco y claro. En el momento en que comencé a enfrentarme a la maldición, un viento frío y húmedo sopló desde quién sabe dónde y enormes nubes cargadas de truenos se extendieron a baja altura, desplazándose por el cielo a mucha velocidad y bloqueando toda la luz de la luna y las estrellas. En unos instantes, el viento se volvió tan feroz que se formaron unas torres de arena que se movían en espiral alrededor del campamento arrojando pequeñas rocas y trozos de maleza espinosa. Tal como lo digo, el suelo comenzó a temblar por debajo de nosotros, e incluso la montaña parecía estremecerse.

Durante todo este tiempo estuve transpirando y temblando mientras trataba de calmar a los miembros del grupo que estaban entrando en pánico debido a los furiosos vientos. Al mismo tiempo, trataba de quitarle a la mujer ese bulto en forma de calamar. Ella había comenzado a hacer extraños movimientos espasmódicos con las piernas, a sentir dolor en el abdomen y a hacer ruidos que expresaban malestar, como si estuviera dando a luz.

Mientras jalaba psíquicamente el bulto, me di cuenta de que una figura sombría estaba parada cerca de mí en el plano espiritual observando todo lo que hacía. Luego de unos instantes, esta figura, que a todas luces era la presencia sutil del brujo que había realizado el hechizo, comenzó a bloquear mis esfuerzos. Muy pronto estábamos enfrentándonos en un tira y afloja psíquico. Yo jalaba del bulto, que agitaba sus tentáculos de calamar y se defendía tratando morderme. En varias ocasiones el bulto estuvo a punto de desprenderse, pero entonces el brujo le daba otra forma y me veía obligado a comenzar de nuevo.

Después de varios minutos de este encarnizado duelo, comencé a sentir que mi poder personal no tenía la suficiente fortaleza para realizar la tarea. Le pedía ayuda a mi Familia Curativa, sin dejar de jalar el bulto con las herramientas que me proporcionaban, mientras que el brujo seguía frustrando mis intentos con hábiles e ingeniosas transformaciones.

Esta batalla de forcejeos y jalones duró varios minutos, mientras el viento se transformaba en un vendaval y los participantes del grupo se aferraban a las rocas, pues temían ser arrastrados hacia la oscuridad. Finalmente, con un fuerte jalón, la masa movediza se desprendió y logré sacarla del cuerpo de la mujer.

Pero aquí no terminaba todo. Una vez que son desprendidos, ciertos maleficios están diseñados para regenerarse y volver al cuerpo de la persona que ha sido maldecida. Por eso tuve que dedicar los siguientes minutos a desmantelar la masa oscura en el plano espiritual, a desmontarla pieza por pieza y, por así decirlo, a reducirla a sus átomos esenciales para que no pudiera resucitar ni hacer más daño.

En el momento en que la maldición fue completamente eliminada todo cambió. El hechicero desapareció de mi conciencia, los fuertes vientos disminuyeron y, después de varios minutos, la luna salió brillante y clara. Miré a la mujer. Estaba relajada y le tendió la mano a su marido, quien había estado cerca de ella todo el tiempo. Durante la ceremonia el esposo no supo los detalles de lo que sucedió en el plano espiritual, aunque supuso que se había librado cierta batalla titánica.

En las semanas que siguieron a su sesión me encontré con esta pareja varias veces. Durante nuestras conversaciones les describí lo que había hecho para exorcizar el hechizo y cómo había visto que la madre del esposo era la responsable de esa maldición.

Lo menos que puedo decir es que se trataba de un asunto muy delicado, porque sabía que esta revelación enfurecería a la pareja y quizás distanciara al hijo de la madre. Sin embargo, cuando un curandero recibe su entrenamiento se compromete, mediante un juramento, a contarle a sus pacientes los hechos tan exactamente como le sea posible, tanto antes como después de la ceremonia. Me enseñaron que en este trabajo hay que decir la verdad: es la Medicina obligatoria para el paciente, por muy difícil que sea aceptarla.

Poco tiempo después de mis conversaciones con la pareja, viajé al extranjero y estuve fuera durante algún tiempo. Cuando regresé a casa recibí una agradable sorpresa. La mujer llamó para decir que estaba embarazada y que tanto ella como su esposo estaban más felices que nunca.

Luego de este intercambio perdimos el contacto y lo último que supe es que se habían ido al sur del Perú. Debo admitir que con frecuencia me pregunto qué sucedió en ese inevitable día en que la pareja confrontó a la madre culpable. Cuando le dijeron que sabían que ella había desatado fuerzas satánicas en contra de ellos, todo en nombre de su amor maternal.

Espíritus celestiales

Además de los espíritus humanos tipo tres que inspiran, curan y dan amor, a veces nos visitan, en nuestras visiones, espíritus que son inteligencia y compasión pura. Durante una ceremonia, estos seres superiores se aparecen a los pacientes con un rostro sereno o sonriente, o con una mirada de profunda determinación y sentido del deber. Son bastante grandes, si los comparamos con los humanos, y desde arriba parecen bajar hasta nuestro nivel. Cuando llegan, traen una selección de regalos que incluyen símbolos visuales, herramientas de curación y algunas veces revelaciones u oráculos sobre el futuro. Generalmente sus visitas son breves, aunque en este pequeño espacio de tiempo nos enseñan cosas maravillosas sobre nosotros mismos y el mundo.

Varias veces, en medio de una ceremonia, un espíritu del bosque me ha tocado la pierna o el hombro y me ha dicho: «Aquí están», pidiéndome que mire hacia arriba. Cuando lo hago, descubro a esos seres celestiales sentados en una estructura arquitectónica que flota en el aire. A veces bajan al círculo ceremonial sólo para saludarnos. En otras ocasiones me dan ánimos o me ayudan con algún procedimiento de curación complicado. Después de varios minutos se despiden cálidamente y desaparecen. No creo tener la capacidad de decir lo que estos seres superiores son en realidad: criaturas de otras galaxias o seres angélicos, o maestros avanzados que fueron humanos hace muchas eras. No creo que ninguno de nosotros lo sepa alguna vez, ni que tenga relevancia saberlo. Lo importante es que sus visitas siempre traen bondad.

Visiones comunes de y desde el mundo espiritual

Hasta ahora hemos hablado mucho sobre los espíritus, pero no tanto sobre el mismo mundo espiritual. Cuando algunos pacientes dirigen sus primeros pasos hacia este terreno de lo invisible, se encuentran en un gueto parecido al infierno. Para otros, el entorno es celestial. Además, están aquellos que ven un cruce de caminos, o una ciudad de pagodas, habitaciones dentro de habitaciones, una cueva mohosa, una ruina antigua, una prolongada visita a su propia infancia… la lista es interminable. La razón de esta diversidad es que lo que ven los pacientes mientras vagan por el reino espiritual no es un lugar permanente, sino una reflexión de su propia historia, de su psique y del nivel que tiene su ser.

Como el mundo espiritual es tan subjetivo y depende de la naturaleza de la persona, cada paciente tendrá una historia diferente que contar cuando se le pregunta cómo se ven las cosas desde la madriguera del conejo. Para muchos, quizás para la mayoría, el mundo invisible es una secuencia de experiencias que entrañan una lección especial, una revelación, una iluminación, un impacto o una curación. La primera de estas experiencias es común para muchos de los que han probado las plantas sagradas. La llamo: «los pasillos de la Conciencia del Sufrimiento».

Los pasillos de la Conciencia del Sufrimiento

Los encuentros que uno experimenta cuando toma un brebaje sagrado van desde lo divino hasta lo terrorífico, con todas las variaciones entre uno y otro. Pero que una experiencia sea aterradora no significa que cause daño. Por el contrario, el miedo que uno experimenta en las partes sombrías del mundo espiritual es una forma de amor rudo y, generalmente, sucede en la primera cuarta parte de una ceremonia. Cuando los pacientes se confrontan con estas imágenes aterradoras, su reflejo inicial es creer que están teniendo un mal viaje, que en vez de una amable enseñanza están atrapados en un infierno sin salida. Sin embargo, cuando la ceremonia termina suele suceder que los pacientes recuerdan los momentos angustiosos como la parte más curativa de la sesión.

Uno de esos encuentros es un paseo por lo que llamo «los pasillos de la Conciencia del Sufrimiento», un túnel o una serie laberíntica de pasillos oscuros y mohosos, llenos de imágenes y sonidos espantosos. Las paredes de este túnel están llenas de rostros lacerados, de criaturas con dientes y garras afiladas, esqueletos, cráneos, objetos punzantes y brutos babeantes. Al caminar por los pasillos, los monstruos pueden asomarse para morderte, agarrarte o hacerte perder el equilibrio. Varios pacientes me han dicho que las calaveras, las cadenas y los objetos punzantes que ven al recorrer este laberinto les recuerdan las imágenes de las portadas de los discos y las camisetas del *heavy metal*.

Si bien es mucho lo que se podría aprender al recorrer estos pasillos, lo más importante es que los pacientes comprendan que este desgarrador laberinto se construyó ladrillo a ladrillo a partir de sus propios pensamientos y sentimientos conflictivos. Las espantosas imágenes que se ven en el suelo y en las paredes de esos corredores no tienen una realidad objetiva, sino que son personificaciones de las fuerzas emocionales negativas que engendra la Conciencia del Sufrimiento del paciente. Ésta es la oscuridad que han albergado durante mucho tiempo. Como dice una canción chamánica: «Creen que su casa está limpia. ¡Oigan, vengan a ver este armario y vean lo que tiene dentro! ¡Miren todos los monstruos que guarda!».

Cuando los pacientes se enfrentan a estas innegables realidades, es crucial que respondan a ellas como unos guerreros, imponiendo la ley y diciendo: «¡No! ¡Ya no voy a permitir que estos crueles impulsos gobiernen mi vida!».

El poder de esta decisión es diferente al poder que tienen las decisiones que se toman en un estado ordinario de conciencia, porque cuando se está bajo la influencia de las plantas sagradas, la Conciencia del Sufrimiento del paciente ha sido silenciada y la que rige es la Conciencia del Alma. De esa manera su influencia llega a las partes más profundas del subconsciente, donde sucede el verdadero cambio psicológico, porque la Conciencia del Alma fortalece a los pacientes y crea en ellos un deseo urgente de vivir una vida recta. Esto hace que las decisiones que toman cuando están bajo la influencia de las plantas sagradas sean cien veces más potentes y duraderas que aquellas decisiones tomadas en la vida cotidiana.

Una vez que los pacientes adoptan una posición, algo cambia dentro de ellos. Ver su comportamiento nocivo retratado en imágenes gráficas les ayuda a entender, quizás por primera vez, lo mucho que estas acciones dañinas los han lastimado a ellos mismos y a otros. Desde una perspectiva espiritual, este momento en que uno es testigo de su lado malvado y lo rechaza a cambio de la luz es similar al despertar de la conciencia. Una vez que se produce, muy pocas personas vuelven por completo a sus hábitos de ira, y ésta es otra de las formas en que las plantas sagradas nos liberan del dolor.

⚮

Cuando les cuento a las personas interesadas en el chamanismo acerca de las perturbadoras experiencias que pueden sufrir los pacientes cuando están en los pasillos de la Conciencia del Sufrimiento, o en otro lugar terrorífico de las dimensiones invisibles, con frecuencia se alarman y preguntan: ¿Son dañinas esas confrontaciones? ¿Hay que caminar por un túnel oscuro lleno de gritos salvajes y monstruos que tratan de agarrarte? ¿Podría este tipo de ataques sobrexcitar a alguien de corazón débil o hacer que una persona con problemas emocionales quede aún más perturbada?

Respondo a tales preguntas diciendo que cuando los pacientes toman las plantas, automáticamente están bajo la protección de la Conciencia del Alma y, como lo expliqué en la Primera Regla de Oro, nada puede hacer daño a un paciente si la Conciencia del Alma está al mando. Además, les digo que si bien es obligatorio que ciertos pacientes pasen por esas pruebas extremas, el papel del chamán es cuidarlos mientras las experimentan. En pocas palabras, si el chamán está bien entrenado, los pacientes que consumen las plantas sagradas no pueden sufrir ningún daño, ni físico ni mental.

Ojos en todas partes

Durante una ceremonia, tener visiones de ojos que flotan en el aire o que aparecen sobre árboles, plantas o flores es una experiencia común en aquellos pacientes que acaban de comenzar su viaje con las plantas sagradas. Los ojos que flotan les ayudan a utilizar sus sentidos psíquicos para leer el lenguaje del mundo invisible. Si ustedes tienen ese tipo de visiones, es una buena señal. Ahora podrán contemplar una realidad sutil que queda escondida de la visión ordinaria y revela la verdadera naturaleza del mundo de los espíritus que ayudan.

Espíritus de fuentes curativas

Durante las ceremonias con plantas no es extraño que el espíritu de una fuente surja de repente del centro del círculo, rociando a todos con finos chorros de agua, mojando a los pacientes en la cabeza y en el pecho, penetrando en sus órganos y lavándolos para quitarles sus pensamientos y sentimientos negativos. El curandero y muchos de los participantes pueden ver con claridad este géiser de otro mundo. Incluso los pacientes que no pueden ver la fuente, con frecuencia sienten su presencia y su rocío curativo.

El agua de una fuente sanadora es a veces de color coral, anaranjada, verde azulado o rosa púrpura. En ocasiones es clara como el cristal. Cuando la fuente rocía o cuando su agua forma charcos en el piso, un sentimiento espontáneo de valoración brota entre los miembros del grupo y los inspira a agradecerle a los espíritus por su benevolencia. Al mismo tiempo, este arranque de gratitud actúa como una fuerza sanadora para aquellos que la sienten.

Una fuente de sanación también se puede manifestar como una nube de energía líquida flotante o como un estanque que está en el centro del círculo cubriendo el suelo y hace que los miembros del grupo sientan que están sentados en el borde de un espejo.

En todo el mundo, las fuentes de agua se construyen en los lugares más concurridos de las ciudades y los pueblos. En las plazas de los pueblos, frente a las iglesias, en parques, escuelas, albercas públicas, jardines, bibliotecas, museos y rascacielos. A las fuentes se las decora a menudo con imágenes sagradas, como ángeles, dioses, héroes o aves gigantes, y esto no es accidental. Tradicionalmente, una fuente es un lugar sagrado donde la gente va a beber, a buscar agua y, de esa manera, a vivir. Aquellos que entran en contacto con su rocío en una ceremonia sienten que su misma existencia ha sido fortalecida y refrescada. Una fuente de agua, ya sea que esté en un círculo ceremonial o en el centro de una ciudad, es un recordatorio universal de la Fuerza de la Vida.

El desfile mágico

Si bien el nombre «desfile mágico» puede sonar simbólico, es realmente un desfile, una caravana festiva que se mueve a través de los sentidos alterados de los pacientes, en una procesión visionaria que incluye todo tipo de vehículo imaginable: carretas jaladas por caballos, góndolas, aviones de reacción, carros romanos, autobuses pintados, trenes de ferrocarril, carrozas del tipo «vacaciones en Río», cada uno de los cuales lleva aspectos de la vida de los pacientes que alguna vez estuvieron cerca de sus corazones pero que ahora minimizan o dan por sentado.

Por ejemplo, puede que los pacientes vean un camión con plataforma de carga en el que hay personas realizando un arte o una habilidad a la que antes se dedicaban pero que por diversas razones abandonaron. Esta habilidad puede ser la pintura, la carpintería, un deporte, la jardinería, el aprendizaje de un idioma o tocar un instrumento musical. Ahora se les pide que le den otra oportunidad a este arte que los extraña.

Quizás los pacientes vean en el desfile mágico a personas que una vez fueron muy queridas para ellos, que eran muy hospitalarias y generosas. Al volver a verlos, los pacientes se dan cuenta de lo afortunados que fueron al conocer a esta gente y de lo mucho que estas personas les dieron a sus vidas. Ellos se preguntan por qué ya no son amigos. O un examante aparece en uno de los vehículos, una persona a quien el paciente quería mucho pero luego abandonó. El examante mira al paciente con amor y tristeza, con lo que el paciente se da cuenta de lo realmente exquisita que fue aquella relación. ¿Por qué dejé a esta persona después de toda la intimidad que compartimos?, se preguntan los pacientes.

También es común ver a antiguos amigos pasar en el desfile mágico: un pariente o un socio con el que se pelearon, un colega del trabajo que supuestamente habló mal de ellos, un compañero de equipo o de escuela del que se separaron en términos poco amistosos. Con la conciencia alterada, ahora se dan cuenta de que esa persona no era su adversario, de que si recibieron críticas del examigo éstas eran bastante legítimas, y ahora ven que les tenía aprecio y se sintió mal cuando su relación terminó. Los pacientes se dan cuenta de que han estado cargando con rencores hacia estos enemigos imaginarios durante décadas. Ahora es el momento de abandonarlos.

Enemigos ocultos, aliados ocultos

Un encuentro con los enemigos ocultos puede ser profundamente inquietante, no porque sea peligroso, sino porque te das cuenta de que cierta gente que está a tu alrededor no es como tú crees que es.

Cuando los enemigos ocultos aparecen durante una ceremonia, lo que ves son imágenes de gente con la que tienes trato todo el tiempo: amigos, colegas del trabajo, compañeros de estudio, amantes, maestros, el encargado de la tintorería, tu manicurista, cualquiera que esté en el círculo de tu vida. Sus rostros aparecen frente a ti bajo una luz brumosa o a veces sobre una pantalla oscura. No son simples representaciones fotográficas; son rayos X dirigidos hacia los verdaderos pensamientos e intenciones de estas personas hacia ti, que a veces revelan emociones de desprecio y hasta de odio que nunca habías sospechado. Los amigos o socios de negocios que ves pueden estar secretamente enojados contigo, guardarte rencor, alimentar un deseo oculto de venganza a causa de un incidente que has olvidado hace mucho tiempo. Quizá estén planeando quitarte por la fuerza el puesto que tienes en el trabajo. Tal vez se sientan sexualmente atraídos por tu pareja y desean que desaparezcas de la escena. Puede que no les guste tu tono de voz cuando les pides algo, o tu forma de vestir, o cómo te pones el sombrero.

Las variaciones son interminables, pero en el fondo son siempre lo mismo, se trata de sentimientos negativos dirigidos hacia ti por tus amigos y colegas, que se revelan de una manera clara y a veces chocante. Ciertamente, a veces, los pacientes con una larga trayectoria en el uso de plantas pueden participar en sesiones sólo como una medida preventiva que les ayuda a decidir si aceptan o no a ciertos socios. Al ver el rostro del socio durante una ceremonia, los pacientes pueden adivinar los sentimientos internos que éste tiene hacia ellos y así actuar en consecuencia. Utilizadas de esta manera, las revelaciones de enemigos ocultos se convierten en poderosas herramientas de análisis para tomar decisiones y también para protegerse a sí mismos.

Resulta intrigante darse cuenta de que, durante una ceremonia, los pacientes suelen sorprenderse al ver las artimañas que les preparan individuos a los que sólo conocen de forma casual, y sobre los que tienen pocos pensamientos o sentimientos en un sentido u otro.

Por ejemplo, un hombre trató de establecer una relación íntima con una joven mujer que vendía libros técnicos a instituciones médicas. La mujer lo rechazó y pronto se olvidó del incidente. Pues resulta que el frustrado seductor terminó siendo nombrado director de una escuela en donde un amigo mío trabajaba como bibliotecario.

Mi amigo y el director trabajaban juntos de vez en cuando en proyectos y, hasta cierto punto, eran amigos. Casualmente, después de algunos años de estar trabajando en la escuela, mi amigo conoció y se enamoró de la misma mujer que había rechazado al director algunos años antes. En poco tiempo se casaron.

Un día, varios meses después del matrimonio, la madre del director visitó la escuela y se puso a conversar con mi amigo, quien para ese entonces ya era un participante regular en mis reuniones chamánicas. Desde entonces, la madre comenzó a visitar la escuela varias veces a la semana, siempre halagando a mi amigo, diciéndole a otros lo creativo y productivo que era, le llevaba chocolates y galletas, no dejaba de sonreírle con ojos radiantes. A mi amigo le parecía extraño que le prodigara ese tipo de atenciones, pero se encogía de hombros y no pensaba demasiado en ello.

Varios meses después, mi amigo participó en una de mis ceremonias con plantas. En medio de la sesión, el rostro de la madre del director apareció de repente ante él con una mirada amenazadora y llena de odio. Él me pidió ayuda para lidiar con esta perturbadora imagen, y se me reveló que la madre quería separar a mi amigo de su esposa para que su hijo, el director, pudiera juntarse con la mujer a la que intentó seducir años antes. Durante la ceremonia, los espíritus me llevaron a la casa de la madre, donde había una mesa llena de utensillos de magia negra al lado de su cama. Tenía velas, pequeñas cuentas, granos, conchas, estatuillas y huesos, destinados a una brujería muy ruin que tenía la intención de dañar a mi amigo y quizás hasta de matarlo.

Invocando a los miembros de mi Familia Curativa, destruí los maleficios relacionados con cada uno de los utensillos hasta volverlos inservibles. No me acerqué a la madre y no se enteró de mi visita, por lo que al fallar sus hechizos, estoy seguro que culpó a sus utensillos por no ser lo suficientemente poderosos. Esta es la manera en que el enemigo oculto salva vidas y desalienta la magia negra.

Finalmente, además del poder de los enemigos ocultos para descubrir adversarios desconocidos, existe también una fuerza opuesta: los aliados ocultos. Valiéndose de su guía en una ceremonia, a veces los pacientes pueden ver dentro de los corazones de sus socios del pasado y del presente, y se dan cuenta de la simpatía y la admiración que estas personas sienten hacia ellos. Las expresiones faciales, los ojos y el lenguaje corporal de estas personas revelan los hechos reales. A lo largo de los años, durante las ceremonias, ha sido muy satisfactorio ver cómo los pacientes que se sienten solos o rechazados descubren cuánta buena voluntad reciben de los demás y cómo pueden aceptarla y disfrutarla si así lo desean.

Caricaturas humanas

Durante una ceremonia, un paciente que lleva dentro una gran cantidad de enojo y dolor puede ver algunas visiones del mundo espiritual en forma de dibujos animados. Esta parte de la obra de teatro comienza cuando el paciente ve figuras divertidas de espíritus pacíficos o animales juguetones, pero que de repente se transforman en un jolgorio de personajes y sucesos desagradables e incluso monstruosos, en forma de dibujos animados, todos ellos relacionados con un comportamiento irresponsable y/o vergonzoso.

¿Por qué estas caricaturas monstruosas? Porque estas visiones grotescas hacen que los pacientes se den cuenta de que su conducta caprichosa es, de hecho, caricaturesca. Es decir, que su comportamiento es una distorsión y caricatura de una conducta humana adecuada. El ver dibujos animados terroríficos puede significar, por ejemplo, que el comportamiento de los pacientes es irresponsable y poco ético, o que rechazan sus obligaciones morales. Las imágenes caricaturescas pueden vincularse con las relaciones del paciente, sus finanzas, su profesión o sus estrategias de interacción social.

Básicamente, cuando en una ceremonia los pacientes son atormentados por caricaturas desagradables, su Conciencia del Alma está enviando mensajes visuales a la Conciencia del Sufrimiento para decirle que se comporte. El mensaje moral de estas imágenes es bastante claro y casi siempre es entendido por los pacientes que las ven.

Las imágenes de tiras cómicas, por supuesto, sólo las verán quienes provienen de la cultura occidental y que, casi seguro, crecieron mirando las caricaturas de los sábados por la mañana, personas cuya Conciencia del Sufrimiento está fuertemente impregnada de este tipo de imágenes fantasiosas. La gente de pueblos tradicionales que no tiene ni computadoras ni televisión también recibe lecciones visuales durante la ceremonia, pero las imágenes que ven están basadas en su arte y folklore más que en escenarios animados.

La mutación de visiones placenteras en caricaturas desagradables puede también servir como un espejo que ayuda a los pacientes a entender el lado negativo de su infancia. Aquellos pacientes que estuvieron expuestos a un caos emocional cuando eran jóvenes, o quienes vivieron su infancia en un ambiente donde los eventos podían cambiar rápidamente de algo lindo a algo terrible, caen frecuentemente en esta categoría. Cuando son adultos, se convierten en personas condicionadas para encontrar discordia en su vida cotidiana y convertir las interacciones sociales positivas en negativas. Cuando en una ceremonia con plantas ven una grotesca caricatura de este comportamiento, eso les puede ayudar a entender los mecanismos que aprendieron en su infancia. A la vez, esta visión puede brindarles el autoconocimiento que necesitan para cambiar.

Por lo demás, con frecuencia he visto que estas visiones de caricaturas horribles aparecen ante pacientes cuyo carácter es burlón y sarcástico. Con el tiempo, la falsedad y la traición han hecho que vean la vida a través de un filtro de ridiculez y amargura, porque para ellos la naturaleza humana se rige sólo por la mentira y el falso proceder. Nuevamente, las visiones en forma de caricatura que envían los espíritus pueden ayudarles a dejar de lado su cinismo y comenzar a entender que entre las personas hay tanta sabiduría y altruismo como falsedad y vacuidad.

Regalos

Durante una ceremonia, los espíritus o los ancestros suelen traer regalos del mundo espiritual a los pacientes favorecidos.

El regalo puede ser un sentimiento positivo, como el valor, el amor o la determinación. También puede ser un objeto espiritual, como una hoja, un determinado tipo de sombrero, una pluma, un arma, una corona o un artículo de vestir. Ya que en una ceremonia los pacientes están bajo el influjo de la Conciencia del Alma, saben intuitivamente que este regalo misterioso les traerá beneficios y los colocará en el camino de la sanación. Estos regalos espirituales se dan por lo general sin una explicación sobre cómo deben usarse. Los pacientes tiene que darse cuenta de eso por sí mismos.

En consecuencia, los buscadores pueden pasar horas, a veces días o meses, tratando de entender cómo puede ayudarles esa ofrenda que los espíritus les dieron. Trabajé con una clienta que llevaba mucho tiempo recibiendo un don de fuerza de un espíritu puma, pero no sabía para qué utilizarlo, hasta que un año más tarde tuvo un accidente en el que chocó su bicicleta contra otras dos a una gran velocidad y tuvo que valerse de técnicas médicas, de las que no tenía mucha idea, para vendar sus heridas y las de las otras personas implicadas en el accidente. «En ese momento», me dijo, «fue como si todo mi cuerpo se llenara de un conocimiento y una dureza que reconocí como el don de la fuerza que estaba haciendo su trabajo de curación en mí y en los demás».

También, a veces se presenta una anomalía extraña cuando un paciente piensa que no merece un regalo, o que no está preparado para recibirlo, y lo rechaza. Agradece a los espíritus el ofrecimiento, pero les dice que primero debe deshacerse de ciertos pensamientos y sentimientos venenosos antes de poder beneficiarse con el regalo. Los espíritus responden de manera amable y ambigua diciendo: «Volveremos en otra ocasión».

Hay dos regalos especiales que pueden ayudar a los pacientes a superar tales dudas sobre sí mismos. El primero es un lugar especial para sentarse: un trono, una silla con joyas o cualquier asiento de importancia. Se les indica que se sienten allí y se les dice que ese lugar les ayudará a ver más claramente sus lados positivos, aunque un paciente puede rechazar de nuevo la oferta debido a su falta de confianza en sí mismo o a bloqueos emocionales.

Una ayuda similar llega cuando un espíritu animal o humano coloca una corona con joyas en la cabeza de un paciente para reconocer su bondad. Como antes, un paciente puede rechazar ese honor. Dada esta innecesaria falta de fe, es una alegría ver que algunos pacientes, después de que se les muestran sus lados filantrópicos y generosos por medio de regalos y la intervención de los espíritus, finalmente se dan cuenta de su propio valor. Entonces aceptan con gusto regalos como un trono o una corona, pues ahora entienden que es su deber hacerlo y que algún día esas ofrendas incrementarán su capacidad para ayudar y sanar.

Tengan en cuenta que todos los beneficios que llegan a los

pacientes desde el mundo espiritual son para darles una enseñanza, tanto positiva como negativa. A veces, por ejemplo, los pacientes que tienden a la vanidad o al orgullo reciben regalos como una corona o un trono pero de forma irónica, para demostrarles cuán absurda es su arrogancia.

¿Cómo distinguir cuál es cuál? ¿Un regalo del espíritu o un regalo como reprimenda? Eso, en pocas palabras, dependerá del grado de inteligencia e intuición espiritual que tenga el paciente. Además, debemos recordar que no hay absolutos. Una buena persona puede ser ciega y densa, pero aún así merece un regalo, mientras que una persona vana puede ser perceptiva y conocedora, y, sin embargo, merece un regaño.

Hablar con nuestros ancestros

Para muchos de nosotros es difícil creer que el alma de un pariente que vivió hace 2000 años tiene algún consejo que es pertinente ofrecernos hoy en día. Nuestra propia reticencia a creer en lo invisible nos impide reconocer que los miles, y probablemente millones, de familiares desde varias eras del pasado son espíritus vivos en el más allá, donde comparten una conciencia colectiva de clan y, por lo tanto, se transmiten un océano de conocimientos basado en los logros de cada miembro de la familia. Esta increíble reserva de percepción también vive en la memoria de nuestra propia sangre, en donde nuestro ADN es tanto la biblioteca como el código, y en donde cada uno de los ancestros que conocemos en una ceremonia es un libro de referencia en los estantes de nuestra biblioteca generacional, un libro dedicado enteramente a lo que somos.

En virtud de esta realidad, cuando en una sesión espiritual los pacientes se enfrentan cara a cara con un ancestro, su parentesco de sangre les permite acceder al pasado de esos espíritus, para así recibir información crucial sobre la historia familiar y la genética, la cual no puede proceder de ninguna otra parte más que de su propio clan genealógico.

Mientras se toman las plantas sagradas también es posible que los pacientes sean recibidos por un familiar muerto que conocieron alguna vez, una tía o un primo muy querido, o por un extraño, un espíritu muy antiguo que proviene de Siberia o China. No tiene importancia. Cualquiera sea el lugar de donde vienen, están siempre listos para dar consejos y guiar, instando a sus parientes para que sigan los caminos correctos y eviten los equivocados.

Durante un encuentro con sus antepasados, los pacientes pueden tener acceso a su historia racial mediante caminos que de otra manera jamás habrían recorrido. Hace varios años, un hombre negro, formal y caballeroso, llamado Emil, participó en una de mis ceremonias. Aunque sus raíces eran africanas, su nacimiento ocurrió en una colonia de América del Sur, donde llevaba una vida familiar convencional. Sin embargo, sin que su familia ni amigos lo supieran, estaba muy desanimado porque sentía una profunda desconexión con su ascendencia africana y tenía un fuerte deseo de saber más sobre ella.

Su deseo estaba a punto de hacerse realidad.

Sucedió a mitad de la ceremonia. Me encontraba haciendo mis rondas para comprobar el estado de cada paciente cuando una banda de espíritus guerreros africanos apareció fuera del círculo. Venían semidesnudos, portaban lanzas y escudos y estaban ataviados con sorprendentes pieles de animales. Pidieron entrar en el círculo.

Le pregunté a mi Familia Curativa si estos espíritus eran amigables, y cuando lo verificaron los invité a entrar. Tan pronto como entraron al círculo, el grupo rodeó a Emil y comenzó a realizar una animada danza, enarbolando sus lanzas y cantando. Las canciones y la danza estaban impregnadas de las armonías de la cultura africana que, según pude comprobar, se estaban canalizando hacia Emil. Normalmente, durante una ceremonia evito hablar, pero en esta ocasión me sentí motivado a gritar: «Emil, tus ancestros están aquí para conocerte».

Los visitantes de la tribu bailaron durante unos minutos, luego algunos de ellos se sentaron cerca de Emil y colocaron las manos sobre sus hombros. Uno de ellos murmuró en su oído por varios minutos, diciéndole lo que ansiaba saber sobre su herencia africana. Al terminar la ceremonia, me dijo que fue como si le hubieran inyectado la fuerza de su clan y que este contacto le estaba ayudando mucho a disipar sus sentimientos de exilio.

Sin embargo, al día siguiente ya no estaba tan seguro. ¿Lo que vio no sería una alucinación provocada por la medicina? Le dije que no se preocupara y luego le describí las visiones que yo había tenido de su encuentro africano. Como se correspondían exactamente a lo que él había visto, pude convencerlo de que en verdad había tenido lugar una visita del mundo espiritual. Éste es el tipo de Medicina sanadora que los espíritus de nuestros ancestros nos pueden brindar.

Revelaciones

Las revelaciones que el mundo de los espíritus transmite a los pacientes a menudo contienen advertencias sobre ciertas experiencias de su pasado y su presente que pueden estar causándole sufrimiento.

Un mensaje de revelación frecuente es el que muestra las cosas dañinas que sufrieron los padres de los pacientes cuando eran niños. A su vez, esta revelación explica por qué los padres les hicieron el mismo daño a ellos cuando eran niños y el motivo por el cual el paciente que ya ha crecido se siente solo y alienado. Una vez que se revela esta cadena de eventos hasta entonces desconocidos, los pacientes pueden comenzar el proceso de perdonar a sus padres y también a sí mismos.

A propósito de las revelaciones del pasado, en una ocasión trabajé en una ceremonia con una mujer asiática que tuvo una visión en la que sus padres la vendían cuando era bebé porque tenían demasiados hijos. También pudo ver que, poco tiempo después, sus padres se arrepintieron de lo que habían hecho y la volvieron a comprar. Aunque no sabía nada de estas transacciones, de cualquier manera sentía que durante su niñez un aura de culpa y vergüenza permeaba en su casa, lo cual la hacía sentirse ansiosa e insegura. Después de una ceremonia con plantas, habló con unos parientes, pues para ese entonces ya sus padres habían muerto, y estos familiares confirmaron lo que ella había visto en sus visiones. Todo esto le ayudó inmediatamente a liberarse de los sentimientos de inseguridad e incertidumbre que la tenían desorientada desde su infancia.

Por otra parte, las revelaciones acerca del tiempo presente brindan una guía para actividades actuales, como el trabajo, las amistades, la salud, las relaciones con seres queridos y demás.

Durante otra de mis sesiones con plantas, una mujer estaba profundamente preocupada porque su hijo adolescente sufría ataques crónicos de depresión. En el transcurso de la ceremonia, ella y yo compartimos las mismas revelaciones en nuestras visiones. Vimos que su hijo estaba siendo golpeado por estudiantes de su escuela secundaria, pero se sentía demasiado avergonzado para pedirle ayuda a su madre. Después de la ceremonia, ella le exigió a su hijo que le contara lo que pasaba y, poco después, le empezó a ir bien en la terapia.

Otra revelación típica del presente sucede cuando una persona sufre de algún desorden de carácter físico, pero... o no se da cuenta de esta condición, o no quiere contárselo a otros por miedo a preocuparlos. En ambos casos, cuando se le revela a un paciente que un ser querido no está bien o no quiere hablar del problema, esto le permite intervenir y brindarle el apoyo que necesita.

Finalmente, también hay revelaciones que predicen eventos del futuro que pueden causar cambios fundamentales en la vida personal de un paciente, ya sean buenos o malos.

Las revelaciones del futuro pueden, por ejemplo, mostrar visiones de una enfermedad próxima o de la recuperación de una enfermedad. Pueden anticipar un cambio en las obligaciones financieras, un cambio de residencia, una boda o un divorcio, la pérdida de un ser querido, ya sea por separación o muerte, el comienzo del fin de una relación romántica, incluso visiones de un cataclismo terrenal venidero, como una inundación o un terremoto. Las fechas y las épocas en que ocurrirán estas revelaciones raramente son divulgadas. Sin embargo, he notado que se brindan pistas y que los cambios de vida que se han predicho tienden a materializarse dentro de uno o dos años después de tener las visiones.

Una vez, durante una ceremonia en la selva, un paciente vio un cofre de madera en sus visiones y, al mismo tiempo, escuchó una voz que le decía que tal vez quisiera abrirlo, pero que debía tener cuidado porque lo que encontraría dentro podría protegerlo pero también era capaz de hacerle daño. Armándose de valor, el hombre abrió la tapa del cofre y adentro encontró una foto de su novia abrazando amorosamente a un extraño. Su reacción ante la foto fue inflexible: ¡Una cosa así no podía ocurrir nunca! Él y su novia se querían demasiado.

Más de un año después mi paciente y su novia estaban en una reunión social dónde conocieron a un invitado que era claramente el hombre de la fotografía. Pero aun así mi paciente se negó a creer que su pareja lo estaba engañando. Por supuesto, meses más tarde su novia lo dejó por ese hombre y, para colmo de males, por una serie de circunstancias, por casualidad vio la misma foto de su visión colgada en la pared de un primo de su exnovia. Debemos aclarar que esta revelación no fue enviada como un castigo, sino para ayudarle a prepararse emocionalmente para esa próxima pérdida. Por desgracia, no hizo caso.

Volar

A veces, algunos participantes son invitados a volar en la espalda de un animal alado o de un espíritu, e incluso por su propia cuenta. Este vuelo no es simplemente para ver paisajes, sino para visitar a gente que, con base en su experiencia y arduo trabajo, ha creado objetos de belleza sobrenatural, que, a su vez, son una inspiración para que los pacientes se esfuercen con mayor dedicación en realizar su trabajo.

Por ejemplo, si un paciente es arquitecto, él o ella pueden ser invitados a volar sobre un templo en el que los ingenieros están diseñando ciudades de belleza inimaginable, y lo hacen con gran entusiasmo, con una maestría que supera todo lo que el paciente haya visto en la tierra. También puede suceder que los pacientes vean al guardián mundial de la arquitectura, un antiguo sabio, mitad hombre y mitad espíritu. Es el portador de todo el conocimiento arquitectónico que existe y está trabajando en los planos de monumentos que bien podrían flanquear las calles del cielo.

Algo que muchas personas notan cuando sobrevuelan tales escenas es que los seres espirituales que ven abajo están dando cada ápice de esfuerzo y amor a la tarea en la que trabajan, ya sea una pintura, ejercicios de gimnasia, algún trabajo manual, la enseñanza o en mil otras actividades. Darse cuenta de esta total dedicación ayuda a que los pacientes entiendan el potencial de sus propias habilidades para alcanzar un orden superior de creación. «Sobrevolar el espacio en donde los albañiles estaban construyendo esas majestuosas y perfectas torres», me dijo un paciente que era biólogo, «me inspiró a querer esforzarme más arduamente para hacer en mi laboratorio un trabajo igual de excelente».

Cuando la naturaleza viene a tu encuentro

Las visiones pintorescas del mundo natural son algunas de las muchas imágenes que se producen cuando la naturaleza viene a saludarnos y nos dice con su tierna voz: «Mírame, conóceme, apréciame, quiéreme. Yo estoy aquí para ti todo el tiempo».

Esta epifanía le llega, tarde o temprano, a cualquiera que trabaje con las plantas sagradas, porque todos nosotros, seamos o no conscientes de esto, necesitamos con desesperación abrazar con nuestro corazón a la Madre Naturaleza y reconocer su floreciente perfección, de la misma manera en que lo hacíamos cuando éramos niños.

Con relación a esto, he notado que las personas que tienen dudas sobre la validez de las ceremonias con plantas reciben al inicio la visita de la Madre Naturaleza. Este contacto ocurre con especial frecuencia en los pacientes de ambientes urbanos y/o a los intelectuales o empresarios que rara vez tienen tiempo de ver y apreciar el mundo natural. En tales casos, la Madre Naturaleza da los primeros pasos, se presenta y lleva a estos visitantes que dudan a hacer un viaje para recorrer su inmensa e incalculablemente maravillosa geografía.

Un caso que recuerdo con especial afecto es el de un grupo de australianos que estaban muy involucrados con el chamanismo, pero aún no habían participado en un ritual amazónico. Yo había trabajado con ellos en su país, y con algunos hice buena amistad.

Ahora los tenía de visita en mi campamento para que vieran de primera mano cómo funcionaban las cosas.

Un integrante de ese grupo era un empresario sofisticado que llegó al campamento acompañando a su mujer pero que no estaba especialmente enamorado de la selva, por lo que no mostró el menor interés en participar en la ceremonia de las plantas. Para él, además de ser el chaperón de su mujer, este viaje era una oportunidad para tomarse unas breves vacaciones de las ajetreadas empresas financieras que tenía en su país. Sin embargo, extrañamente, un día antes de la primera ceremonia el hombre anunció que en realidad quería experimentar un ritual.

Al día siguiente, comencé la ceremonia y casi de inmediato este hombre se embarcó en una de las purgas físicas más violentas que yo haya visto, con innumerables rondas de vómitos y expulsión de fluidos por todos los orificios. Desorientado y muy debilitado, no pudo llegar al retrete y se vio obligado a terminar la ceremonia en el suelo, frente al baño, apestando a su propia purga.

Al día siguiente todos lo felicitamos por la sorprendente limpieza psíquica que se había permitido experimentar. Contestó con voz ronca: «Nunca más». Pensé que su decisión era la apropiada, dadas las circunstancias. Sin embargo, un par de días después, antes de que comenzara la segunda ceremonia, este hombre volvió a ofrecerse para participar. Al parecer quería vivir las mismas experiencias significativas y de cambio de vida de las que hablaron su mujer y otros miembros del grupo después de la primera ceremonia. Pero, una vez más, el hombre vivió las mismas crueles expulsiones con rondas tras rondas de vómitos y diarreas sin parar, aún más enervantes que la primera noche.

Como era de esperarse, a la mañana siguiente el hombre volvió a decir: «Nunca más».

En vísperas de la tercera ceremonia, y para asombro de todos, el hombre quiso participar nuevamente. Sin duda, para tomar esa decisión contribuyó el hecho de que su mujer y sus compañeros no dejaban de decirle lo transparente y en forma que lo veían luego de sus dos primeras noches en el círculo.

Al inicio de la tercera ceremonia, el hombre comenzó otra vez con sus evacuaciones. Al mirarlo con ojos de chamán pude ver que una miríada de elecciones egoístas, malos comportamientos y hábitos autodestructivos se habían agrupado y estaban reventando fuera de él, como en una especie de tsunami psíquico. Parecía que ese derrame no iba a detenerse nunca.

De pronto, en medio de la ceremonia, el comportamiento de este hombre cambió abruptamente. Dejó de vomitar, se volvió plácido, y pude ver que estaba siendo abrazado, protegido y sanado por una energía tranquilizadora dentro de un cálido capullo.

Esta experiencia fue excepcional, pero el resultado de su purga amazónica fue aún más extraordinario. No sólo tuvo una de las experiencias de limpieza más profundas que he visto, sino que aplicó la Segunda Regla de Oro casi con una determinación sobrehumana que cambió por completo su vida. Cuando regresó a su casa, dejó el alcohol y se distanció de socios que tenían mala reputación. Concentró su atención en sí mismo, en vez de cuidar a parientes, amigos y especialmente a su mujer. Lo más sobresaliente de todo es que, durante las tres ceremonias en las que participó, no recibió ayuda ni enseñanzas del mundo espiritual. Los cambios que tuvieron lugar en él se deben enteramente al poder de las limpiezas que soportó con tanta valentía y a la belleza de la naturaleza que le dio la bienvenida una vez que estuvo purificado.

El sol y la luna

Durante una ceremonia, tanto el espíritu del sol como el de la luna suelen desempeñar un papel importante.

Cuando la visión del espíritu sol aparecen por primera vez, lo hace desde el horizonte del círculo ceremonial, como sucede al amanecer, disipando la oscuridad y tiñendo la atmósfera de colores celestiales. Cuando se manifiesta, los curanderos animan a los pacientes a verlo como la Fuerza de la Vida que trae calor y sanación.

Una vez que el espíritu sol alcanza su cenit, emite rayos de luz dorados. Cuando los pacientes se sienten confundidos y alienados, estos rayos despejan su niebla psíquica y despiertan la comprensión como una flor en primavera. En el momento que sucede esta maravilla, la perturbación que causa la Conciencia del Sufrimiento se quema y los rayos del sol, en conjunción con la Conciencia del Alma, estimulan las decisiones sabias y el comportamiento prudente. Dice un refrán: «Nunca he visto que un hombre se equivoque cuando elije el camino correcto». Al igual que en muchas culturas y religiones de todo el mundo, el sol simboliza tanto la comprensión divina como el ser superior. Cuando aparece en el círculo ceremonial, la mayoría de los participantes no tienen idea de lo afortunados que son de tener un glorioso aliado trabajando a su favor.

Luego está el espíritu lunar, que también surge del horizonte. Su luz es iridiscente, deja una aura como de cristal y baña a los pacientes con tintes y tonos lácteos. Cuando el espíritu de la luna aparece, siempre se verá como luna llena, aunque la luna de esa noche sea en realidad nueva o menguante.

En el chamanismo, la luna tiene cualidades mágicas apreciadas tanto por los magos de magia negra como por los de magia blanca; la más esencial de ellas es hacer que el resultado de cualquier actividad de magia que un practicante esté realizando sea firme y permanente. Por esta razón, muchos chamanes realizan actos de magia bajo la luz de la luna llena, porque saben que sus sanaciones y hechizos permanecerán durante muchos años, si no es que toda la vida.

Cuando yo aún estaba en la fase de formación con mi maestro Pedro, él aseguraba que los zorrillos pueden ser animales útiles para el chamanismo.

—Si uno está preparando un espacio ceremonial —me dijo—, y utiliza orina de zorrillo para marcar los límites, nadie cruzará nunca estas líneas, ni siquiera los espíritus. Los zorrillos nos son de utilidad de diversas maneras.

—¿De qué otras maneras? —le pregunté.

—Bueno, si atrapas a un zorrillo (y aclaro: debes atraparlo tú mismo, no comprarlo ni robarlo), puedes utilizarlo como parte de una ceremonia nocturna; te brindará un poder enorme.

—¿Cómo funciona?

—Primero debes comer polvo lunar. Esto le otorga energía a tu transacción con el zorrillo y funde el poder de su espíritu con tu Familia Curativa.

—¿Qué significa polvo lunar? —quise saber.

—Debes quedarte parado bajo la luna llena con tu zorrillo y llevar unos pantalones ligeros, sin ropa interior —me explicó Pedro—. Cuando haces este ritual no puedes sentirte restringido de ninguna manera. Evita llevar cinturón y permite que tus testículos y el pene cuelguen en libertad. Debes mirar hacia la luna, abrir tu boca tan grande como te sea posible y actuar como si estuvieras bebiéndote sus rayos. Haz que la luz de la luna brille en tu paladar durante varios minutos, hasta sentir un extraño sabor a tiza en tu boca. Con esto se completa el hechizo y todos los efectos de su poder se liberan, lo cual te arma de protección contra la envidia, los malos encantos y la brujería. Desde ese momento, el espíritu del zorrillo será tu aliado para toda la vida.

—¿Por qué hay que hacerlo bajo la luna llena? —le pregunté.

—Se hace así para consolidar el hechizo —contestó—. El brillo de la luna llena actúa como una especie de pegamento. Fija las cosas y las hace estables. Por eso, en todo el mundo se hacen tantos rituales chamánicos bajo la luna llena. Si adquieres un determinado poder mágico bajo la luz de la luna llena, ese poder no disminuirá nunca. Es tuyo para siempre. La luz de la luna llena hace que las cosas sean perpetuas.

—¿Cualquiera puede realizar este tipo de ceremonia? —le pregunté.

—¡No! —respondió enojado—. Sólo puede hacerlo un curandero entrenado. Si sigues paso a paso todas las fases de un hechizo, pero no tienes los conocimientos necesarios para activarlo correctamente a nivel psíquico, no pasará nada. Incluso puede hacerte daño. Es lo mismo para todos los hechizos mágicos —añadió—. Si no sabes lo que haces y no te has formado, son una pérdida de tiempo. Como esa gente que consigue viejos libros de maldiciones y fórmulas mágicas. Los hechizos nunca funcionan, y luego esa gente sale a cacarear a todo el mundo que la magia es una tontería. Pero eso es bueno —agregó Pedro—, porque la magia se protege utilizando como escudo la ignorancia que la gente tiene sobre ella.

Construcciones arquitectónicas

No es raro que durante una ceremonia de repente se materialice sobre el círculo sagrado una gran estructura espiritual espectacularmente construida, sin importar dónde se está celebrando la ceremonia; puede ser en una maloca, en el suelo de la selva, en el desierto, en el interior o en el exterior, da lo mismo, porque los pacientes se encontrarán contemplando con asombro la obra maestra arquitectónica. El acabado de esta red espectral, según lo describió un paciente, «parecía como si hubiera sido tejido por arañas y elaborado por los ángeles».

Desde el punto de vista arquitectónico, una estructura puede adoptar una amplia gama de estilos, desde un templo inca revestido de oro hasta una ciudadela con arcos, pilares, arcadas, cúpulas, altos muros hechos con gigantescas piedras cinceladas. A veces los pacientes se encuentran dentro de un templo egipcio, una iglesia barroca o una gran cabaña celta hecha de madera. También pueden hallarse en un edificio amazónico de madera, con diseños geométricos en las paredes y habitaciones dentro de habitaciones.

Es importante que los pacientes entiendan que estas estructuras no son obras construidas para el disfrute estético. Simbolizan el santuario espiritual *al interior de los propios pacientes,* el lugar en donde nace la autotransformación y los estados de conciencia superiores. De hecho, los templos, las catedrales y los santuarios de culto construidos en todo el mundo son simulaciones gráficas de visiones que se originan en el interior de la conciencia elevada de una persona, cada una de ellas es una idea metafísica del mundo superior que se materializa con ladrillos y cemento. Personalmente, yo creo que la arquitectura sagrada no sólo es la expresión física de principios sagrados, sino también una representación visual de imágenes del mundo superior que se ven al orar, meditar o durante las ceremonias sagradas. Por así decirlo, cada santuario sagrado es el alma de la persona que rinde culto allí.

Al estar dentro de uno de estos refugios, los pacientes se sienten animados y abrumadoramente optimistas. Algunos afirman que la arquitectura parece absorber su energía negativa y la sustituye por sentimientos de paz y gratitud. La energía de sanación se irradia desde el techo y el suelo de la estructura, independientemente de su diseño o procedencia cultural. Sin embargo, por muy acogedora que sea la estructura, en cualquier momento puede cambiar de forma, según las necesidades del momento y las lecciones que los pacientes necesiten aprender.

Por ejemplo, los pacientes pueden estar sentados bajo una cúpula dorada. El chamán canta una determinada canción sagrada o toca su tambor, mientras emana una energía que transforma el edificio en un templo sagrado. Sin que importe el diseño que adopte el santuario, los pacientes sentirán que durante unos momentos dorados se les permite sentarse en un lugar sagrado que abarca el cielo y la tierra. Este recuerdo por sí solo es curativo.

Debo añadir que muchas estructuras religiosas de la antigüedad estaban decoradas con imágenes concebidas para hacer visible el mundo invisible y para transmitir una información espiritual tan profunda que sólo puede representarse mediante símbolos.

Las pinturas y los petroglifos en las paredes de las cuevas y acantilados, por ejemplo, son mensajes trascendentales heredados a las generaciones futuras para que recuerden su pasado sagrado. En los dibujos petroglíficos de los nativos americanos, los osos representan la fuerza interior, un ojo significa el discernimiento sobrenatural, una flecha rota representa la paz. Ciertamente, no todos los diseños son religiosos, algunos tenían como misión advertir a la población local sobre la presencia de depredadores cercanos, otros describir acontecimientos de la vida cotidiana o a dar lecciones a los niños. Pero, en general, la mayor parte del arte y la arquitectura que nos han llegado de antaño son símbolos terrenales tanto de sabiduría contemplativa como de lo divino.

El Árbol de la Vida

Para los chamanes que trabajan en el reino espiritual, el Árbol de la Vida es realmente un árbol. Sus raíces se hunden en la Madre Tierra, su ancho tronco se eleva con la energía de la Fuerza de la Vida y sus ramas rozan los cielos. Cuando se lo observa en una visión es como una escalera que representa la conexión entre los tres mundos de la creación: el plano material, el mundo espiritual y el hogar del Gran Espíritu.

Durante una ceremonia, el Árbol de la Vida por lo general sólo puede ser visto por el chamán y por los pacientes que han trabajado arduamente para dominar a su Conciencia del Sufrimiento. Esto no es una regla sino una tendencia. Para aquellos que pueden verlo, el árbol irradia muchos colores diferentes, a veces de un tono blanquecino, o, más a menudo, es un arcoíris de luz que contiene todos los colores del mundo natural. Cuando el árbol se presenta como una visión, los pacientes pueden escuchar un acorde armónico que suena como un himno. Los chamanes levantan los brazos representando un saludo, celebran este símbolo arquetípico del orden estructurado del universo. Cuando se aparece a los pacientes que tienen visión interna, éstos invariablemente se sienten abrumados por la humildad y el asombro.

En algunas ocasiones, el Árbol de la Vida también puede verse primero como dos serpientes, una moviéndose hacia la tierra y la otra hacia el cielo. Sus movimientos se aceleran hasta que se fusionan transformándose en un árbol cuyo tronco se abre y muestra un prisma de colores como los del plumaje de un pavorreal. A medida que se desarrolla este despliegue, los pacientes vuelven a escuchar el acorde armonioso. Sus cuerpos se llenan de energía espiritual y algunos miembros del grupo sienten que renacen. Cuando se produce este regalo de gracia, también pueden aparecer otros espíritus que contemplan el árbol en estado de éxtasis y atestiguan la manifestación universal de la Fuerza de la Vida.

No hay mucho más que pueda revelar sobre el Árbol de la Vida sin transgredir las reglas de lo que se debe decir o no sobre el mundo espiritual. Simplemente agregaré que el árbol es un reflejo fiel no sólo de los tres mundos, sino de nuestra propia anatomía espiritual, con nuestro abdomen como raíz, nuestro pecho como tronco y nuestra cabeza como ramas que se extienden hacia el cielo y el sol. Si bien las palabras no alcanzan realmente para describir el Árbol de la Vida, la mejor forma que conozco para decirlo es que el árbol no sólo traza un mapa del universo, sino también el de nuestra constitución espiritual y, en consecuencia, el de nuestro infinito potencial espiritual.

Tres cosas que saber acerca de los espíritus

El reino espiritual tiene una infinita cantidad de visiones y espíritus, pero sólo han sido descritos unos cuantos de ellos. Los espíritus de los que he hablado son originarios exclusivamente del chamanismo peruano y de los países adyacentes de América del Sur. Imaginen entonces las múltiples apariencias que adoptan en las ceremonias chamánicas de todo el mundo.

Cuando en una ceremonia sagrada se interactúa con los espíritus deben recordarse tres cosas importantes.

Primero, como ya se ha mencionado, la apariencia de un espíritu, ya sea un duende, un demonio o un jaguar con cabeza de hombre, es un disfraz o camuflage producido por las creencias, las expectativas y el credo espiritual de la cultura a la que pertenece. En realidad, la mayoría de los espíritus tienen fuerza, pero no tienen forma, razón por la cual se les llama «espíritus», palabra que deriva del latín y que significa «aliento de vida». Esto no quiere decir que ciertos espíritus no tengan una forma permanente, porque algunos la tienen. Pero la mayoría son etéreos y cambian sus formas fugaces.

Segundo, cuando se está interactuando con espíritus es bueno pedirles ayuda de manera amable para resolver un problema en particular. Pero eviten tratar de manipularlos o decirles qué deben hacer, ya que a veces te harán caso y a veces no, pero incluso cuando lo hacen se molestan si un paciente trata de controlarlos. Al relacionarse con espíritus, es mejor reducir al mínimo nuestras demandas y permitirles a estos maravillosos seres que hagan su trabajo. En realidad, la mayoría de ellos ya sabe lo que necesitamos.

Como los espíritus reciben con beneplácito la información que les da un paciente, y a veces hasta la solicitan, es también importante mantener un equilibrio entre ser pasivo y ser inquisitivo. Aunque el pensamiento humano funciona con miles de millones de ruedas dentro de otras ruedas, el mundo de los espíritus es infinitamente más complejo, y los pacientes actuarán con sabiduría si evitan tratar de sondear sus profundidades.

Tercero, en cualquier momento de una ceremonia chamánica, principalmente al final de una sesión, no olviden agradecer a los espíritus por la sanación y la sabiduría que les han ofrecido. Si esto se hace de manera sincera, asegurándoles que se aprecia su notable amabilidad y que les gustaría volver a encontrarse con ellos, los espíritus actuarán de forma recíproca y les dirán que a ellos también les gustaría mucho volver a verlos.

TERCERA PARTE

EL TRABAJO CON
LAS PLANTAS
SAGRADAS

CAPÍTULO 6

A PROPÓSITO DE LAS

PLANTAS SAGRADAS

Una visión distinta sobre la evolución

Por lo general, suele decirse que la humanidad se ve a sí misma en la cumbre de la pirámide de la vida, con el reino vegetal muchos niveles por debajo. Los humanos utilizan herramientas, hablan idiomas, crean obras de arte, imaginan el pasado y el futuro, muestran emociones. Las plantas simplemente crecen, nos alimentan y lucen bonitas. Tal parece que el terreno para la comparación es mínimo.

Pero resulta irónico considerar que somos los monarcas de la naturaleza cuando la mirada chamánica —es decir, el punto de vista espiritual— considera que la humanidad se encuentra en el fondo de la escala de la evolución y no en lo alto. Las plantas, los animales y otras formas de vida no están atrapados, como los humanos, en ese péndulo que oscila entre la Conciencia del Sufrimiento y la Conciencia del Alma, entre elegir lo que daña y lo que cura. Esas otras formas de vida sólo tienen dos propósitos. Uno de ellos es material: sobrevivir. El otro es espiritual: ayudar al mundo, incluso a la conflictiva raza humana.

¿Es esto cierto? ¿En verdad son los humanos los seres más inferiores y necesitados en el orden cósmico? Desde el punto de vista darwiniano, por supuesto que no. Pero, de hecho, la mayoría de los curanderos nunca cuestionarían la evolución biológica. La gente de Conocimiento que conozco nunca piensa en la teoría de la evolución. Algunos nunca han oído hablar de ella. Desde la perspectiva del chamán, la jerarquía cualitativa de la vida se basa en lo espiritual y no en la biología. A diferencia de la teoría de la selección natural, que considera la razón y la inteligencia como consecuencia de los millones de años en el progreso evolutivo, cuando los curanderos hablan de la evolución o sus equivalentes, cosa que casi nunca hacen, no se refieren a la mutación corporal o mental sino al progreso que un ser puede lograr cuando asciende en busca de lo trascendente.

Los curanderos también se pueden preguntar por qué es tan necesario pensar que nuestra especie ha evolucionado hasta convertirse en una raza de genios omniscientes con cerebros gigantes. Como si el progreso humano sólo se cuantificara mediante las aptitudes intelectuales, sin considerar el corazón ni el alma. De hecho, las musas chamánicas insisten en que estamos completos tal y como somos. No hay «progreso» por lograr. No vamos hacia ninguna parte. Ya estamos allí; ya tenemos las materias primas que necesitamos para trascender. El problema es que nuestra capacidad para la transformación espiritual está hundida bajo el barro de la Conciencia del Sufrimiento y necesita ser desenterrada. Una vez que esta facultad esté liberada, ya sea a través de las plantas sagradas o de la meditación, nos convertiremos en lo que siempre hemos sido en potencia: un pueblo plenamente consciente y espiritualmente transformado que vive por completo en el presente.

El regalo de las plantas

El reino vegetal: hermoso, salvaje, silencioso.

Pero quizá no sea ni tan salvaje ni tan silencioso. Las plantas, como la investigación zoológica está empezando a revelar, tienen un lenguaje propio que es coherente y complejo, pero se manifiesta en un plano que en gran parte es imposible de rastrear. Aun las plantas que no son psicoactivas pueden ver y entender a la gente que las toca, así como percibir sus sentimientos íntimos.

No hay espacio aquí para describir la inmensa cantidad de regalos que recibimos del mundo vegetal. Como veremos en el capítulo final, mucha gente cree que las plantas pueden incluso jugar un papel para ayudar a que la raza humana sobreviva en un mundo que se hunde y se incendia. Sin embargo, aunque la gratitud hacia el universo de las plantas es una deuda humana elemental, por lo general no la practicamos, a pesar de que sería una forma básica para vincular nuestras almas con ese verdor de la naturaleza en crecimiento. Por eso, riega tus plantas, platica con ellas, trátalas como compañeras y maestras, porque si estás abierto a su encanto, sentirás cómo su amor es recíproco.

Lo bueno y lo malo de las plantas

A quienes les interesen las plantas psicoactivas se les advierte que eviten asumir que los psicotrópicos son o totalmente satánicos o totalmente sagrados. La verdad es que pueden ser las dos cosas, con la excepción de ciertas plantas que siempre son benévolas. Una de ellas es la liana de la ayahuasca, que siempre sana y nunca daña. Es por esta razón que los hechiceros evitan usarla en sus brebajes mágicos, pues saben que es una medicina compasiva que se niega a hacer daño y, peor aún, con frecuencia actúa como un espejo que durante una ceremonia les muestra a los magos el lado oscuro de sus corazones. Hablaré mucho más acerca de la ayahuasca en la sección que sigue.

※

Al mundo de las plantas le encanta trabajar con los seres humanos, especialmente a las plantas sagradas. La felicidad que esto les produce es tan profunda que nunca le dicen que no a alguien que desee utilizarlas con propósitos mágicos, ya sean estos benéficos o dañinos.

Un ejemplo de esta relación ambigua se puede ver en las regiones andinas de América del Sur con respecto a la planta de la coca, un espigado y exuberante arbusto con hojas de un verdor brilloso, que durante miles de años ha sido considerado un regalo de los espíritus.

Quienes viven en las alturas de los Andes mastican la hoja, generalmente con cal o con las cenizas de ciertas raíces y cortezas. Esta mezcla fortalece su respiración y acelera sus corazones, provocando que los efectos energéticos sean más intensos y ayudando a que sus consumidores se desempeñen con lucidez en un ambiente de aire más puro. Como medicina, el zumo o extracto de la coca tiene propiedades calmantes y analgésicas, brinda alivio para los dolores de cabeza, el reumatismo, el mal de altura y un sinfín de males comunes. Reduce los suplicios del parto y ayuda a mitigar el dolor. Pero, lo mejor de todo, es que la hoja otorga a quienes la consumen una fortaleza a muy largo plazo. Como crece en forma silvestre en los campos y a lo largo de los caminos del Perú, los viajeros mastican sus hojas para aliviarse del frío, la sed, el hambre y, sobre todo, la fatiga.

La planta de la coca también juega un papel en muchas ceremonias sagradas de los Andes, donde particularmente sus hojas más frescas y hermosas son ofrecidas en agradecimiento a los espíritus y a lo divino. A veces, se colocan objetos de poder cerca de ellas y sobre un mantel de altar para cargarlos con fuerza adicional. Durante la ceremonia, el chamán puede lanzar las hojas al aire, hacer montoncitos con ellas y con otras hierbas, o colocarlas en el centro del círculo ceremonial. Esto no significa un homenaje al efecto estimulante de las plantas, sino que se hace para reconocer a su espíritu sagrado y como una ofrenda a la Divinidad.

❧

A mediados del siglo XIX, el químico alemán Albert Niemann extrajo uno de los muchos alcaloides de la planta de coca y produjo lo que llamó «clorhidrato de cocaína», o simplemente cocaína. Utilizada para fines médicos, como calmar espasmos gastrointestinales, la cocaína se promovía como una droga maravillosa, cuyos únicos efectos secundarios parecían ser la euforia y la claridad mental.

Sigmund Freud era aficionado al uso de la cocaína y la proclamó como un remedio para la depresión, recetándosela a varios pacientes que muy pronto se convirtieron en adictos. En 1866, John Pemberton creó un refresco con cocaína al que llamó «Coca-Cola», que muy pronto se convirtió en el refresco nacional favorito. Luego de veinte años de volver adictos a innumerables consumidores, el estupefaciente fue por fin eliminado, aunque la mitad del nombre cocaína permaneció en el letrero de la botella. El Zar de Rusia, Thomas Edison, la Reina Victoria y el Papa Pío X, entre otras celebridades, bebían regularmente un vino a base de cocaína, conocido como Vin Mariani. Está comprobado que al final de su vida, mientras escribía su autobiografía, Ulysses S. Grant la consumió para reducir el dolor que le causaba el cáncer de garganta que lo estaba matando.

Finalmente, en 1914, cuando las dañinas propiedades de la droga se hicieron muy evidentes como para ser ignoradas, la cocaína fue oficialmente prohibida. Pero el genio ya estaba fuera de la botella. Durante las décadas de los setenta y ochenta, aumentó su auge como la droga preferida de las nuevas generaciones.

Ninguno de estos excesos es, naturalmente, culpa de la planta de coca. Ella no puede evitar que cualquiera se apropie de sus hojas, ya sea un recolector santo o uno pecador. Desde un punto de vista espiritual, descomponer la droga en el laboratorio para producir una droga adictiva es una forma de esclavizar a la planta, ya que se la deprecia enormemente, en lugar de aprovechar la rica mezcla de alcaloides sanadores que ofrece y que han servido como aliados benéficos para los seres humanos a lo largo de los siglos. Los comerciantes de la cocaína sólo toman las partes de la planta que necesitan para hacer su droga y tiran el resto. Las compañías químicas y farmacéuticas realizan esta misma práctica con cientos de otras hojas, raíces, flores y cortezas, una técnica del todo contraria a la manera ancestral y respetuosa de valerse del reino vegetal.

Este proceso que esclaviza a las plantas para extraerles substancias con fines industriales, descartando buena parte de ellas, es experimentado por los espíritus vegetales como una profunda y lamentable falta de respeto.

Lo cual no quiere decir que, cuando son desvalorizadas, las plantas sagradas no respondan a la agresión.

Un ejemplo interesante es el chiric sanango, un arbusto de floración psicoactiva que crece en las selvas de Perú y pertenece a la familia de las solanáceas, que incluye frutos que van desde la belladona hasta el tomate. A veces, el chiric sanango se consume solo, por lo general en una dieta o retiro de larga duración. También puede mezclarse en infusiones con otras plantas psicoactivas, como la ayahuasca. Durante una ceremonia, algunos participantes pueden sentir escalofríos u oleadas de frío recorriendo su espina dorsal cuando la planta hace su labor. De ahí viene la palabra «chiric», que en quechua quiere decir frío. (Su nombre completo puede traducirse como «el sanango que provoca frío»). Aunque las raíces de este arbusto procuran beneficios terapéuticos, tiene unas pautas estrictas en cuanto a la forma en que debe cosecharse, y pobre del practicante que ignore estas normas.

He aquí cómo funciona el protocolo de la planta mágica. Para recolectar en forma apropiada el sanango, el curandero tiene la obligación de acercarse a ella muy temprano en la mañana, luego de haber ayunado durante veinticuatro horas. Tiene prohibida la actividad sexual durante varios días previos a la recolección, y durante ese tiempo no debe tener ningún tipo de enojo en casa o en el trabajo.

Especialmente importante es la manera en que el sanango es recolectado. Primero, el curandero pide, con cortesía, permiso para arrancarlo. Luego debe hacerlo de un solo tirón. Si esto no funciona, el chamán debe alejarse enseguida sin insistir ni mirar hacia atrás.

He conocido casos en los que un chamán poco entrenado ha insistido en recolectar la planta, destrozándola o arrancándola en pedazos. Luego de varias horas, invariablemente comienza a sentir una picazón insoportable y, muy pronto, en grandes zonas de su cuerpo aparecen erupciones rojas. Entre más se rasca más rápido se expanden. Si el chamán decide ir al hospital para que lo atiendan, los profesionales de la medicina aplicarán de inmediato pomadas, ungüentos o medicinas, ninguna de las cuales ayudarán a sanar la inflamación. La única fuente posible de ayuda viene de otros curanderos, quienes conocen bien el comportamiento del sanango y saben cómo preparar una loción curativa con la misma planta que el chamán inexperto molestó. Este chamán errático también es obligado a mostrar su arrepentimiento ante la planta maltratada, pidiéndole perdón por haberle hecho daño y por haber deshonrado su raíz.

El matrimonio de un chamán
con sus plantas

El conocimiento sobre cómo usar la planta que se necesita en el momento preciso de una ceremonia sagrada rara vez le llega a un curandero a través de la experiencia o por ensayo y error. Quizá una descripción más precisa es que esto ocurre por una revelación transmitida por maestros de su linaje, el reino de lo invisible y, en raras ocasiones, a través de lo divino.

Durante una ceremonia hay muchas plantas que el curandero invoca constantemente. Otras son aliadas cercanas que usa en determinadas situaciones. E incluso hay otras más que sólo utiliza una o dos veces a lo largo de su carrera.

Las relaciones que el chamán establece con las plantas también pueden cambiar. Comienza usando la planta de vez en cuando, luego aumenta su uso. Esta relación evoluciona con el paso del tiempo, como ocurre con las relaciones humanas. Entre más se conocen la planta y el chamán más cercanos se vuelven. Hasta que un día literalmente se enamoran. Este vínculo le da al curandero una poderosa herramienta que integra a su Familia Curativa, pues le asegura que la venerada planta siempre lo protegerá y nunca le fallará.

Varias cosas notables suceden cuando una planta sagrada y un curandero se relacionan. Primero, como ocurre a menudo en un matrimonio feliz, la planta y el chamán desarrollan una empatía telepática, con la complicidad de lo que el otro siente y piensa sin necesidad de palabras.

Por ejemplo, durante una ceremonia el chamán puede necesitar Medicina de una determinada planta con la que tiene cercanía para sanar un problema somático específico. Pero puede ser que la planta no esté disponible. No importa. La presencia física de la planta no es indispensable porque el chamán trae consigo su esencia. Durante la sesión, todo lo que necesita hacer es pensar en ella y sentirla, de modo que su energía curativa trabajará para él desde lejos.

A menudo, cuando estoy atendiendo un caso y no cuento con la preciada planta que necesito, aunque sea una que crece a muchos cientos de kilómetros de distancia, siento su olor o su sabor y me procura su Medicina cuando ninguna otra planta de las que tengo a la mano me puede ayudar. En ocasiones, los pacientes también ven el espíritu de la planta y sienten cómo trabaja dentro de ellos. Algunos pacientes de muchos años me han contado que siguen oliendo y sintiendo el sabor de la planta que los curó.

Ciertos árboles, arbustos y lianas de gran poder están en lugares tan lejanos que se vuelven inhallables, y jamás las habría descubierto de no ser porque esas plantas me han buscado y pedido ser parte de mi Familia Curativa. Cuando hago sanaciones de contacto, ya sea en privado o en ceremonias, el simple hecho de evocar mentalmente a estos aliados distantes les inspira a prestarme su Medicina y transferir su poder a mis manos.

La segunda transacción notable que se manifiesta en la conexión que establecen la planta y el chamán se debe al hecho de que algunas plantas prefieren sanar en conjunción con otras plantas o lianas. Por ejemplo, durante una ceremonia en la que un paciente necesita la ayuda de una planta en particular y ésta no se encuentra incluida en la selección de la noche, puede que una o más plantas de la mezcla tengan una amistad con la que falta y se comuniquen con ella a través del reino de los espíritus para pedirle prestada su Medicina. Esta notable curación cruzada tiene lugar gracias a la misteriosa afinidad que existe entre las cosas que crecen y los atributos elásticos de la planta Medicina, que es capaz de prestar su ayuda más allá de los límites de la geometría tridimensional. Si el poder curativo de las plantas sagradas sólo funcionara con componentes químicos y moleculares, tal curación jamás ocurriría. En el ritual chamánico, la sanación ocurre casi siempre en el plano de lo sutil.

Finalmente, cabe señalar que el trabajo con el espíritu de las plantas no es siempre un asunto de vida o muerte.

Es decir, siempre es algo muy serio. Pero al mismo tiempo, hay momentos de liviandad, e incluso de humor, que hacen las delicias de pacientes y chamanes por igual. A veces, cuando el curandero canta, los espíritus de las plantas se dejan caer en el círculo como si fueran duendes en una fiesta. Tomadas de las manos, bailan alegremente en el círculo o alrededor de algunos pacientes. La energía generada por estos festejos puede alcanzar tal estado de excitación que tanto los pacientes como el chamán comienzan a reírse eufóricamente, de manera que su risa va más allá de las lágrimas y de la alegría, como debería ser toda risa verdadera. De hecho, ciertos juegos y diversiones rituales a las que los niños se han entregado durante siglos se basan en recuerdos inconscientes de bailes y cantos ideados para ellos por los espíritus hace mucho, mucho tiempo.

Plantas maestras

Entre las hierbas curativas más comunes en Perú hay innumerables cosas verdes que crecen y se usan para tratar una gran diversidad de enfermedades. También hay un grupo más pequeño de plantas medicinales, conocidas como plantas maestras.

Las plantas maestras nos enseñan y al mismo tiempo nos curan. Ofrecen una terapia aún más profunda que el común de las plantas medicinales y actúan en un plano de energía especialmente superior, llevándonos muy cerca de la Conciencia del Alma durante una ceremonia.

En la región amazónica de Perú, la liana de la ayahuasca es la planta maestra más famosa y deseada, y por lo general la principal conductora de espíritus en el brebaje de un chamán. Pero también existen otras plantas maestras que cumplen funciones importantes. Por ejemplo, tenemos un notable sanador que ya hemos conocido, el sanango, que en realidad es un grupo de plantas, entre las que se incluyen el sanango azul, el sanango uchu, el sanango lobo y el chiric sanango. Medicinalmente, estas plantas tienen muchos usos: ayudan a mitigar la fatiga crónica y enfermedades de las articulaciones, como la artritis y el reumatismo. En el trabajo espiritual actúan como increíbles «extractores» de profundas heridas emocionales, ya que literalmente absorben la pena y el dolor de los viejos recuerdos. Cada variedad del sanango funciona de manera diferente y tiene su propia apariencia espiritual. Por lo general, en las visiones su espíritu aparece en forma de pájaro.

Otras dos de las principales plantas sanadoras son conocidas como bubinzana, aunque botánicamente no son iguales, crecen en diferentes regiones de la selva y tienen apariencias por completo distintas. La forma más conocida de la bubinzana es un árbol pequeño con brillantes flores rosa rojizo. La otra es una especie de helecho con hojas largas. Ambas son robustas sanadoras que tienen un amplio rango de usos conectados con los arquetípicos poderes curativos del fuego y el calor. Por ejemplo, ambas plantas dan calor a niños y a ancianos expuestos a temperaturas frías. Fortalecen el cuerpo y ahuyentan los aires que atacan a las articulaciones y los órganos. Ayudan a que el corazón se abra e inspiran el perdón y los poderes de la voluntad. La bubinzana es una planta de uso frecuente entre soldados y atletas, pues aumenta la determinación, la fuerza y la resistencia física en climas inclementes. A esta planta también le gusta trabajar en conjunción con la chacruna, y cuando están juntas dan calor al corazón.

Está también el maravilloso sapo huasca, una liana con una corteza rugosa como la piel de un sapo. En Perú, las ranas y los sapos son tradicionalmente un símbolo de la adaptabilidad, ya que se van transformando de renacuajos de cola larga que nadan en el agua a criaturas de forma casi cuadrada y con manchas, que saltan en la tierra. Esta planta es conocida por reducir la presión en el corazón y por calmar arritmias y taquicardias. También fortalece el sistema inmunitario. Quizá la cualidad más apreciada del sapo huasca en las comunidades tradicionales es su uso para controlar los ciclos de fertilidad de las mujeres. Una cocción de esta resina detiene la ovulación por más de seis meses, dependiendo de la dosis que se aplique y la forma de prepararla. Si se consume durante un largo periodo puede provocar esterilidad permanente, si así se quiere. Durante siglos, esta planta ha sido muy usada por las mujeres de las tribus en el Perú con fines del control de la natalidad.

Por último, el sapo huasca está relacionada con el misterio de la vida. Cuando se mezcla en brebajes sagrados no sólo trae consigo renovación, sino que también inspira en la gente una maravillosa sensación de estar viva.

Otro elemento poderoso es una variedad de tabaco conocido como mapacho, una de las plantas de mayor uso en los rituales sagrados, tanto para la preparación del espacio ceremonial como para incrementar la percepción del chamán y los poderes de la mente.

Por ejemplo, cuando un chamán necesita penetrar en la raíz de un problema del paciente, al fumar tabaco mapacho enfoca su mente y la convierte en un rastreador que, de manera profunda, va más allá de las distracciones externas e internas, lo cual le ayuda a identificar la causa del problema. Durante la sanación, el mapacho también fortalece la voluntad del curandero, permitiéndole traspasar las barreras de la Conciencia del Sufrimiento de un paciente o ayudarlo a romper las barreras instaladas a su alrededor en una maldición bien realizada.

En la vida ordinaria, el uso del tabaco para enfocar pensamientos se manifiesta en el hábito de encender un cigarrillo en soledad para pensar en algún problema, o cuando un grupo de personas fuman juntos antes de discutir un tema complejo. Cuando fumar estaba de moda, los políticos, los escritores, las celebridades y los artistas lo hacían con frecuencia al ser entrevistados o fotografiados. Aun ahora, los fumadores empedernidos consideran que los cigarrillos comerciales, a pesar de su alta dosis de químicos dañinos y adictivos, son una herramienta para calmar sus mentes y ayudarlos a concentrarse ante preguntas que llevan a la reflexión.

Para los chamanes, el tabaco mapacho tiene un uso protector y curativo. Al inicio de la ceremonia, cuando el curandero forma una cúpula psíquica alrededor del círculo ceremonial, sopla el humo del tabaco mapacho dentro de ese espacio para disolver las energías negativas. De hecho, el uso del tabaco para disipar la negatividad es uno de los rituales mágicos más viejos de la humanidad.

Un buen ejemplo es esa práctica entre los pueblos nativos americanos que fuman la pipa de la paz cuando dos tribus en conflicto llegan a un acuerdo. Los participantes de clanes o linajes que han estado en guerra se sientan formando un círculo e inhalan el humo del tabaco, y pasan la pipa de una persona a otra. Para resolver las disputas, se valen de las propiedades calmantes que propician la concentración, y con el poder del tabaco crean un nuevo paradigma de buena voluntad entre ellos.

Otra planta maestra curativa es el toe, miembro de la familia de plantas *Datura*, cuyas diferentes variedades crecen en diversas áreas geográficas de Perú, donde se utilizan en distintas formas de medicina. Por lo general, el toe requiere de un trato especial. Su preparación y dosis debe ser más exacta que la mayoría de las otras plantas, y existe el riesgo de que una porción pobremente mezclada cause daños físicos y mentales si no se supervisa su uso.

Durante los años que trabajé en la costa norte, donde el nombre común de *Datura* es misha, conocí la historia de una pandilla de jóvenes que, sin ningún cuidado y con mucha frecuencia, usaban drogas recreacionales. Uno de ellos se enteró de una nueva manera de viajar mediante el consumo de un tipo de misha particularmente poderoso, una variedad local que crece en forma de arbusto al ras de la tierra. Fumarla sin ninguna preparación espiritual les hizo vivir no sólo a una noche con visiones de pesadillas, sino que varios de ellos padecieron perturbaciones mentales que los llevaron a ser internados.

El uso indebido, con fines de diversión y placer, es un gran error. Pero las flores de toe rojas, amarillas, blancas y violeta pueden activar poderosas sanaciones. Si se usan apropiadamente, procuran un profundo autoconocimiento, asombrosas visiones e incluso poderes telepáticos. Por otra parte, si se usa para suplir las laberínticas necesidades de la Conciencia del Sufrimiento, como suele suceder, puede llevar a los usuarios a un terreno de profunda autodestrucción, ya que despierta las zonas más oscuras y peligrosas de su psique. Por esta razón los brujos utilizan con frecuencia esa planta.

Debido a su volatilidad, además, tanto la flor como las hojas de toe generalmente se reservan para pacientes avanzados. Mezclarlo en el brebaje de un principiante para lograr que su viaje sea más alucinógeno es peligroso. Y como el toe contiene químicos venenosos, como la atropina y la escopolamina, si una dosis es excesiva, la sustancia se vuelve letal. La mayoría de las muertes por la ayahuasca que se han reportado en la Amazonia no se deben en absoluto a la ayahuasca, sino más bien a las sobredosis de toe administradas por practicantes ineptos o a las drogas duras y las plantas solanáceas mezcladas en la medicina por chamanes inexpertos e incluso sin escrúpulos.

Por lo tanto, un buscador debe usar esta planta bajo el cuidado de un curandero que se haya encargado de muchas sesiones con toe y que sepa cómo remediar la situación en caso de que aparezca una reacción de paranoia o psicosis. El toe no es una planta buena o mala, como la gente de ambos bandos insiste. Sus efectos dependen totalmente de cómo se usa; y a fin de cuentas, nuestro limitado razonamiento humano no puede entender del todo la verdadera dimensión de los espíritus que le pertenecen.

⚶

Desde principios de siglo he conocido y trabajado con una enorme cantidad de plantas sagradas y medicinales, muchas de ellas las conservo en mi farmacia casera: hojas, flores, raíces, semillas, unas frescas y otras secas. Algunas más las planto y cultivo en mi campamento. Incluso a otras las he clasificado e identificado en las zonas más profundas de la selva, con la esperanza de que no las encuentren los recolectores furtivos.

Además de cultivarlas, también he comprado ramas viejas y gruesas de la ayahuasca de lianas cercanas a mi propiedad. Me he esforzado en proteger las raíces y los troncos de esas plantas contra los recolectores furtivos que las venden desde cincuenta hasta cien dólares por bolsa.

Es los círculos botánicos rara vez se menciona que los textos académicos sobre los efectos sanadores de las plantas sagradas o medicinales llegan a ser contradictorios e incluso totalmente incorrectos. No siempre, claro, pero sí con más frecuencia de lo que se piensa. No dudo de que esos autores sean honestos y tengan conocimientos en el tema, pero la mayoría de ellos carecen de experiencia en la práctica chamánica y en el uso de las plantas sobre las cuales escriben.

Por ejemplo, supongamos que lees la descripción de una planta nativa de cierta región de Perú. Después consultas otro libro sobre la misma región. Luego de esas lecturas te será difícil creer que ambos textos hablan de la misma planta, ya que son tan distintos los beneficios médicos que se le atribuyen. En uno de ellos la planta puede aparecer como un remedio para trastornos pulmonares. En el otro texto se dice que ayuda en problemas de los ovarios. Algunos especialistas reportan que la flor de cierto árbol ayuda a combatir la caída del cabello. Otro, que su uso primario es como purgante.

Además de que muchos botánicos carecen de la capacitación práctica necesaria, existe una razón aún más profunda para explicar por qué muchos le adjudican a la misma planta tantos poderes curativos distintos que no tienen relación entre sí. Las dificultades de un paciente pueden comenzar con un conflicto emocional como, digamos, la culpa excesiva. Dependiendo de la persona que la sufra, este problema puede provocar un sinfín de síntomas completamente diferentes, algunos orgánicos y otros psicológicos.

Por ejemplo, una culpa arraigada puede causar infertilidad, falta de apetito, depresión, anemia y perdida de la visión, por nombrar algunos. Un chamán bien capacitado entiende que todos estos síntomas aparentemente no relacionados son consecuencia de una fuente primaria: las emociones causadas por la culpa y la vergüenza. Por lo tanto, lo que va a recetar es una combinación de plantas medicinales para superar esa emoción específica. De esta manera, el elixir de una sola planta aplicado de manera correcta puede sanar la afección del paciente, aunque sus atributos curativos habituales no parezcan relacionados con la dolencia. Por eso, para la mayoría de los curanderos, la intuición y los consejos de boca en boca suelen ser mucho más efectivos para descifrar el origen de la enfermedad que los estudios modernos.

Un error académico

Hablando de malas interpretaciones botánicas, quisiera mencionar el trabajo de ciertos estudiosos de las plantas, que insisten en afirmar que sólo hay tres plantas maestras principales nativas de Perú, cada una correspondiente a una de las tres grandes regiones geográficas del país: el cactus San Pedro en la costa del desierto, la coca en los Andes y la ayahuasca en la selva. Eso es todo, sólo tres. Esta teoría fue planteada por algunos antropólogos a finales de los setenta, y desde entonces la vienen repitiendo los académicos. Desde mi experiencia, esto no es cierto.

En mis treinta años de viajar por Perú, además del San Pedro, he estado en contacto con otras tres especies de cactus que son poderosamente medicinales. Algunas de ellas generan dinámicas de sanación que son un tanto diferentes de aquellas del muy conocido cactus San Pedro, y todas ellas merecen ser consideradas como plantas maestras. Estos pequeños cactus crecen a lo largo de la costa del desierto pero también en zonas de transición de las montañas bajas del norte y hacia el este.

Por otra parte, aunque algunos botánicos la identifican como una planta maestra de la montaña, y aunque tiene algunos usos medicinales, la coca no proporciona ese potente poder curativo que caracteriza a una planta maestra. Ni tampoco se encuentra solamente en la montaña, como muchos botánicos sostienen, sino que también crece en la selva y en los valles bajos. Los incas y sus antecesores del altiplano utilizaban las hojas de coca como ofrenda y tónico energético que ayudaba a los trabajadores que hacían labores manuales. No consideraban la coca como un maestro curandero visionario.

También conozco al menos siete plantas maestras raras que se dan en los Andes y en las zonas pantanosas cercanas a los lagos de las altas montañas. Esas plantas son muy vulnerables ecológicamente, aun cuando son en extremo terapéuticas. Su identidad no es un secreto para los lugareños, y siempre me gusta apreciar, cuando hablo con los habitantes de las zonas más remotas, lo mucho que saben sobre esas plantas y sus propósitos mágicos, una señal de que la tradición de las plantas sagradas sigue viva en algunas zonas del país. En todo caso, espero que estas plantas sigan ocultas para los visitantes chamánicos foráneos, porque la fragilidad del entorno en el cual crecen no resistiría la demanda que traería consigo su popularidad.

En la exuberante abundancia de la selva, por lo demás, existe un buen número de pequeñas plantas psicoactivas poco conocidas, que pueden llevar a sanaciones extraordinarias, y varias merecen ser consideradas como plantas maestras. He descrito ya a algunas de ellas, como la ayahuasca, la chacruna, el sanango, entre otras, aunque hay muchas más, algunas de ellas son árboles cuyas resinas, más que sus hojas o raíces, son medicinales.

Estoy absolutamente convencido, en lo hipotético y en lo práctico, de que la teoría de las «tres plantas maestras» debe ser revisada, de preferencia por académicos que aprecien el chamanismo y la experiencia de sus practicantes.

※

En mi práctica chamánica, a menudo utilizo dos recetas básicas que incluyen tanto plantas maestras como plantas complementarias. La primera de ellas, ya lo mencioné antes, la llamo «mi receta yunga», ya que yunga es el nombre quechua para la región de la costa. Ésta contiene ingredientes que conocí en mi capacitación en el norte peruano e incluye por lo menos un cactus maestro y varias plantas complementarias que crecen en los áridos llanos y valles de los bajos Andes.

Mi otra receta es la amazónica y se basa en la relación funcional que existe entre la ayahuasca-chacruna y otras plantas complementarias; ésta incluye una variedad de lianas, cortezas, resinas, raíces y flores, así como hojas. Aquí me gustaría enfatizar la importancia que tienen las plantas complementarias, aun aquellas que no son psicoactivas. A veces, éstas son consideradas secundarias en la mezcla, pero en algunos casos sus efectos curativos son tan importantes como los de las plantas maestras.

Por ejemplo, existen plantas complementarias que incrementan la memoria, las capacidades psíquicas y la agudeza de los sentidos. Hay especies a las que llamo «jabones», porque limpian comportamientos turbulentos como el pánico, el miedo al público, la tristeza incontrolable y las fobias. Finalmente, sin la presencia de las plantas complementarias muchas de las recetas de las plantas maestras no tendrían buenos efectos. De modo que, en cierto sentido, en lo que respecta al efecto curativo de un brebaje, las plantas maestras y las plantas complementarias están casi al mismo nivel. El conocimiento de estas dos fórmulas y sus protocolos es uno de los mayores tesoros de mi oficio, y simboliza la atención que innumerables generaciones de sanadores le han ofrecido a este hermoso Arte.

Los animales saben acerca de la medicina

Además de la innata sabiduría general intrínseca en todos los animales, hay un fenómeno convincente que los chamanes de todo el mundo han constatado: al igual que los seres humanos, los animales están al tanto del poder curativo de las plantas sagradas y las plantas medicinales.

Por ejemplo, cuando un animal se siente enfermo, primero trata de sanarse a sí mismo mediante el ayuno y después buscando ciertas hierbas, hojas o flores curativas que luego consume. También se sabe que, cuando están enfermos, los animales mastican y beben los jugos de los arbustos psicoactivos, una acción que los lleva a estados visionarios. Al igual que los seres humanos, mientras se encuentran bajo la influencia de estos remedios, los animales se purgan, aprenden y sanan. Habiendo visto este comportamiento más de una vez, yo mismo creo que los animales tienen su propia interpretación de lo que llamo la «Alianza Ancestral», es decir, la relación y el conocimiento de los poderes de la naturaleza y la creación.

Agricultores, recolectores y vendedores

Durante diversas etapas de mi práctica he trabajado con un grupo de personas a quienes honro porque son un vínculo crucial en la cadena del conocimiento tradicional de los chamanes. Me refiero a los productores de plantas y mercaderes que hoy, luego de miles de años, mantienen las mismas técnicas para sembrar y cosechar que sus antecesores. Estos comerciantes siguen las rutas ancestrales de comercio en todo el Perú, algunas de las cuales fueron trazadas por sus antepasados; distribuyen así plantas curativas y, en ese proceso, se aseguran de que sean vendidas sólo a quienes las usarán para el bien común.

A lo largo de los años, estos comerciantes han adquirido un profundo entendimiento del mundo de las plantas. Están notablemente bien informados con respecto al clima y los cambios de estación. Conocen los mejores momentos para cosechar, de acuerdo con los ciclos del sol y la luna, la manera más eficiente de preservar y transportar una cosecha, y cosas de este tipo. Muchos agricultores pertenecen a la sexta o séptima generación de los que practican su oficio, en tanto que unos pocos tienen un linaje que se remonta a civilizaciones anteriores, como las que florecieron antes que los incas.

Además de su experiencia, lo que es mejor, muchos agricultores y comerciantes ofrecen ayuda médica a poblaciones pobres. Valiéndose de los principios de la curación natural, obtenidos luego de años en contacto con chamanes y plantas curativas, proporcionan asistencia medicinal a campesinos que no pueden pagar lo que cobra un médico. La gente de los pueblos también acude a los comerciantes para hacerse de recetas y fórmulas, o para obtener información agrícola.

Sin embargo, como en muchas otras cosas, en Perú se están dando cambios. Cuando inicié mi formación, en los noventa, varios maestros me hablaron de cómo estaban desapareciendo gradualmente los trabajadores que cultivaban y transportaban plantas exóticas desde áreas remotas en el altiplano del norte. Desde entonces muchos han muerto, otros se han retirado o han heredado su trabajo a familiares incompetentes. Como consecuencia de esto, valiosas plantas medicinales se están volviendo cada vez más difíciles de conseguir, y cuando los productores y comerciantes desaparezcan del todo, su conocimiento se irá con ellos.

Tristemente, hay también proveedores de hierbas que han abandonado su legado y están dispuestos a vender a compradores incautos falsas plantas sagradas o ayahuasca de la que cultivan en sus patios traseros. Montones de dinero proveniente del turismo han provocado que muchos productores abandonen el oficio que heredaron de su familia y opten por vender en el mercado bisutería, «varitas mágicas», calaveras de plástico y productos extranjeros procedentes de China. En lugar de ofrecer la medicina natural, ahora venden baratijas y mezclas de plantas sin valor. Como muchos aspectos esenciales del Arte chamánico, la forma en que se suministran las plantas sagradas, así como su uso en las ceremonias, se ve cada vez más alterada por aquellos que harían mejor en preservar lo que queda de su propio patrimonio medicinal.

La liana del alma

Cuando trabajo con pacientes que están muy deseosos de conocer más sobre las plantas sagradas, les digo que esas medicinas, en especial la ayahuasca, no son simplemente alucinógenos de venta libre, sino elementos botánicos sensibles que piensan y razonan, que tienen gustos y preferencias, además de un profundo amor en sus corazones hacia la especie humana. Como la ayahuasca es la planta maestra de la Amazonia más conocida en el mundo, me gustaría hablar con más detalle de algunas de sus principales características.

La ayahuasca es una liana leñosa que se enreda alrededor de los árboles de la cuenca de la Amazonia y también se encuentra en partes de América Central. Es particularmente común en Perú, Brasil, Bolivia, Colombia y Ecuador. A lo largo de los siglos, las hojas y las lianas de plantas que expanden la conciencia, en especial la ayahuasca, se han usado sobre todo por la siguiente razón: para sanar las aflicciones humanas. La sustancia de las plantas psicotrópicas llega a lo más profundo del cuarto de máquinas de la mente, donde encuentra y trata por igual las principales causas de los males físicos y mentales, y ayuda a sanar dolencias del alma que la medicina occidental encuentra difícil de tratar, si no es que imposible. Enfermedades como el trastorno de estrés postraumático, adicciones (a drogas duras de todo tipo, cigarrillos, sexo, alcohol), desórdenes alimenticios, depresión intratable, comportamiento sociopático, tendencias criminales y otras. Pero además de servir como remedio psicológico, la medicina de las plantas sagradas tiene un alcance extraordinario, ya que actúa contra los males físicos y en el ámbito espiritual. Es una medicina para todos.

Quienes sólo tienen conocimiento de la ayahuasca a través de periódicos y revistas, podrían pensar que se trata de otro psicodélico más, lo cual está muy lejos de la realidad. La intoxicación puede ser una consecuencia, pero no el objetivo de la ayahuasca, por lo que los peruanos apegados a la tradición se sienten ofendidos cuando escuchan que la mencionan al lado de la cocaína y el LSD. De hecho, la ayahuasca nunca es considerada como una «droga» por la gente de los pueblos de la Amazonia. Como se ha visto, se habla de ella como «la Medicina».

Además, si bien es cierto que cuando los peruanos nativos hablan del ritual de las plantas sagradas, suelen describirlo como una «experiencia de la ayahuasca». Este término común lleva implícito el entendimiento tácito de que la medicina de esta planta sagrada es mucho más que una simple raíz o liana, y que, como se ha descrito anteriormente, durante la ceremonia los estados de trance son inducidos por la ayahuasca y una mezcla de muchas otras plantas, que en conjunto crean una especie de plataforma cósmica madre que lleva a encuentros visionarios. La ayahuasca es más que una liana: es un acontecimiento colectivo.

❧

Aunque la ayahuasca es ilegal en muchos países fuera de América del Sur, los peruanos consideran la legalidad de esta planta sagrada de una manera completamente diferente, porque tienen la certeza de que su acción medicinal es una parte fundamental de su herencia espiritual nacional. Hace algunos años, el presidente de Perú habló de la ayahuasca como «uno de los pilares básicos de la identidad de los pueblos del Amazonas». En 2008, el Instituto Nacional de Cultura de Perú expresó ante las Naciones Unidas uno de los posicionamientos más singulares que han escuchado los miembros de esa organización: que la ayahuasca «constituye el portal para entrar al mundo espiritual y sus secretos, por lo cual la medicina tradicional del Amazonas se ha estructurado en torno al ritual de la ayahuasca».

En Brasil ocurrió algo aún más notable. Se prohibió a finales de los ochenta, respondiendo a la presión de Estados Unidos y a su «guerra contra las drogas», pero la reacción pública fue de tanta indignación que el gobierno brasileño instruyó a su agencia federal de drogas para que realizara investigaciones profundas acerca de los pros y los contras del uso de la ayahuasca. Como parte de su investigación, las autoridades del gobierno hicieron lo inimaginable: participaron en una ceremonia de la ayahuasca dirigida por un chamán. Luego de una noche de visiones y revelaciones transformadoras de vida, las autoridades estuvieron absolutamente de acuerdo en que la ayahuasca era una vía de crecimiento humano segura y no adictiva, la describieron como «una planta maestra y sabia que le enseña a los iniciados los principales fundamentos del mundo y sus elementos». En 1992 el gobierno de Brasil legalizó la ayahuasca de nueva cuenta, lo cual sigue vigente en la actualidad.

EL NOMBRE DE LA AYAHUASCA

La primera parte de su nombre, «aya», en quechua significa alma, así como espectro, espíritu o difunto. La segunda parte, «huasca» (también wasqa), significa tanto liana como soga. Entre otros términos del español que se utilizan para las enredaderas se incluyen las palabras liana, bejuco y soga.

En algunas regiones del norte de la selva de Perú la ayahuasca es conocida por los pobladores como jayahuasca. Jaya, quiere decir amargo o de gusto fuerte, que tiene una relación probable con el dicho de que «la medicina más amarga es la mejor medicina». Hay quienes piensan que jayahuasca era el nombre original y que más tarde se convirtió en ayahuasca entre la gente no hablante del quechua. De hecho, un número reducido de grupos étnicos de la Amazonia hablan quechua. La mayoría de los pueblos de la selva hablan idiomas de grupos lingüísticos totalmente diferentes.

¿TIENEN GÉNERO LAS PLANTAS ESPIRITUALES?

Hace algún tiempo, cuando empecé a dar conferencias en otros países, me presentaron a una comunidad de personas comprometidas que realizaban rituales con plantas usando la ayahuasca. Con frecuencia se referían a la liana como «madre» o «madre ayahuasca». Aunque en ese entonces era un término nuevo para mí, hoy en día se conoce en muchas comunidades de todo el mundo.

Esto nos lleva a la enigmática pregunta: ¿las plantas tienen género?

Conversando con gente de los pueblos en el interior del país encontré mucha ambigüedad en torno a esa pregunta. Hay quienes insisten en que las montañas redondas son femeninas y las montañas con picos son masculinas. Si un bosque está poblado de árboles derechos, el bosque es masculino. Cuando lo que domina son plantas entreveradas y arqueadas, entonces es femenino.

Esta aproximación, sin duda, proviene de nuestra tendencia a ver las cosas de una manera binaria: algo es esto o lo otro. Pero ¿es así? El pensamiento dual, me parece, suele impedir que la gente experimente el gran misterio del ser: el matrimonio sagrado de los opuestos que se funden en uno y producen algo más grande que la suma de sus partes. Con respecto al género, las historias que le he escuchado a mis maestros sostienen que un espíritu del mundo invisible no sólo puede elegir su sexo, sino que también lo puede cambiar según su voluntad y en cualquier momento. O puede elegir tener ambos sexos a la vez. Muchas referencias antiguas acerca de la ayahuasca sostienen que su espíritu toma la forma de un anciano que aconseja y cura. Aun ahora es posible ver en Iquitos un mural pintado hace muchos años en el viejo zoológico de Quistococha, donde el espíritu de la ayahuasca se representa como un sabio anciano. Sin embargo, en muchos pueblos de la selva amazónica, se refieren a la ayahuasca como «la señora de nuestras visiones».

De igual manera, la gente que en la actualidad usa el cactus San Pedro, a veces se refiere a él como «abuelo». Pero otros informan que este cactus los guía presentándose como una diosa. Parece no haber absolutos y, de hecho, cuando yo mismo utilizaba el cactus, bajo la supervisión de mi maestro Pedro y de unos ancianos expacientes del hospital, nunca pensamos en adjudicarles etiquetas que definieran a los espíritus como masculinos o femeninos. Ellos eran más grandes y sabios que los humanos y nunca nos atrevimos a interpretar sus formas de manifestarse. Considerando todo esto, es mejor evitar encasillar los arquetipos de las plantas en categorías. En su inmensa sabiduría, los espíritus se manifiestan en cualquier género o combinación de géneros que ellos consideren ayudará a su paciente a mejorar.

PREPARACIÓN PREVIA A LA COSECHA DE LA AYAHUASCA

Pocos días antes de cosechar la ayahuasca, el curandero debe seguir severas restricciones en su dieta: evitar el café, el té negro, las especias, la carne roja, el alcohol, los chiles y otros alimentos y bebidas estimulantes. También está prohibida la actividad sexual de cualquier tipo durante los días previos a la cosecha. Además, es preciso que los chamanes pasen de tres a cuatro horas al día en reclusión meditativa y que durante ese tiempo no tengan interacción con otras personas, incluidos amigos y familiares. Igualmente deben evitar la cosecha de la planta durante la época de luna nueva.

EDAD Y CRECIMIENTO

La liana de la ayahuasca, por lo general, crece enrollándose alrededor de un árbol o un tronco grueso, como una cuerda retorcida o una red entrelazada que puede ser tan compleja y hermosa como una escultura. Las ramas en forma de zarcillo de la liana se expanden mucho con el paso de los años, llegando hasta los árboles y el follaje que están a 10 metros de distancia.

Cuando es joven, la liana de la ayahuasca mide unos 2 centímetros de ancho. Los troncos de los ejemplares más viejos, de cuarenta o cincuenta años, miden entre 15 y 20 centímetros de grosor y casi se parecen a un árbol. Como una cuestión de protocolo, una liana de ayahuasca debe tener por lo menos quince años antes de que sus ramas sean cosechadas. Las lianas jóvenes son un tanto anémicas en cuanto a los efectos psicoactivos que provocan y tienden a propiciar poca conexión con el mundo de lo invisible. Además, cortar las lianas cuando son demasiado jóvenes provoca tristeza en el espíritu de la propia planta.

VARIEDADES DE LA VID DE LA AYAHUASCA

Alguna vez conocí a un hombre de Europa que estaba viajando a través de diversas regiones de las selvas de Perú, Ecuador y Brasil, buscando experimentar con cada variedad de ayahuasca que encontrara, y se dedicaba a catalogar los efectos mentales específicos que cada una provocaba. Esto me parecía una tarea difícil e incluso absurda, ya que la experiencia del hombre al tomar cada una de esas variedades dependía más de la maestría del chaman que lo asistía que de la liana que estuviera probando.

En cuanto a las variedades de plantas, los chamanes identifican una liana de la ayahuasca por el color que tiene cuando se raspa cada una de ellas: roja, negra, blanca y rosada. Algunas variedades se usan con pacientes que tienen complexiones físicas débiles y otras son para los fuertes. Otras lianas son clasificadas por el grado de intoxicación que producen, aunque aquí debe mencionarse que determinadas clases de la ayahuasca, como la ayahuasca cielo, que suele considerarse suave y amable, bajo circunstancias distintas es capaz de provocar una noche de amor rudo; mientras que la ayahuasca trueno, famosa por su fuerza bruta, a veces trata al paciente con guantes de seda. No hay absolutos con las plantas sagradas.

Al viajar por distintas regiones del norte de la selva amazónica, además de la ayahuasca, he encontrado una buena variedad de lianas psicoactivas que no han sido clasificadas por los botánicos. Estas poderosas enredaderas son conocidas por la población local, que las considera parte del grupo de la ayahuasca, pero en realidad pertenecen a especies completamente diferentes. En definitiva, los chamanes definen los tipos de la ayahuasca no por su categoría biológica sino por su apariencia o por los efectos psicoactivos particulares que producen.

EL CULTIVO DE LA AYAHUASCA

Como regla, un chamán tiene tres o cuatro lianas maduras de ayahuasca que son sus amigas y con las que ha trabajado en el pasado. En la selva, se acerca a una enredadera favorita sin hacer ruido, como si entrara con sigilo a la habitación de un niño que duerme. Durante un rato se sienta a su lado, la toca, le habla o le canta, se conecta con ella emocionalmente. Por lo general, llega con regalos, como pétalos de flores, fruta u hojas de tabaco secas, que entierra cerca de sus raíces para que actúen como alimento y vitamina.

Luego de varios minutos de cercanía, el chamán pide permiso a la liana para arrancar un pedazo de ella con propósitos curativos. Espera la respuesta, que puede llegar de distintas formas. A veces como si fuera una percepción interna, a veces como el llamado de un animal, o el súbito vuelo de un pájaro que pasa sobre su cabeza. La vaina de una planta puede caer a la tierra repentinamente y sin razón aparente. A veces un pedazo de la propia liana cae por sí mismo.

Una vez que ha recibido el permiso, el chamán le agradece a la liana con profunda sinceridad. Entonces le arranca unas cuantas de sus ramas. Si la liana es alta, puede que tenga que trepar un poco, pero generalmente todo está al alcance. Cuando el chamán percibe que un pedazo de la planta se desprende y se cae, significa que es una ofrenda para él y lo recibe con gratitud. Cada vez que corta la liana sólo toma lo necesario y nada más. Pero lo más importante es que nunca toque las raíces. De esta manera, las necesidades del curandero se satisfacen por completo, y la planta se conserva sin daño y queda jubilosa por haber aportado partes de sí misma para un encuentro sagrado.

Luego de hacerse de todas las ramas que necesita, la mayoría de ellas de 30 centímetros de largo, el curandero las coloca en una tabla de madera dura, donde las limpia bajo un estado parecido al trance, y luego las golpea con un palo del árbol de la quinilla, de madera suave y gruesa. Golpea las lianas hasta romper su corteza, dejando al descubierto fibras trenzadas alrededor de sí mismas como en una cuerda. El curandero teje estas hebras para formar cuerdas en espiral, similares a serpientes, y las coloca en un recipiente para llevarlas a cocinar a su casa.

PREPARACIÓN Y COCCIÓN DEL BREBAJE

Para cocinar una mezcla de la ayahuasca, el chamán utiliza una vasija grande de cerámica o metal, que probablemente le ha pertenecido desde hace muchos años, y con la cual ha cocinado cientos, si no es que miles, de brebajes.

Primero dispone las fibras entreveradas de la ayahuasca alrededor de las paredes internas de la vasija, dejando un espacio vacío en el centro. En él coloca una mezcla de raíces psicotrópicas, corteza, lianas y hojas. Como se ha explicado, aunque las hojas de chacruna son una acompañante común de la ayahuasca, el chamán, por lo general, utiliza también muchas otras plantas, especialmente para sus remedios más comunes. Cuando se cocina, cada ingrediente de la receta trabaja en armonía con los otros, como músicos que tocan la parte que les corresponde en un concierto. Se llena de agua la vasija y se pone al fuego. Los ingredientes delicados, como las flores o las hojas más finas, se agregan luego de que la mezcla se haya cocido durante un rato, para evitar que se cocinen demasiado. De acuerdo con la tradición, al preparar el brebaje, el chamán nunca debe tapar la olla. El líquido tiene que hervir al aire libre. Conozco historias de practicantes que cocinaron la mezcla con la olla tapada y cuando sirvieron el brebaje su efecto en los pacientes fue nulo o muy débil.

El chamán hierve a fuego lento su preparado en distintos lapsos de tiempo, muchas horas por lo menos, pero a menudo todo un día, dependiendo de qué flores, raíces u hojas sean parte de la mezcla. Por lo general, durante la cocción el chamán se sienta a cantar o meditar cerca de la vasija. Su presencia es importante para la activación de la medicina, y concentrar su atención de esta manera se considera un ingrediente activo en la preparación. De la misma manera en que uno cocina un platillo para la familia y los amigos con amorosa hospitalidad, la persona medicina brinda deleite para la fiesta de la vida al cocinar este elixir.

Por lo general, al preparar una mezcla, el curandero hace varias reducciones, vigilando el color del líquido y la textura, y probándola de vez en cuando. Las reducciones más débiles son reservadas para el uso ocasional o comunitario, o para darle porciones más suaves a los pacientes que son sensibles a los preparados de plantas. Al terminar la cocción de ese día, el chamán obtiene una mezcla espesa de color marrón que cuela cuidadosamente antes de verterla en botellas o botes para almacenarla. Cuando se les sirve a los pacientes, el brebaje es un jarabe espeso y oscuro con un sabor acre. Por lo general, el tiempo que se requiere para encontrar las plantas, cosecharlas y cocinar el preparado es de por lo menos dos días o un poco más.

Antes de la ceremonia, una vez que se establece la relación con los pacientes, el curandero puede decidir mejor qué raíces u hojas usar para ese grupo en particular o bien para una determinada persona del grupo. Cuando no existen necesidades específicas, utiliza el brebaje acostumbrado que él sabe será lo suficientemente efectivo.

En algunos casos, el chamán les compra a los recolectores y los comerciantes de plantas ya descritas en una sección previa. Estos trabajadores, como hemos visto, son parte de la comunidad espiritual y no sólo piratas macheteros. Ellos recolectan plantas en áreas remotas muy poco visitadas, y quizás conozcan mejor que nadie los caminos de la selva, los desiertos y las montañas del Perú. También conocen de manera íntima rutas y ruinas ocultas, y saben dónde encontrar especímenes de plantas que nadie más puede hallar.

Un punto en el que hay que poner énfasis otra vez es que la preparación de la medicina no consiste solamente en cocinarla, sino en activarla a través de plegarias y de la Medicina personal del curandero para despertar el espíritu de las plantas. Esta técnica es la verdadera esencia del Arte chamánico. Siempre me molesta que los fuereños, y aun aquellos que han participado en ceremonias, afirmen que las plantas realizan toda la sanación. Es obvio que las plantas son fundamentales, pero también lo es la participación psíquica del chamán. A veces su participación ni siquiera requiere de plantas, porque cura a través de la telepatía o solamente con la energía de sus manos.

ALMACENAMIENTO DE LA INFUSIÓN DE AYAHUASCA

Alguna vez, en uno de mis viajes a través de la selva, conocí a una persona medicina que vivía con su familia en una cabaña alejada del pueblo. Luego de platicar un rato, me propuso que juntos realizáramos una ceremonia la noche siguiente. Mientras conversábamos, vi su brebaje dentro de un recipiente tapado y de inmediato me imaginé que había sido preparado algún tiempo atrás. Aunque estaba bien protegido y bajo la sombra, el intenso calor de la selva lo había fermentado, y cuando lo abrió, para mi consternación, el chamán removió una capa de hongos que flotaba en la superficie del brebaje. Aun cuando el sabor de la planta medicinal es por lo general desagradable, ese brebaje estaba muy lejos de lo que uno podría considerar mínimamente aceptable. A pesar de eso, participé en la ceremonia y pude darme cuenta del maravilloso trabajo que este hombre era capaz de realizar. Cierto que su brebaje era añejo y no sabía bien, pero los efectos espirituales que produjo fueron maravillosos.

❧

En los tiempos actuales, cuando la cocción está lista, el líquido se vacía en contenedores y se guarda en un lugar fresco y seco. Para el almacenamiento a largo plazo, el mejor método de preservación es la refrigeración, porque mantiene fresco el brebaje durante muchos meses, aunque, como se ha visto, no siempre está disponible en las profundidades de la selva. En tales situaciones, los chamanes tienen que llevar sus brebajes preparados al lugar más cercano donde se tenga acceso a la electricidad.

Para asegurarme de que un brebaje almacenado durante un largo período sigue teniendo poder, utilizo un truco que mis maestros me enseñaron. Lleno una botella de plástico con el líquido, la aprieto para sacarle todo el aire y luego la tapo. Si veo que el líquido burbujea o es efervescente dentro de la botella, o que la botella se expande, sé que el líquido se ha fermentado. Aunque a veces puedo volver a hervir el brebaje para que salgan los gases fermentados, con frecuencia este método produce una perdida en su poder. Lo mejor es que siempre, durante la ceremonia, se use una mezcla bien preservada y que se confíe en su frescura.

¿QUÉ TAN A MENUDO DEBE UNA PERSONA TOMAR LA AYAHUASCA?

Conozco centros comerciales de sanación en el Perú donde se incita a los pacientes para que, al menos una vez por semana, tengan sesión con la planta. Para mí eso es mucho. Las personas a quienes se les dice que necesitan docenas de ceremonias de la ayahuasca en un corto periodo, me parece, se están volviendo dependientes de un chamán que se beneficia con sus visitas. Este tipo de explotación está contaminando nuestro Arte.

También conozco a pacientes que han tenido, digamos, cientos de sesiones con la ayahuasca durante un año y se quejan porque sus problemas siguen sin resolverse. El motivo de esta frustración es, generalmente, que el curandero realiza todas las maniobras externas que se requieren: administra las plantas, toca el tambor, canta icaros, entre otras cosas, pero no sabe cómo orientar la fuerza invisible de la medicina y estimular los poderes de la Conciencia del Alma que se necesitan para una verdadera recuperación.

Los únicos casos en los cuales se requiere un mayor número de ceremonias continuas con plantas es cuando un mal físico es extremadamente serio y requiere de un trabajo intenso, así como de un seguimiento. También, en otros casos, hay maldiciones que han sido bien trabajadas y volverán a manifestarse en el paciente como si fueran mala hierba, a menos que el chamán lleve a cabo más ceremonias para descubrir las raíces de la maldición.

En lo que considero el mejor escenario, los principiantes participan en unas cuantas sesiones durante una o dos semanas y luego se van a casa. Estas ceremonias de iniciación pueden despertarlos de una manera profunda y ofrecer a los novatos un autoconocimiento, tanto positivo como negativo, que su Conciencia del Sufrimiento había estado bloqueando durante toda su vida.

Estas reflexiones quedan marcadas en las mentes de los pacientes durante muchos años, de tal manera que la próxima vez que tomen el brebaje comenzarán en donde se quedaron, valiéndose de sus conocimientos de las ceremonias anteriores como herramientas para profundizar aún más dentro de sus corazones y sus mentes. Para los pacientes que participan en una segunda serie de sesiones de la ayahuasca es como si leyeran un libro dos veces. En la segunda lectura se absorbe información que se perdió en la primera. Lo mismo aplica para la tercera y cuarta lectura.

En cuanto a la pregunta sobre el número de viajes a lo largo del tiempo, sugiero que los pacientes tomen una ronda de la mezcla de plantas sagradas una vez al año o cada dos años. Cada ronda consta de dos a cuatro ceremonias, con varios días entre cada sesión para el descanso y la recreación. En general, hay que tener cuidado en no participar en demasiadas ceremonias durante un periodo corto. En algunos casos, un diagnóstico de gravedad puede requerir de varias ceremonias seguidas, es cierto. Pero, por lo demás, al menos en mi experiencia, tres o cuatro ceremonias por visita son suficientes.

Algunas personas, cabe mencionarlo, suelen estar conformes con lo aprendido en su primera ronda de ceremonias y sienten que no necesitan volver a tomar el brebaje. Otros quieren hacer el viaje a la selva una y otra vez. Pero, como se ha dicho, tengan cuidado con cualquier chamán que les recomiende tener dos o tres ceremonias a la semana durante varios meses. Ese camino lleva a la dependencia e incluso a la desilusión.

¿CUÁL DEBE SER LA RELACIÓN ENTRE LAS PLANTAS Y LOS HUMANOS?

Al trabajar con plantas sagradas estamos obligados a relacionarnos con ellas de manera humilde y confiada. En términos chamánicos, se considera que son seres que están por encima de nuestro nivel, y así es como debemos tratarlas, como si estuviéramos relacionándonos con un ilustre maestro o con el soberano de un reino, ya que en cierto modo lo son.

Cuando se les hace un homenaje de esta manera, las plantas se sienten felices y, en reciprocidad, te bañan con su Medicina, aunque de una manera empírica más que analítica. Con esto quiero decir que, si una planta te libera de años de ansiedad o calma el caos de tu Conciencia del Sufrimiento, no podrás explicarte cómo fue que logró esos resultados. Simplemente te sentirás mejor. La planta te deja saber que lo está haciendo. Es como cuando estás ante a un músico y le preguntas qué clase de música toca, y él, en lugar de darte una explicación, te responde tocándola.

Por lo tanto, la relación entre las plantas y la gente debe ser aquella donde estén presentes la gratitud del paciente y el gozo de la planta por su poder curativo. Esta afinidad mutua es una razón por la cual es sanador tener plantas, árboles y arbustos cerca de donde vives, en tu jardín, alrededor de la casa. Debes cultivar esas plantas no sólo por su belleza, sino porque estás viviendo en el campo de fuerza de su poder medicinal. En ciertas zonas tradicionales de Perú, cuando la gente necesita respuestas a las preguntas de la vida, se duerme cerca de un determinado árbol o arbusto para rodearse de su sabiduría, con la creencia de que las respuestas a sus preguntas llegarán a través de los sueños. Hablaremos más de este tema en el capítulo final.

LA BELLEZA ESTÁ EN EL HACER, NO EN EL VER

Alguna vez, mi maestro me llevó a un largo viaje por la selva de las montañas del norte. Buscamos plantas llamativas, conocidas y desconocidas. Me enseñó a leer señales y marcas secretas en el paisaje, que una mirada inexperta no puede captar. Visitamos a una buena cantidad de poderosos sanadores espirituales, jóvenes y viejos.

Un día estábamos internándonos en una espesa masa de arbustos cuando abruptamente se detuvo, señaló hacia una enorme planta y me dijo que se utilizaba en una receta curativa que su linaje le transmitió. Yo había visto esa planta a la venta en los puestos de hierbas en los mercados, pero nunca la había visto crecer en la naturaleza. En cuanto a su aspecto, tenía picos y hojas puntiagudas y espinosas que sobresalían y la hacían parecer una extraña piña. También me llamó la atención su aspecto puntiagudo y agresivo que, pensé, parecía como si quisiera pelear. Cuando mi maestro me dijo que era una planta importante, no me dieron muchas ganas de saber más sobre ella. Recuerdo haber pensado que ese brote tan grotesco no debía ser de mucha utilidad para nadie. Como era un principiante, me parecía que sólo las hojas brillantes y las lianas bien entreveradas eran efectivas para sanar.

Algunos días más tarde participé en una ceremonia donde mi maestro ofreció una medicina que tenía el mismo racimo espinoso. A mitad de la noche él comenzó a cantar unos icaros, para invitar a los miembros de su Familia Curativa a que realizaran una visita. De inmediato se manifestaron los espíritus en todas las direcciones, algunos danzando, otros cantando y otros acercándose en silencio. A cada rato me rodeaban acariciándome con su follaje y su fragancia. Algunos adoptaron la forma de un ser casi humano, entre ellas la planta que había menospreciado días antes. En su apariencia espiritual tenía un cuerpo, pero no un rostro, y al igual que en la intemperie estaba cubierta de hojas puntiagudas y espinas.

De la misma manera que antes, su aspecto me producía escalofríos y me inquietaba cuando se·acercaba impulsándose para abrazarme. Digo «ella» porque, en el momento de tenerla cerca, una ola de energía femenina me envolvió y mi corazón se encendió como cuando se toca a un ser amado. Murmurándome al oído, me preguntó: «¿Me vas a amar, así como me veo, tal como estoy hecha y como soy? ¿Me aceptarás en tu Familia Curativa así como soy?».

De inmediato se creó entre nosotros un vínculo de profundo afecto. Le respondí: «¡Sí, sí, por supuesto, seguro que sí!». Nos abrazamos más, y esa mayor cercanía me hizo sentir una fragancia particular, y probé en mi boca un sabor completamente diferente al que tenía el brebaje de la ceremonia nocturna. Más tarde comprendí que la planta fundía sus humores en mis sentidos para que siempre la reconociera, con la certeza de que esa experiencia sensorial es más profunda que la memoria intelectual. Cuando la necesitara, sólo tendría que recordar su sabor y su olor para que su espíritu viniera en mi ayuda.

Desde entonces, la planta se convirtió en uno de mis mayores aliados y uno de mis mejores amigos. A partir de ese momento, cada vez que me encontraba con una planta fea o malformada, bastaba con pensar en mi espigada espinuda amiga y en el proverbio chamánico que dice: «No juzgues a la planta por su apariencia, sino por su corazón».

Poco después de este episodio recordé lo que me había ocurrido la noche que pasé cerca del Pantano de los Muertos, algunos años antes (ver el capítulo 2). Como recordarán, un espíritu femenino pelirrojo y peludo buscó una conexión amorosa conmigo, pero lo rechacé. Su respuesta fue abrazarme, me abrazó para darme amor.

El episodio del encuentro con la planta espinuda y el espíritu pelirrojo estaban de alguna manera conectados, me parece, porque ambos me hablaban de un ser que me ofreció su afecto, y que aun cuando lo rechacé, terminó alimentando mi espíritu. Esto me lleva a recordar otra historia que un amigo de la Amazonia me contó. Mientras realizaba una dieta, ayuno largo y aislado (del cual se hablará en el próximo capítulo), mi amigo fue visitado por tres espíritus vegetales de aspecto espantoso, cuyos ojos y dientes eran verdes. Resultó que eran hermanos, y uno de ellos, un niño, mandó a sus hermanas para que abrazaran a mi amigo. Él trató de evitar el abrazo, pero no lo consiguió. Sin embargo, a través de ese contacto obligado sintió cómo sus poderes curativos entraban en su cuerpo para liberarlo de los problemas psicológicos que desde tiempo atrás lo asediaban. De nuevo la moraleja: «Confía en tu corazón y no en tus ojos».

CAPÍTULO 7

LA CEREMONIA DE LA
PLANTA SAGRADA

Respuestas a las preguntas importantes

Por lo general, los viajeros inexpertos suelen tener muchas preguntas respecto a su ceremonia venidera. Preguntan si tendrán vómitos o diarrea. Quieren saber cuánto dura la ceremonia y hasta qué punto se expandirán sus sentidos. Les interesa saber qué verán y qué aprenderán durante esas pocas horas psicoactivas. Y muchas cosas más.

En este capítulo ofrezco una amplia descripción de los diferentes aspectos del ritual de la planta sagrada, respondo a las preguntas que a menudo se hacen, tanto para los que están interesados en participar en la ceremonia como para quienes tienen curiosidad de saber cómo funciona.

En las sociedades tradicionales, donde el chamanismo ha sido parte ancestral de su etnología, la percepción que se tiene de la planta mágica está profundamente arraigada en sus conciencias. Esta percepción es común en Asia, África, el Medio Oriente y, especialmente, en los países de la Amazonia donde el chamanismo y la ayahuasca son considerados tesoros nacionales. Aunque los indígenas no muestren interés en las ceremonias de sanación en sí, la mayoría tiene un respeto innato por la tradición y por los chamanes que la practican.

Hasta la era moderna, antes de que la ciencia desterrara la medicina tradicional al reino de la fábula, el conocimiento del poder de las plantas y las ceremonias chamánicas era compartido por la mayoría de la familia humana. Espero que lo siguiente refute la idea de que la medicina tradicional es una charlatanería y ayude a que las ceremonias de sanación recobren el lugar que les corresponde como la principal reserva espiritual de nuestro tiempo. Espero también que la siguiente información ofrezca un esquema detallado de cómo se desarrolla una ceremonia sagrada, desde el momento en el que un curandero construye un escudo psíquico alrededor de sus pacientes hasta cuando los efectos tóxicos desaparecen y los participantes retornan al mundo terrenal para reflexionar sobre todo lo que vieron.

¿Cuánta gente participa en la ceremonia?

Para los chamanes sacerdotes que dirigen reuniones en los pueblos es importante y necesario fomentar la participación de mucha gente. Con frecuencia, el pueblo entero participa en ellas con cantos, bailes, risas y bullicio, privilegiando siempre una convivencia armoniosa. Un espíritu de fiesta prevalece en la reunión y los habitantes del pueblo beben un brebaje que es lo suficientemente suave como para compartirlo con los niños. Muy poca interacción se da entre el chamán y los participantes, y los problemas personales son tratados de manera superficial, si es que se llega a hablar de ellos.

La ceremonia de un chamán guerrero es otro tipo de fiesta, como ya hemos visto. Las ceremonias dirigidas por chamanes guerreros, como yo, son menos sociales, más pequeñas, tranquilas y espirituales, con énfasis en las catarsis emocionales y mentales, y en los misterios del proceso redentor.

Establecer la relación chamán-paciente antes de la ceremonia

Varios días antes de que una ceremonia de guerrero comience, el chamán dedicará, o al menos tendría que dedicar, el tiempo necesario para conocer a sus pacientes. Si está prevenido, buscará que se acerquen de manera lenta y consciente al vórtice del ritual de una planta, sobre todo aquellos que no conoce y no entienden lo intensa que puede llegar a ser una ceremonia con plantas. Éste es el momento para explicarles a los primerizos cómo se desarrollan los diferentes aspectos de la ceremonia y lo que pueden esperar durante las diferentes etapas de la noche. La persona que cura no puede ser demasiado específica en estas descripciones, ya que la experiencia de cada participante será única. Sin embargo, ciertos aspectos básicos prevalecen. Los pacientes educados son buenos pacientes, y es importante que por lo menos se encuentren preparados para enfrentar el torbellino que están a punto de experimentar.

También les explico que mi Familia Curativa los está observando desde su llegada a mi campamento en la Amazonia, y lo seguirá haciendo durante los días previos a la primera ceremonia. Para que el ritual funcione de la mejor manera, resulta esencial que, con anticipación, la persona que cura evalúe con cuidado a los pacientes, mediante el diálogo y a través de percepciones intuitivas sobre su estado mental actual. También deberá obtener información sobre su salud y principalmente sobre sus esperanzas y objetivos. Antes de que comience la ceremonia, el curandero puede recibir mensajes o revelaciones repentinas acerca de la ayuda que determinados pacientes necesitarán cuando llegue la noche. Lo que sucede entre el chamán y los pacientes durante los días previos a la ceremonia tiene casi la misma importancia que la ceremonia en sí, y si se hace de manera adecuada, puede aumentar la capacidad del participante para beneficiarse de las siguientes sesiones.

Tradicionalmente existen cinco formas en las que un curandero puede forjar una alianza con el paciente antes de la ceremonia. Primero, una o varias entrevistas individuales. Segundo, la observación. Tercero, el diagnóstico con el tacto. Cuarto, las actividades en grupo. Y quinto, la dieta y la preparación física.

ENTREVISTAS INDIVIDUALES

Por lo general, el chamán tiene una o más entrevistas individuales con su paciente antes de la ceremonia, algunas de las cuales pueden durar varias horas. En la entrevista no sólo indaga en los traumas del pasado, sino también en los deseos y los temores de los pacientes. Al establecer contacto visual, al romperlo y/o al apartar la mirada del paciente en distintos momentos de las conversaciones, las respuestas psíquicas son transmitidas al chamán para ampliar lo que se está transmitiendo verbalmente. Cuando este dialogo fluye, el curandero asimila una enorme cantidad de información sobre la identidad del paciente y así está preparado para satisfacer directamente sus necesidades cuando la ceremonia comience.

OBSERVACIÓN

En lugar de establecer un diálogo formal, a veces el chamán propone reunirse con el paciente durante una tarde o incluso varios días, pero evita hablar de los problemas del paciente o sobre el proceso de sanación que se avecina. El chamán puede pedirle que caminen por algún sendero de la selva, que se sienten juntos durante las comidas, que ayude en el campo o en la cocina. En su condición de escucha espiritual, un curandero se concentra en el lenguaje corporal y en el comportamiento del paciente para absorber muchas revelaciones significativas. Como los espíritus están atentos a lo que les ocurre a los participantes y al chamán antes de que la ceremonia comience, puede que el curandero también tenga sueños acerca de las necesidades del paciente o la mejor forma de suavizar sus fijaciones o adicciones.

EL DIAGNÓSTICO CON EL TACTO

Como ya lo he dicho varias veces, la técnica de sanación tradicional que recurre únicamente al tacto es una de las formas más poderosas de crear una profunda conexión con un ser humano. Durante la sesión de una hora o más, mientras ocurre el contacto, el chamán mantiene sus ojos cerrados y sus oídos psíquicos abiertos. La información que absorbe en contacto con el cuerpo del paciente resulta ser muy útil al momento de confeccionar un enfoque curativo adecuado para la ceremonia que se avecina. Para mí, el contacto con las manos es la técnica que más me gusta para reunir información. A través de ella, puedo absorber datos más profundos que con frecuencia no se mencionan o se perciben durante las entrevistas, o que quizás el paciente oculta intencionalmente por distintas razones.

ACTIVIDADES EN GRUPO

Ya que la mayoría de la gente participa en las ceremonias en grupo, actividades como nadar juntos en un arroyo, recolectar distintas especies de plantas en el bosque, compartir una caminata, hacerse de comida para darse un festín en la mesa o en sí cualquier actividad amistosa en grupo, procura información importante para el chamán en cuanto a los hábitos sociales e interpersonales de los pacientes.

LA DIETA Y LA PREPARACIÓN

En los días previos a la ceremonia se insta a los pacientes a que no consuman alimentos que piquen o irriten. Si esto no se acata cuidadosamente, los espíritus de las plantas reaccionarán con disgusto y puede que la ceremonia no tenga efecto en los infractores. Tener sexo y masturbarse también está prohibido durante los días previos al ritual, así como las peleas o las discusiones intensas con otros. Lo mejor es permanecer aislado.

El proceso de purga psicológica está relacionado con el agua, y se exhorta a consumir alimentos frescos y líquidos en los días anteriores a la ceremonia. Hay que evitar los alimentos irritantes. Lo que significa que, varios días antes de la ceremonia, la carne roja, los chiles, el café, los alimentos fritos o asados, el alcohol y cualquier alimento preparado en aceite o manteca están prohibidos. Algunos linajes también prohíben otras carnes y las aves.

El día de la ceremonia se consume una comida ligera alrededor del mediodía, lo cual permite que el estómago se vacíe antes de iniciar la aventura del ritual nocturno.

Luego del almuerzo exhorto a los participantes a que duerman, se relajen, mediten y se preparen internamente para las horas que se avecinan, a la manera en que lo hacen los monjes y las sacerdotisas durante sus devociones nocturnas. Yo hago lo mismo, medito, oro y luego duermo durante varias horas, buscando estar fresco para la ceremonia. También les pido a los pacientes que tomen la menor cantidad posible de agua luego del almuerzo, para ayudar así a que el brebaje actúe más rápido y con la menor interferencia de los jugos digestivos y las enzimas.

Elección de la fecha mensual
de la ceremonia

Durante el día prevalece la luz del sol. La luna y las estrellas establecen las reglas por la noche. Por esta razón, cuando se busca que un ritual sagrado ayude a un paciente a alcanzar un objetivo determinado, la fecha de la ceremonia tiene que estar alineada con las fases lunares para que sea más efectiva. La meta es la permanencia. Imaginen, por ejemplo, que una mujer quiere superar su temor a los gatos. Si su chamán tiene la habilidad para lograr esa hazaña, es obvio que ella no va a querer que ese temor regrese. Su deseo no es volver a casa luego de la ceremonia sintiéndose libre de la fobia, para que una semana más tarde grite cuando un gatito se cruce en su camino. Ella quiere que la cura sea permanente.

Allí es donde interviene la luna. Cuando se define que la fecha de esa ceremonia sea durante la luna llena, el trabajo que realice el chamán para que desaparezca esta fobia durará para siempre. Jamás volverá a tenerla. (Recuerden la historia del capítulo 5 sobre la inhalación del polvo lunar y la manera en que la luna actúa como un pegamento, resuelve cosas y las hace estables). Es por ello que los amantes hacen sus juramentos bajo la luna llena, porque quieren que esas promesas duren hasta el fin de sus días. Quieren que su amor sea eterno. Al mismo tiempo, a la Conciencia del Sufrimiento le gusta impulsar su propia agenda lunar, razón por la cual las brujas y los brujos también trabajan cuando es luna llena. La energía de la luna llena fortalece la permanencia de los amuletos y las maldiciones, ya que consigue que sea particularmente difícil para sus chamanes adversarios poder neutralizarlos.

En la otra parte del ciclo lunar está la luz tenue que emite la luna creciente y que tiene el poder de acelerar y hacer crecer las cosas. Cuando los nativos necesitan cortarse el cabello pero quieren que les crezca rápido, o cuando trasplantan el brote de una planta de una maceta a la tierra, lo hacen en días de luna creciente. Pero, así como ese ciclo lunar acelera el crecimiento de las cosas, la luna menguante las hace más lentas. Esta tendencia regresiva puede, por ejemplo, ser de mucha ayuda para los agricultores que cultivan plantas que dan frutos muy pronto. Normalmente, las plantas se echan a perder cuando llegan al mercado. Pero con la ayuda de la luna menguante, el tiempo se alarga y las plantas maduran con más lentitud, así llegan al mercado justo a tiempo para su venta.

Por último, está el día de la luna nueva (que los peruanos llaman «la luna verde»), que dura veinticuatro horas aproximadamente. Este breve período de absoluta obscuridad lunar es considerado un momento de renovación, pero no para iniciar una nueva actividad. Cuando la gente de mi pueblo necesita madera para la construcción, jamás la recolecta durante la luna obscura. Tampoco plantan semillas en ese período. No inician nada nuevo, porque saben que cualquier proyecto iniciado durante las veinticuatro horas que dura la luna obscura, ya sea la construcción de una casa o la plantación de un jardín, estará plagado de mala suerte, porque ése es el tiempo para la renovación y no para la creación.

La mejor hora del día para una ceremonia

Todos los linajes y disciplinas chamánicas tienen sus propios protocolos espirituales, la mayoría de ellos diferentes. El tiempo ideal para realizar una ceremonia es una de esas diferencias.

En mi propia práctica prefiero comenzar una sesión tres o cuatro horas después de la puesta del sol, digamos que a las diez u once de la noche, cuando ya no quedan señales de luz en el cielo. La oscuridad es el momento en que los ojos se convierten en el menos importante de los sentidos, lo que alienta a los pacientes a entrar en estados de introspección, ya que el viaje espiritual demanda plena atención. La ausencia de luz también los disuade de mirarse entre ellos en el círculo o de estar mirando alrededor durante la ceremonia.

Por lo general, una ceremonia dura entre cuatro y cinco horas, a veces más. A medida que la noche madura, en determinado momento percibo que todos los del grupo han recibido lo que vinieron a buscar y doy por terminada la sesión, a menos de que en el último momento aflore un problema serio que me obligue a trabajar hasta lograr resolverlo.

Para los participantes experimentados que sienten el llamado a dedicarse al chamanismo toda la vida, las ceremonias comienzan más tarde, por lo general alrededor de las 3 a. m. Esto quiere decir que cuando aparece la primera luz del día todavía se encuentran bajo los efectos del trance psicoactivo. Si están apropiadamente entrenados, los pacientes pueden entonces atraer los rayos del amanecer para amplificar su Conciencia del Alma y potenciar su habilidad para percibir la verdad más allá de los niveles normales de discernimiento. Por lo general, para aprender esta técnica se requiere de muchos años.

En algún momento del proceso de un paciente avanzado, la ceremonia se traslada del interior al exterior, con caminatas entre la naturaleza. Después de consumir el brebaje sagrado, los chamanes conducen a los pacientes por un paisaje y les piden que abran los ojos para poder percibir la verdadera forma y el contorno del mundo. Como están acostumbrados a ver el medio ambiente de manera «realista», los pacientes pueden quedar sorprendidos e, incluso, sentirse aturdidos por la forma alterada de las cosas cuando las perciben a través de una mirada psicoactiva. Súbitamente captan que el mundo tiene dimensiones, sonidos, colores, formas y portales hacia lo desconocido que nunca soñaron. Puede llevarse a cabo un paseo durante el día o en la noche bajo la luna llena. Algunas personas que hacen este paseo ven espíritus a su alrededor, esto las hace tomar conciencia de que aun cuando no puedan ver el mundo invisible, éste se encuentra justo arriba de sus cabezas.

La diferencia entre un novato y alguien ya preparado para realizar el paseo se basa en lo que llamo «ubicación interna», es decir, la habilidad que uno tiene para transportarse voluntariamente de la Conciencia del Sufrimiento a la Conciencia del Alma.

Esta difícil hazaña puede lograrse luego de que los pacientes hayan aprendido a identificar cómo funciona la Conciencia del Sufrimiento en su comportamiento cotidiano, y después de experimentar numerosas ceremonias para deshacerse de la basura psicológica y esforzarse en vivir bajo el dictado de la voz de su consciencia. Cuando se llega a este punto, en ocasiones (no siempre) se hacen de un lugar permanente (o «ubicación») en la Conciencia del Alma. Afianzados de esta manera, los pacientes avanzados perciben a diario zonas ocultas del mundo sensorial y del reino espiritual, mundos que normalmente sólo son captados por maestros entrenados. El grado en que los pacientes aprenden a llevar a cabo su ubicación interna como un camino para el conocimiento espiritual es una excelente forma de tener acceso a las habilidades de enseñanza que tiene el chamán que los guía.

Cómo vestirse para una ceremonia

Les pido a los pacientes que lleven ropa suelta que no les apriete. No hay reglas rígidas con respecto al color o el estilo, aunque los colores amarillo brillante y blanco suelen ayudar a que la gente no choque entre ella en medio de la oscuridad o cuando se dirige al baño. Algunos pacientes afirman que la ropa blanca convoca ceremonias felices, y la negra atrae la oscuridad, pero no tengo pruebas para apoyar ese pensamiento.

También es conveniente que los pacientes lleven pañuelos para limpiar los fluidos que broten de su nariz y su boca. De igual importancia es llevar una lámpara. La necesitarán cuando vayan al baño o cuando busquen en la oscuridad sus mochilas o sus sandalias. En algunas ocasiones, las ceremonias se realizan en el exterior y por la noche, y a veces hay cactus y rocas en el piso que arruinarían la velada del paciente si llegara a pisarlos. En tales casos, las botas y los zapatos son obligatorios. También sugiero que el participante lleve una sábana o un suéter. Aun durante las tibias noches de la selva, si los pacientes están experimentando la liberación de esa energía negativa que durante mucho tiempo han mantenido encerrada, pueden temblar de manera incontrolable y sentir un frío gélido. En esos casos es bueno tener cobertores. Muchos veteranos de estas ceremonias también traen bolsas de dormir.

En algunas ceremonias los pacientes visten trajes no convencionales (uniformes, trajes tribales, atuendos indígenas peruanos) para atraer energías culturales o invocar su identidad ancestral. A veces también pueden tener el impulso de usar vestido o traje y corbata. Lo hacen como una forma de respeto, como cuando uno se viste de la mejor forma para una boda u otro tipo de celebración, o en agradecimiento porque se les ha permitido participar en un acto sagrado. Siento respeto por la gente que porta vestimentas que la inspiran o le confieren dignidad, y por lo general las aliento.

Pero, aun cuando vestir un determinado atuendo puede ser de ayuda en ciertas ocasiones y entre cierta gente, repito que para mí la práctica del minimalismo es la mejor forma de mantener elevada una ceremonia, es decir, poniendo atención en lo invisible más que en el mundo físico. Durante una ceremonia sólo uso ropa cómoda que me mantenga abrigado, como ropa de trabajo, chaleco, botas o sandalias. Tampoco uso ornamentos como varitas mágicas o cristales que llamen la atención de la gente y la distraigan del objetivo de la noche, que es ir del mundo exterior al mundo interior. Al final, con las excepciones mencionadas previamente, lo que se percibe durante la ceremonia con los ojos de la Conciencia del Alma vuelve irrelevante nuestra apariencia externa.

Creación del espacio de sanación

En la noche de la ceremonia, los pacientes se colocan en el círculo, sentados en silencio en la oscuridad durante unos minutos antes de que se sirva el brebaje. Durante ese período de quietud, transformo el círculo en un espacio sagrado. Si estuviéramos en la pradera, por ejemplo, o en las faldas de una montaña, el círculo chamánico se trazaría en la tierra. Pero es más común que quede delineado en una maloca o en un recinto redondo construido especialmente para albergar la ceremonia.

Trabajando desde el centro hacia afuera, cantando y entonando plegarias, soplo el humo de tabaco mapacho siguiendo ciertos patrones para establecer los perímetros del círculo. Mientras preparo el espacio, le pido orientación a mi Familia Curativa, al Gran Espíritu y al propio lugar, que durante la sanación se transforma en un sitio de poder. Luego construyo una cúpula invisible sobre el círculo y sobre los pacientes que están sentados dentro de él. Es como construir una estructura arquitectónica, una catedral mágica en el aire, donde todo lo que sucede al interior está dedicado a la sanación.

Como una estructura material, la cúpula tiene seis dimensiones —norte, sur, este, oeste, además de arriba y abajo—, lo cual garantiza que todas las principales orientaciones estén representadas. La estructura de la cúpula no puede ser vista pero sí se puede sentir, ya que tanto el círculo como la cúpula están vivos, irradian un aura protectora y regeneradora. En muchas ocasiones, los pacientes me dicen que sienten una fuerte diferencia de vibraciones cuando están sentados dentro del círculo cubierto por la cúpula y cuando están parados fuera del círculo a varios metros de distancia.

Cuando planeo cómo será el espacio ceremonial, siempre incluyo un baño dentro del perímetro de la cúpula, para que si los pacientes necesitan orinar o tienen diarrea no tengan que abandonar el recinto sagrado para vaciarse. Es de gran importancia decirles a los pacientes que cuando terminen de usar el inodoro regresen inmediatamente al círculo. A veces los participantes se tardan mucho y es necesario que vaya a buscarlos. Debido al poder de inducción que tiene el trance medicinal, se ausentan en un viaje mental en el inodoro y pierden la noción de donde están.

Como los polos positivo y negativo de un imán, los espacios sagrados atraen las fuerzas sanadoras con las que trabajo y rechazan las fuerzas del mal. Durante la ceremonia, el subconsciente del individuo está muy abierto y vulnerable a los ataques psíquicos. La burbuja que construyo garantiza que estén seguros y que lo que ocurra dentro del círculo tenga propósitos medicinales únicamente. En una zona de poder construida de forma adecuada, aun las partículas de la atmosfera están cargadas de energía terapéutica y protectora, nada puede salir mal.

Lo mismo vale para la amenaza de las bestias salvajes. A veces trabajo en espacios exteriores, en un área abierta donde rondan los animales depredadores: jaguares, ocelotes, víboras. Se puede oír a estas creaturas moverse alrededor del círculo, pero ninguna de ellas lo vulnera. Incluso animales mortíferos, como las arañas y los escorpiones, instintivamente, se mantienen fuera del círculo o permanecen pasivos si están dentro. En todos mis años de chamán, ninguno de mis pacientes ha sido picado por un insecto ponzoñoso o una serpiente. Un círculo chamánico es al mismo tiempo un hospital y un jardín amurallado.

Recuerdo una noche estrellada en la que estaba trabajando con varios pacientes en una playa salvaje al norte de Perú. Luego de instalar nuestras tiendas de campaña construí un círculo protector en forma de cúpula y bebimos el elixir. Fue una sesión agobiante, y después de varias horas nos fuimos a descansar a nuestras tiendas.

A la mañana siguiente, cuando desperté, me sorprendió ver un círculo de huellas que dejó una manada de perros salvajes fuera de nuestro campamento. Los perros habían estado merodeando en nuestra área y obviamente olieron las galletas y los alimentos que resguardábamos en las tiendas. Examinando las huellas, me pude dar cuenta que habían estado rondando varias veces, pero, aunque tal vez estaban muy hambrientos, no quisieron o quizá no pudieron cruzar el círculo protector. Tomé fotografías de esas huellas y aún las conservo.

Sacralizar un círculo ceremonial es una de las funciones más importantes que un chamán puede realizar. El círculo mágico debe ser visto como un portal que se abre a la esfera de lo sagrado. Es una tierra sagrada, así lo aprenden los curanderos en sus prácticas de entrenamiento. Si no logran dominar esta enseñanza desde el principio, muy probablemente también tendrán dificultades para dominar cualquier otro arte del chamanismo.

Cosas que es importante conocer y hacer cuando comienza la ceremonia

Cuando la ceremonia comienza, exhorto a los participantes a que se sienten lo más derecho que puedan. A medida que avanza la noche se pueden acostar de espaldas o de lado, siempre y cuando estén separados de los demás por varios metros.

El énfasis en que mantengan la espalda firme durante el evento espiritual se basa en la práctica de las escuelas devocionales de todo el mundo. De esa manera se mantiene la mente clara y se facilita que la Fuerza de la Vida fluya libremente hacia arriba y hacia abajo por la columna vertebral y circule por los canales energéticos de todo el cuerpo. Mantener la espalda firme es también un reflejo natural cuando se está discutiendo un asunto social de importancia o cuando se está sentado al lado de personas notables. En momentos significativos, tenemos el impulso natural de sentarnos o pararnos derechos. Tal como el Árbol de la Vida es el puente entre la tierra y el cielo, así la columna vertebral actúa como un conducto de energía desde la parte baja hasta la parte superior del cuerpo.

Es común, y muy recomendable, que en una ceremonia con plantas la gente vomite, y para ese propósito se le proporciona un recipiente especial. Si se trabaja en una zona natural se les pedirá a los pacientes que caven un hoyo cerca de donde estén sentados. Durante una ceremonia hay personas que corren al baño varias veces a lo largo de la noche con el estómago suelto. Esto es desagradable, no hace falta decirlo, pero es un hecho que tanto el vómito como la diarrea son inducidos por la planta y ambos cumplen la función de limpiar los desechos psíquicos dañinos. Más adelante hablaré con detalle sobre la purga física.

Dónde sentarse en el círculo

El trabajo chamánico se realiza casi siempre en círculo, con los participantes espaciados alrededor de la circunferencia. En algunos linajes, el curandero se sitúa en una plataforma o en el centro del círculo. En nuestra tradición, se sienta junto al resto del grupo. Se aconseja que en el espacio sagrado los pacientes se coloquen a un metro o un metro y medio de distancia entre uno y otro, o a una mayor distancia si hay pocos participantes. Todos tienen acceso al agua durante la noche, pero se les aconseja que la utilicen con moderación, sólo para hacer gárgaras o beber pequeños sorbos para lavarse la boca.

Durante la noche se perciben olores desagradables: orina, sudor, gases, mal aliento, vómitos, heces. Si los pacientes están demasiado amontonados, esos olores pueden ser insoportables. Simultáneamente, en un nivel invisible, fluyen energías psíquicas que se mueven en espiral alrededor de cada persona y que sólo le pertenecen a ella. Si los participantes están amontonados, como suele ocurrir en los campamentos comerciales de la ayahuasca, las auras curativas de un paciente se mezclan con las de otro, lo que provoca una adulteración de la energía para ambos.

Cuando noto que los participantes están muy nerviosos o temerosos, o cuando tienen un problema físico doloroso, los sitúo cerca de mí en el círculo. Si percibo que un paciente está desbordado por emociones fuertes, también lo siento cerca de mí, pues sé que estaré «trabajando en ellos» a lo largo de la noche. A los pacientes dudosos o reticentes les digo de antemano que si simplemente aceptan y se enlazan a todo cuanto suceda, ya sea doloroso o confuso, sus temores desaparecerán y un nuevo mundo se abrirá ante ellos.

❧

En los días previos a la ceremonia me percato del estrecho vínculo que tienen entre sí los amigos, los compañeros o los miembros de una familia. Por eso me aseguro de que estas personas se ubiquen en sitios opuestos dentro del círculo, o por lo menos a una distancia considerable entre ellos. Durante la ceremonia, los pacientes experimentan todo tipo de pandemónium emocional. Si el amigo de una persona que la está pasando mal se encuentra sentado cerca, lo más probable es que se aproxime para abrazarlo o tomarlo de la mano. Pero eso es un error. Muchos pacientes, especialmente los primerizos, no entienden que cada persona está comprometida a experimentar la sesión de curación en su muy particular cápsula y a procesar los efectos de la medicina sin la ayuda de nadie más que no sea el chamán. Tocar a otros o perturbar su concentración en un momento crítico puede romper el hechizo, como cuando se despierta a una persona en medio de un sueño importante. El punto es que cada persona del grupo debe realizar su propio viaje sola y encarar a sus demonios en solitario.

También se tiene que decir que un paciente que aparenta estar sufriendo puede no estarlo en lo absoluto. Es posible que su apariencia atormentada sea una manifestación de la energía trascendental que está aflorando desde su interior. Lo que parece ser una agonía es más bien éxtasis. Aun cuando los pacientes estén enfrentando un verdadero sufrimiento, la lucha es una parte necesaria de la terapia y hay que dejar que suceda sin interrumpirla. A veces la gente se siente agobiada, es cierto, pero ésta es sólo una fase de su proceso de sanación y pronto pasará. Lo mejor es no interferir. El tiempo es breve y valioso en una ceremonia, y sólo debe emplearse en el trabajo interior. No podría decirles la cantidad de veces en que, al finalizar una sesión, los pacientes que parecían haber perdido la razón una hora antes me cuentan lo fantástica que ha sido la inmersión que acaban de tener en el otro mundo y cómo la oportunidad de llorar y revolcarse fue una cura en sí misma.

En algunas ceremonias puede suceder que un paciente adquiera habilidades psíquicas. En el transcurso de la noche esta persona puede ver claramente los problemas que perturban a otros pacientes y sentir el impulso de querer resolverlos. En los días anteriores al inicio de la ceremonia, cuando descubro que un paciente tiene habilidades extrasensoriales, le pido que por favor no interfiera en la lucha de nadie y que deje que las plantas y yo nos hagamos cargo del proceso de sanación. Les explico que una ceremonia chamánica tiene docenas de elementos movibles, algunos visibles y otros ocultos, que en conjunto crean un frágil pero equilibrado ecosistema psíquico. Si se interfiere en este balance, no importa qué tan perceptivo o bien intencionado sea el esfuerzo, se puede desestabilizar el sistema y arruinar la noche para todos.

Hablar durante la ceremonia

Si bien no está prohibido hablar durante la sesión, no recomiendo hacerlo. Si alguien tiene que hablar, debe hacerlo con el chamán, rara vez con otro miembro del grupo y siempre en tono de murmullo. Lo cierto es que, no importa qué tan discreta sea la persona que habla, otros dentro del círculo pueden escucharlo y distraerse. Le digo a la gente que debido a la bondad de las plantas, cualquier dificultad que enfrente durante el ritual, por muy provocadora que sea su lucha interior, debería tener siempre la capacidad de superar esa lucha sin pedir ayuda verbalmente a los demás. Digo «verbalmente» porque pedirle ayuda al chamán por medio de la telepatía es aceptable e incluso recomendable.

Por cierto, el consejo previo es por lo general innecesario, ya que los pacientes se tornan naturalmente hacia sí mismos durante la sesión y no tienen necesidad ni deseo de hablar con los demás. Lo que ocurre dentro de ellos mismos es conversación suficiente.

Activación de la medicina

Antes de ofrecerle el brebaje a los participantes en una ceremonia, el elixir debe primero ser activado y energizado. Las plantas sagradas pueden trabajar por sí solas, por supuesto, al menos hasta cierto punto. Pero cuando un chamán las activa, provoca que su poder de sanación sea más efectivo. Cuando se realiza esa activación, una conexión silenciosa se forma entre el curandero y la Fuerza de la Vida. Esta conexión estimula la medicina interna del chamán, la activa para la noche y la conecta con los espíritus. El verdadero método para activar las plantas sagradas es un método secreto transmitido del maestro al alumno y es un ingrediente íntimo de cada linaje.

Tomar el brebaje sagrado

Al iniciar una sesión de la ayahuasca soy el primero en tomar el brebaje, una tradición que ha prevalecido a través del tiempo y, según se cree, tiene la intención de mostrarle a los participantes que el líquido no está envenenado. He sabido que en ciertas prácticas chamánicas se induce a los pacientes a que tomen una taza del brebaje tres o cuatro veces durante la noche. Desde mi experiencia, sólo se necesita de una taza bien preparada.

Desplazándome alrededor del círculo según la orientación de las manecillas del reloj, me arrodillo ante cada uno de los participantes, tocando en ocasiones sus hombros o su cabeza. Les pido a las fuerzas de mi Familia Curativa que los cuide y les enseñe lo que necesitan saber. Luego les ofrezco la taza con el brebaje, que contiene una cantidad de líquido de dos o tres dedos de ancho y me quedo con ellos hasta que se lo acaban. He usado la misma taza de madera para tomar el brebaje desde que comencé mi formación en la década de los noventa.

Cuando estoy atendiendo a cada uno de los pacientes, a veces froto en sus manos un perfume natural, con el propósito de que su agradable esencia los distraiga del sabor amargo que tiene la medicina. En algunos centros chamánicos se alienta a los participantes a que se den un baño de flores pocas horas antes del comienzo de la ceremonia, así estarán perfumados para los espíritus.

Luego de servir el brebaje hay diez o quince minutos de silencio.

Los pacientes asumen que estamos esperando a que la medicina surta efecto. En realidad, en el trascurrir de ese silencio me estoy internando en el mundo espiritual y fortaleciendo mis recursos de sanación con el fin de prepararme para la noche que nos espera. Un hecho curioso en relación con la mezcla de plantas sagradas es que el mismo brebaje tiene un sabor diferente para cada participante. Algunos lo perciben acre o avinagrado, a otros les parece suave o dulce. El sabor también puede ser diferente para la misma persona durante diferentes noches. Irónicamente, me parece que los pacientes que más se quejan del sabor del brebaje son los que suelen tener la experiencia más estimulante. No entiendo por qué es así, pero lo he visto en muchas ocasiones. Les recuerdo el refrán chamánico que mencioné antes: «La medicina amarga es la mejor medicina».

Luego de varios minutos de estar en silencio, comienzo a cantar tonadas sagradas o a tocar un instrumento de percusión, como un tambor o una sonaja. Al escuchar la música, la mayoría de los pacientes percibe cómo se mueven en su interior ondas psíquicas de energía. Estos sonidos sagrados actúan como catalizadores que encauzan la fuerza de sanación y convocan a los espíritus al círculo. A veces de manera gradual, a veces súbitamente, se abre la puerta de la mente de cada persona y la noche se manifiesta en toda su plenitud.

Evite salir del círculo sagrado

Una vez dentro del círculo, los participantes están obligados a permanecer en él durante toda la sesión. Sentarse bajo la cúpula sagrada equivale a firmar un contrato con los espíritus, asegurando así que permanecerán en el círculo desde el principio hasta el final del ritual. Con tantos espíritus trabajando durante la ceremonia, es una ofensa, tanto para los espíritus como para el chamán, salirse del círculo por capricho.

Por cierto, esta regla de conducta no aplica para los chamanes sacerdotes. Los integrantes de las ceremonias de chamanes sacerdotes pueden entrar y salir del círculo cuando quieran, deambular fuera de la maloca, bailar, cantar, tocar la guitarra o el tambor, fumar un cigarrillo, hablar y bromear con los demás como si estuvieran en la esquina de una calle.

En la ceremonia de un chamán guerrero, permitir que la gente entre y salga del círculo puede ser peligroso. Cuando un paciente deja el círculo sin motivo, se abre una grieta entre este mundo y el mundo espiritual. Es como encender una luz brillante para decirle al universo: «Ey, fíjense cómo aquí hay un montón de inocentes bebiendo la ayahuasca y están parados fuera del círculo». A veces, acciones como ésta atraen la atención de depredadores psíquicos. Esta es una de las razones por las cuales hablamos de la cúpula sagrada como algo protector. Cuando los participantes entran y salen de ella lo hacen bajo su propio riesgo.

Es también importante que cada persona que esté sentada dentro del círculo tome el brebaje. No se permite que entren personas extrañas «sobrias». Alguna gente piensa que una ceremonia de la ayahuasca es una especie de espectáculo o exhibición, pero el chamanismo guerrero (a diferencia del chamanismo sacerdotal) está lejos de ser así. Los pensamientos mundanos de un extraño, como la estática de un radio, pueden interferir con las visiones del paciente y provocar confusión y distracción. En mi propia experiencia, nunca permito que extraños se asomen a ver lo que está sucediendo al interior del círculo mágico.

En algunas ocasiones, pacientes con una salud frágil llegan a las ceremonias con un acompañante que se queda a cuidarlos. Antes de que la ceremonia comience, le digo al acompañante que si entra en el círculo debe tomar la medicina al igual que el resto de los participantes. Es interesante ver cómo estos chaperones, que a menudo tiene poco interés en lo místico y hacen su labor para ayudar a su amigo, terminan teniendo la experiencia más trascendental de todo el grupo.

Mientras se encuentran sentados dentro del círculo, a menudo los pacientes aparecen en mis visiones recluidos en cubículos o kioscos psíquicos. El interior de cada uno de ellos está decorado con ilustraciones, patrones y diseños dibujados psíquicamente por la persona que está dentro. Con frecuencia, estas bellas manifestaciones artísticas representan recuerdos y momentos emocionales, pero también preocupaciones psicológicas que los están perturbando en esa etapa de sus vidas. Las imágenes de las fortalezas del paciente suelen aparecer del lado derecho del cubículo, mientras que las imágenes de sus debilidades están del lado izquierdo. Ignoro la razón de esta dicotomía, pero es curioso que la derecha equivalga a lo positivo y la izquierda a lo negativo, noción arquetípica que se ha manifestado en muchas culturas.

A lo largo del tiempo me he dado cuenta de que cuando los cubículos están decorados con diseños descoloridos en el ángulo derecho, con frecuencia quiere decir que el pensamiento del paciente está construido con base en el racionalismo y la lógica. Un kiosco con colores brillantes y formas curvas muestra una personalidad intuitiva, con una visión de la realidad inspirada en los sentimientos. Los cubículos con diversos dibujos artísticos o arquitectónicos que están yuxtapuestos de manera incongruente sugieren que la persona no se ha comprometido con una sola enseñanza. Tal vez estén buscando un camino y se han comprometido con ciertas tradiciones, pero siguen tratando de encontrar una disciplina espiritual que los llene.

La danza ceremonial del chamán

En algunas ceremonias, el curandero se levanta de manera abrupta, entra en el centro del círculo y realiza una danza giratoria a la manera de los derviches, con movimientos de pie sofisticados, para transmitir Medicina y prosperidad a cada uno de los que están dentro del anillo.

Cuando esto sucede, se les pide a los participantes que mantengan cerrados los ojos y visualicen la escena telepáticamente. Quienes mantienen abiertos los ojos, aunque se pierden del verdadero valor de la danza, de todas maneras ven un espectáculo extraordinario: el chamán puede dar saltos enormes en el aire o girar a una velocidad increíble. En ocasiones, los pacientes ven múltiples versiones del chamán, como si tuviera lugar una danza en grupo donde el chamán es cada uno de los danzantes. Mientras gira, el curandero mantiene activa la Medicina con canciones sagradas, utilizando por momentos sus sonajeros para mantener un ritmo constante. Esta danza es en realidad una forma de sacrificio, en el cual el chamán ofrenda una parte de su energía psíquica a los pacientes, mientras pide a los espíritus que les conceda misericordia por medio de sus saltos y sus juegos.

En otras ocasiones, una intensa ceremonia nocturna produce tan buenos resultados que al final de la sesión el chamán sella el evento saltando espontáneamente y bailando en el centro del anillo como un acto de agradecimiento desenfadado. Al final de algunas ceremonias se les pide a los participantes que se levanten y den pequeños saltos, ya que su baile trae consigo bendiciones del mundo espiritual y les ayuda a salir de la ceremonia sintiéndose seguros de que tendrán un mejor futuro.

La purga durante una ceremonia: agua, aire y fuego

Durante una ceremonia se producen tres tipos de purgas: con agua, con aire y con fuego. Comencemos por la de agua.

El reino vegetal es un reino de agua, y el agua es un purgante tanto para la mente como para el cuerpo.

Ya hemos visto que a veces durante una ceremonia aparecen fuentes espirituales en el centro del círculo, las cuales rocían chorros de agua sobre los pacientes junto con un plasma curativo. Es posible que los participantes sean invitados a sumergirse en un estanque de espíritus en el centro del anillo o a colocarse de pie bajo una cascada psíquica donde años de dolor son lavados en un momento. El agua también cumple un papel importante cuando se eliminan los fluidos nocivos en forma de saliva, vomito, mucosidad, lagrimas, heces, orina y sudor. Como ninguna parte de la ceremonia sagrada carece de significado, cada tipo de excreción basada en el agua tiene su propio propósito psicológico. Por ejemplo, cuando se llora durante una ceremonia, las lágrimas alivian la aflicción acumulada. El resoplido nasal expulsa la ira. El sudor abundante alivia las presiones psicológicas en la casa, el trabajo o en una relación. La salivación y los escupitajos representan las ideas que los pacientes siempre han querido expresar pero no han tenido valor para hacerlo, liberan así frustraciones que se han tragado durante años.

De todas las excreciones basadas en el agua, las dos más significativas son el vómito y la diarrea.

El vómito es el medio por el que la naturaleza libera al paciente de las enfermedades morales acumuladas a lo largo de los años por la Conciencia del Sufrimiento. Al respecto, hay que aclarar que la regurgitación y el vómito, por lo general considerados como repulsivos, en el contexto del curanderismo son vistos como un valioso acto de depuración, sanación e incluso un acto sagrado. Conozco un chamán que considera que el vómito de sus pacientes no es algo desagradable y horrible, sino más bien una especie de música.

Aunque la urgencia de vomitar se da, por lo general, poco después de tomar el brebaje, suelo pedirles a los participantes que lo retengan lo más que puedan y que, en cambio, respiren profundamente durante diez o veinte minutos. La súbita necesidad de regurgitar se debe, con frecuencia, al desagradable sabor del brebaje. Si el paciente espera y luego vomita, cuando ya ha transcurrido un buen tiempo de la ceremonia, el proceso de limpia será mucho más completo.

De acuerdo con el pensamiento chamánico, el hecho de que el vómito salga por la boca quiere decir que los participantes tienen que ver lo que sacan y darse cuenta de que simboliza la expulsión de males hechos en el pasado o de situaciones difíciles que han tenido que aguantar. La deshonestidad, la avaricia, la crueldad, los odios son regurgitados ante sus ojos, y esto les ofrece una imagen gráfica de las oscuridades que han albergado durante años. Podrían haber modificado su comportamiento hostil, pero no lo hicieron porque estaban ocupados en ellos mismos o porque no les interesó hacerlo. El hecho de que estas maldades se muestren ante los ojos de los participantes les recuerda claramente que deben hacer todo lo posible para que estas fechorías no se repitan.

El reflejo natural para expulsar estas podredumbres es el mismo impulso de la vida cotidiana que provoca que las personas experimenten nauseas cuando se sienten avergonzadas o disgustadas por lo que han hecho. En una palabra, la ética chamánica ve las transgresiones como una comida en mal estado que se ha podrido en el organismo del paciente durante algún tiempo y ahora se está expulsando.

Por otra parte, la purga mediante la diarrea es otra forma de limpieza con agua y suele ser provocada por cuatro causas. Hay más, pero las siguientes son las más importantes.

La primera se debe a comportamientos negativos de los que los pacientes no son conscientes y/o a defectos psicológicos que quizá nunca hayan visto en ellos mismos debido a la falta de autoconciencia.

Recuerdo el caso de una mujer dulce pero poco consciente,

quien participó en varias ceremonias para tratar de calmar su ansiedad. Durante cada una de ellas experimentó una limpieza absoluta y expulsó una diarrea muy aguada. Al mismo tiempo, tuvo pocas visiones y ningún avance emocional significativo. Era el caso de una persona que no había recibido ninguna preparación respecto a observarse, que vivía su vida en piloto automático con muy poca comunicación con su vida interior. Al término de las ceremonias, ella experimentaba una sensación de paz y descompresión. Pero aun cuando había recibido lo que buscaba, seguía sin ser consciente de que, en primer lugar, las condiciones de su vida le habían causado ansiedad. Nunca supo qué estaba purgando ni por qué, y en ese sentido, fue su temperamento mas no su espíritu quien recibió ayuda.

La segunda causa de diarrea se debe a las experiencias que tienen los pacientes en su temprana infancia y que durante mucho tiempo han olvidado. Las más comunes de ellas son los sustos, las agresiones y el contacto con el peligro, real o imaginario. Cuando estos pacientes sufren diarrea, se liberan de sufrimientos que no recordaban pero que fueron difíciles cuando eran niños inocentes.

La tercera causa de diarrea está relacionada con la herencia generacional del paciente, es decir, con los rasgos negativos de su personalidad heredados a través de su línea sanguínea. Aun cuando los participantes son conscientes de estos defectos generacionales que los acompañan, su cadena familiar es tan larga que resulta imposible saber a ciencia cierta dónde y cuándo comenzaron los problemas. Todo lo que puede hacerse es buscar eliminarlos en una ceremonia.

La cuarta y última causa de diarrea proviene de los hechizos y los ataques psíquicos que le llegan al paciente mediante dardos invisibles o maldiciones en forma de lanza que la víctima nunca ha visto venir y que desconoce. Durante una ceremonia, la diarrea expulsa todas las maldiciones y hechizos.

Recuerdo el caso de un paciente que tenía una gran formación y conocimientos en muchas áreas, pero que moralmente era corrupto, siempre dispuesto a aprovecharse de las debilidades de los demás y más que dispuesto a practicar la deshonestidad y el fraude en nombre de la ganancia. Racionalizaba su comportamiento definiéndose a sí mismo como un «egoísta inteligente».

Al principio de la ceremonia este hombre sintió la urgencia de ir al baño, y mientras estaba defecando vio pequeños demonios que le sonreían mientras brotaban de su trasero y bailaban en sus heces. Al darse cuenta de que esos demonios eran una personificación de sus malas actitudes, se asustó tanto que se vio obligado a aceptar que su comportamiento era despreciable y que su vida se había construido con base en un egocentrismo diabólico. En pocas palabras, la limpia fecal despertó su conciencia.

Tuve la feliz fortuna de ver a este hombre muchas veces luego de la ceremonia, y en cada encuentro me habló de cómo la purga le inspiró a buscar el autoconocimiento, y esto le ayudó a dar un benévolo giro de 180 grados en su relación con el mundo. Los mensajes del reino espiritual durante una ceremonia son a menudo duros y directos, pero siempre por el bien de la persona.

※

Mientras que la purga por agua limpia los defectos emocionales, la purga por aire trabaja a través de la mente, liberando al paciente de pensamientos, ideas y creencias contrarias.

La purga por aire puede ser sutil o violenta. Los pacientes pueden eliminar rasgos nocivos por medio de hiperventilación, llanto, gritos, resoplidos, silbidos, jadeos, eructos, suspiros, siseos, pedos, estornudos, tos e incluso ladridos o chillidos como de pájaro. Cuando se liberan las malas energías de esta manera, a veces los chamanes pueden percibir humo que sale de la boca y la nariz del paciente.

Recuerdo cuando trabajé con un hombre severo que se formó a sí mismo y logró el éxito empresarial valiéndose de su voluntad y su autodisciplina. La autodisciplina de este hombre lo hizo fuerte, pero también duro y a veces sin principios. Había recibido muchas heridas emocionales a lo largo de su vida, pero compartir con otros estas vivencias iba en contra de su arraigada creencia en el dominio sobre los otros y su falta de voluntad para mostrar sus verdaderos sentimientos.

Durante la noche de su ceremonia había cuatro personas en el círculo, ninguna de ellas se conocían entre sí. A mitad de la noche el hombre comenzó a hacer un extraño ruido de pssst, agitando su mano delante de la cara, como si tratar de espantar a una mosca. Así estuvo durante un buen rato y esto comenzó a molestar a los demás en el círculo, por lo que varios le pidieron que se calmara. Lo que no entendían los otros participantes es que esos movimientos eran la manera en que él trataba de contener un caudal de trauma que fluía en su interior. Luego de varios minutos de estar agitando sus manos, a pesar de todos sus esfuerzos, el dique se rompió de súbito y él comenzó a lamentarse y a llorar, arrodillado como un niño y literalmente clamando al cielo, tratando de liberarse de años de dolor y culpa.

Al día siguiente de la ceremonia, el hombre me confió que estaba teniendo problemas del corazón y que pensaba, y yo estaba de acuerdo, que reprimir sus emociones había empeorado todo. Sus problemas coronarios disminuyeron a lo largo del año siguiente, me enteré, y no puedo evitar pensar que su mejoría estuvo relacionada con esa liberación de dolor y remordimiento durante la ceremonia.

Por lo demás, en cuanto al aire, no es extraño que durante una ceremonia el chamán bostece y suspire. Estas inhalaciones y exhalaciones no tienen nada que ver con la fatiga, más bien son una vía para transmitir energía sanadora a los miembros del grupo. Por lo general, los bostezos sólo duran unos cuantos minutos, pero pueden resultar extremadamente benéficos para los pacientes, aun cuando no tengan noción de su verdadero propósito.

❧

Además de la purga por agua y por aire, la medicina por fuego también se usa para purificar, pero de manera diferente.

El agua es purificadora. Limpia, desatasca, abre canales y drena las obstrucciones. La purga por aire es como un soplo divino que libera de la negatividad.

El fuego es diferente. No es precisamente una purga, sino que destruye lo que existía antes para que pueda surgir algo nuevo. Una vez que el fuego ha hecho su trabajo, no se puede deshacer, no hay marcha atrás.

Aquí es interesante hacer notar que, de acuerdo con los dictados de mi linaje, nunca debe encenderse un fuego real dentro del círculo de una ceremonia de plantas, y se aconseja a los pacientes que no miren ningún tipo de flama durante la noche, ni siquiera la de un cerillo. Por eso no hay velas ni antorchas en mis rituales chamánicos, e incluso en el exterior, cuando hace frío, quienes toman las plantas evitan calentarse al lado de una hoguera. El único caso en que uso el fuego es cuando enciendo un cigarro mapacho, si es necesario.

Mirar una llama mientras se toma la medicina natural «seca» el elemento agua dentro de los pacientes, debilita la planta medicinal e impide que nuestra naturaleza acuática elimine por completo los residuos psíquicos. Mis maestros me enseñaron este mandato de mantener el fuego fuera del círculo ceremonial. Otros linajes hacen las cosas de manera diferente.

¿Cuántas ceremonias son suficientes?

Como hemos visto, algunos curanderos alientan a sus pacientes para que participen en cuatro o cinco ceremonias a la semana, basándose en la filosofía «más es mejor». En realidad, dos o tres ceremonias en un período de diez días es suficiente para nutrirlos durante un año o más, ya que la experiencia que tienen los participantes necesita tiempo para manifestarse en la vida cotidiana. Si uno o dos años después los pacientes tienen una nueva sesión de ayahuasca, parten de un peldaño psíquico más alto de comprensión, han procesado lo que aprendieron a lo largo de los meses y años de acuerdo con la Segunda Regla de Oro. El tiempo en el chamanismo es un aliado.

Sexo, procreación, ayahuasca y ceremonia sagrada

Según reportes de pacientes y curanderos, las mezclas de la ayahuasca pueden actuar a veces como un estimulante carnal. Como sabemos, uno de los principales propósitos de la ceremonia de la ayahuasca es robustecer la Fuerza de la Vida (y, por lo tanto, las fuerzas glandulares), aclarando la mente, provocando que los órganos trabajen mejor y favoreciendo que los fluidos circulen más libremente. El resultado es el aumento del deseo sexual tanto en hombres como en mujeres.

Como lo ilustra la historia de la esposa maldecida por la infertilidad, en el capítulo 5, también he visto a mujeres que supuestamente tienen impedimentos biológicos para embarazarse y que logran dar a luz después de participar en una ceremonia que las libera de maldiciones y hechizos.

Por supuesto, existen otras razones físicas y mentales que impiden la reproducción, pero en mi experiencia la mayoría de ellas responde bien a la medicina chamánica. No se promete nada, y ni hace falta decirlo, pero he conocido una buena cantidad de parejas que supuestamente no eran fértiles y que tuvieron un hijo luego de uno o dos años posteriores a un ritual de plantas sagradas recomendado para lograr restaurar tanto la virilidad masculina como la fertilidad femenina. Esta práctica no sólo fortalece las fuerzas biológicas de los pacientes, sino que también disuelve las barreras emocionales, en el caso de las parejas, que a menudo son la razón por la cual no pueden concebir.

Durante las semanas posteriores a la ceremonia, también es común que los pacientes sientan un mayor vigor erótico, aun cuando no exista algún tipo de excitación sexual. Esto se debe al hecho de que la Fuerza de la Vida fluye con particular gusto luego de que los bloqueos físicos y psicológicos han sido disueltos con el trabajo chamánico. Recuerden que la Fuerza de la Vida actúa directamente en las glándulas del cuerpo de los pacientes, por eso la mejoría en el deseo sexual es también un indicador de que su salud general y, por lo tanto, su libido también han mejorado.

Mi consejo para esos afortunados es que agradezcan tal delicioso beneficio, pero que aguarden antes de ponerlo en práctica. Es mejor, les digo, practicar la abstinencia sexual durante varias semanas o más luego de la ceremonia. La razón de este consejo en apariencia aguafiestas es que el proceso de reparación sexual continúa durante meses después de la ceremonia, aunque el paciente no se dé cuenta. No es prudente, les digo, deshacerse de ese precioso regalo de energía reproductiva antes de que pueda desarrollar todo su potencial.

Por último, en los pasados diez o veinte años, con el incremento de la popularidad que ha tenido el chamanismo en Estados Unidos y Europa, algunos usuarios piensan en las plantas no como medicina, sino como una vía para tener una mejor vida sexual. Para quienes en Perú consideran la ayahuasca y su ceremonia como un sacramento, ese pensamiento es ofensivo. Con base en los protocolos aprendidos de mis maestros y de curanderos muy reconocidos, una ceremonia de la planta sagrada jamás incluye ningún tipo de relaciones sexuales, punto. Darle ese uso no sólo puede causar una decepción física, sino también un riesgo psíquico, debido a que los espíritus que custodian el chamanismo ceremonial no se toman a bien ser un móvil para la lujuria.

La única excepción a la regla anterior es que, en ciertos linajes, los chamanes masculinos y femeninos se aparean durante un trance de plantas sagradas para concebir. En ese caso, el objetivo no es aumentar el placer sino canalizar la energía ancestral y natural hacia el nuevo ser que están procreando.

La menstruación, el embarazo y la ceremonia sagrada

Más de una vez, a lo largo de los años, las mujeres participantes cuya menopausia cesó varios años atrás me han dicho que luego de la sesión ceremonial sagrada su ciclo retornó. Este fenómeno se puede deber a dos causas posibles. Primera: como una buena ceremonia con plantas sagradas despierta el flujo de la Fuerza de la Vida, reanima ciertas funciones físicas en el cuerpo de una mujer, incluida la menstruación.

Segunda: además del papel que juega al desechar sangre y tejidos, la menstruación también es un extraordinario sistema de eliminación de muchos elementos sutiles y psicológicos. De tal manera que, luego de una ceremonia, puede regresar durante algunos meses con el fin de expulsar los elementos negativos que sobreviven en la Conciencia del Sufrimiento de la mujer.

También se dan algunas situaciones en las que se aconseja a las mujeres no participar en una ceremonia de plantas. Una es cuando la mujer está embarazada y su vientre se comienza a notar más, lo cual ocurre por lo general alrededor del cuarto o quinto mes. Si durante la ceremonia se produce un flujo fuerte, esto puede provocar un aborto o un nacimiento prematuro. La segunda se da cuando una mujer está teniendo un periodo menstrual particularmente difícil o abundante. En estos casos, lo mejor es que postergue su participación en la sesión con plantas sagradas hasta que termine su período. El motivo es que si durante la sesión se produce un poderoso proceso de eliminación, la fuerza de la purga puede valerse de la menstruación ya activa y provocar en la mujer una situación muy desagradable e incluso peligrosa.

Conciencia del Sufrimiento y Conciencia del Alma durante la ceremonia

En una ceremonia con plantas sagradas, con la ayuda de las plantas y de la fuerza de la Medicina del chamán, los participantes son colocados en su Conciencia del Alma por un período de cuatro horas o más. Durante ese tiempo son capaces de observar, entender y editar su Conciencia del Sufrimiento de manera esencial. Mientras la ceremonia se lleva a cabo, su Conciencia del Sufrimiento no está precisamente desconectada. Sigue presente pero pasiva, pues permite que la Conciencia del Alma tome el mando e inspire decisiones sabias.

Este proceso de aquietar la Conciencia del Sufrimiento produce momentos poderosos para los pacientes, ya que la zona más profunda de su vida emocional está siendo sacudida por la Conciencia del Alma y es atraída a la superficie, lo que les permite experimentar durante varias horas cómo sería la realidad sin ira, preocupaciones, petulancia, deseo, envidia y otras manifestaciones agobiantes.

Cuando los integrantes del grupo actúan de manera extraña o agresiva

Aunque normalmente les pido a los participantes que permanezcan pasivos y volcados hacia su interior durante la ceremonia, las sesiones pueden abrir la caja de Pandora que existe en cada persona, liberando una diversidad de emociones, que van desde la ira hasta el éxtasis.

Cuando este dique se rompe, los traumas del pasado pueden estallar en forma de gritos, sollozos, suspiros, risas y todo tipo de clamores y contorsiones. Por ejemplo, una vez en París, yo estaba dando una sesión de sanación con las manos a una mujer en un elegante departamento estilo siglo XIX. Ella se la pasó diciéndome que quería gritar y dejar salir las emociones reprimidas a causa del abuso que vivió de niña, pero que los vecinos podrían oírla. Le dije que esa podría ser la única oportunidad para desahogarse, que no debería reprimirse sino gritar. Y así lo hizo, de manera estridente y prolongada (durante casi veinte minutos), lo que provocó que los vecinos golpearan enfurecidos las paredes del departamento, mientras yo aguardaba con impotencia a que los bomberos llegaran a golpear la puerta.

Mientras que la mayoría de nosotros ocultamos la angustia emocional que nos carcome durante nuestra vida diaria, en el transcurso de una ceremonia las apariencias se desvanecen y no es extraño que afloren comportamientos perturbadores en pacientes que están sedados. Estas reacciones pueden manifestarse en sesiones personales aun sin haber consumido las plantas, como en el caso de la sesión de cura con el tacto que tuve con la mujer en París.

En sí, cuando los pacientes se comportan de manera bizarra, violenta o histérica durante un ritual, deben ser tratados con firmeza pero también con compasión. Al mismo tiempo, el curandero está obligado a mantener al resto del grupo en un estado de autocontrol. Una manera de cumplir con este doble propósito es a través de mensajes telepáticos tranquilizadores, dirigidos a la Conciencia del Alma del paciente atribulado, o tocarlo con las manos buscando que ese contacto reestablezca su equilibrio sin molestar a los que están alrededor del círculo. O a veces el sonido de un tambor y sus vibraciones pueden desplegar alfombras de reconfortante energía curativa que a la vez tranquiliza a todos.

Cuando los pacientes se salen de control y entran en un estado de ira y frenesí extremo, lo cual es extraordinariamente raro, debo decirlo, puede ser necesaria una camisa de fuerza energética, que equivale a atar de pies y manos a una persona con cuerdas psíquicas. Por lo general, al cabo de varios minutos, estas reacciones pasan, y cuando la persona regresa a la normalidad la «desato» y la ceremonia continúa. Antes de comenzar una sesión, considerando la posibilidad de que las cosas salgan mal, suelo pedirles a los pacientes que sean empáticos con las ansiedades de los demás, aun en sus reacciones más descontroladas y que permanezcan concentrados en su propio trabajo interno, por muy estridentes que sean las distracciones.

Sin embargo, no existen reglas absolutas. He sabido que algunos guías son sumamente estrictos y rechazan a los pacientes angustiados que pierden el control y hacen escándalo. Desde mi perspectiva, un chamán debe saber reconocer lo que sucede en el mundo interior de cada paciente durante la ceremonia, para saber cuándo los momentos de intensa purga y dolor provocan que esa pérdida de control sea una medicina efectiva. Debido a que una ceremonia desencadena diferentes tipos de reacciones en cada persona, en mi práctica se acepta que a veces los participantes se comporten de manera escandalosa e incluso revoltosa si de eso depende el éxito de su viaje.

Cuando el paciente no siente nada durante la ceremonia

De vez en cuando hay pacientes que al final de una ceremonia de plantas aseguran no haber sentido nada, ni visto ni aprendido nada. Algunos se culpan a sí mismos por ese encuentro fallido. Otros me culpan a mí o a la Medicina o a los otros participantes, pero en definitiva les parece que han perdido el tiempo.

Son muchas las circunstancias que pueden causar esa reacción.

La primera de ellas es que el chamán que dirige la ceremonia es incapaz de activar las energías sanadoras de una manera efectiva. Este guía que se hace llamar chamán es un impostor o un novato mal entrenado, incapaz de darle a sus pacientes algo verdadero. Como consecuencia, el paciente no obtiene nada y se siente engañado por los acontecimientos de la noche.

La segunda posibilidad es que el brebaje no se activa de forma adecuada en un determinado paciente o no es lo suficientemente poderoso para encender su conciencia. Puede ser que en algunas ocasiones la mezcla no haya sido preparada de manera apropiada. O que el chamán haya fallado porque no supo llevar a cabo la activación psíquica de las plantas. O bien que, por razones que sólo ellos conocen, los espíritus se nieguen a colaborar con este guía en particular.

La tercera razón por la que los pacientes pueden sentirse decepcionados es porque en los días previos a la ceremonia no cumplieron con los requerimientos para preparar su participación en esta ceremonia tradicional. Quizá bebieron alcohol o se masturbaron. Comieron a escondidas alimentos que no debían o discutieron. No cumplir con estas reglas provoca que las plantas se sientan infelices y se nieguen a conectarse con ellos, entonces sencillamente los ignoran. De ahí que la respuesta sea nula.

La cuarta posibilidad se da cuando los pacientes pierden el tiempo confrontándose con hechizos o maleficios en lugar de ocuparse en purgar sus emociones negativas. Recuerden la historia incluida en el capítulo 5, a propósito de esa mujer cuya suegra la maldijo para que jamás tuviera un hijo. En tales casos es tarea del chamán deshacerse de la maldición en vez de promover la percepción y el autoconocimiento.

En la quinta posibilidad de esta larga lista se encuentran los pacientes que durante una ceremonia se entregan a un intenso autoanálisis de su vida cotidiana, su carrera, su familia, sus circunstancias, pero no logran ponerse en contacto con los espíritus o con sus ancestros. Al término de sus sesiones, esta gente se siente en desventaja por no haber experimentado las visiones de estrellas y rayos luminosos que esperaba. Me dicen que las plantas están sobrevaloradas. Pero, de hecho, las visiones no son algo que por fuerza deba darse durante un encuentro chamánico. Las plantas utilizadas en un brebaje ceremonial pueden ser útiles para el desarrollo interior de una persona, pero no necesariamente tienen que producir visiones y epifanías.

Por lo tanto, el paciente debe evitar anticipar las reacciones que las plantas sagradas provocarán en su mente. Ciertas plantas actúan como un detergente. Otras conectan a la gente con los espíritus. Algunas vuelven a los pacientes más inteligentes y perspicaces. Otras destruyen maldiciones o mitigan fobias y adicciones. La ayahuasca, la más importante de las plantas maestras, pone más énfasis en el análisis mental que en los viajes visionarios. De hecho, en algunos pueblos tradicionales del Perú, los habitantes hierven la ayahuasca sola, sin otros ingredientes. Su propósito no es precisamente el de comunicarse con el mundo invisible, sino valerse de ella para recuperar una amistad rota, quizá, o tomar una decisión de negocios adecuada. Cuando la gente toma el brebaje de una planta sagrada y encuentra una guía mental y no visiones, lo más probable es que necesitaba el autoanálisis y no visitar otros mundos.

Existe otra causa de una sesión insatisfactoria, y se da cuando los pacientes disfrutan de una noche extática con las plantas, pero intuyen que en la siguiente ceremonia serán confrontados por una dolorosa introspección en su Conciencia del Sufrimiento. Cuando inicia la siguiente sesión tienen tanto miedo de lo que pueden ver y se paralizan, de tal manera que muy poco sucede durante el servicio.

En otras ocasiones, durante una ceremonia un paciente se puede quedar sentado y absorto durante horas, mirando fijamente el espacio como si estuviera viendo una película. Este es un símil muy apegado a lo que en realidad sucede, ya que durante la sesión se sienten inmovilizados en su lugar y se quedan observando las actividades de los espíritus a través de una especie de pantalla psíquica de televisión que está a pocos metros frente a sus ojos. Sólo pueden mirar, me dicen. Es imposible entrar en la ventana y participar en el drama del mundo real de sus propios asuntos espirituales. Es difícil saber por qué ocurre esto, aunque me he dado cuenta de que la gente a la que le cuesta creer en lo invisible suele tener una resistencia inalterable para admitir la realidad sobrenatural de lo que vive durante una ceremonia, sólo es capaz de verla en su cerebro como si fuera una película y luego decir que fue una alucinación.

Por último, cuando un paciente reporta que durante la sesión tuvo una estimulación mínima, no necesariamente significa que no haya ocurrido nada. Aunque el paciente piense que la experiencia fue un fracaso, en el fondo se ha producido mucha purificación y sanación. No es raro que un participante se sienta adormecido durante la ceremonia, pero que experimente una serie de visiones dinámicas en los días posteriores, tanto en su conciencia ordinaria como en sus sueños.

Recuerdo el caso de un hombre que llegó de Montreal para participar en una ceremonia que se realizó en la selva, pero permaneció durante toda la sesión sin mostrar ninguna reacción. Al día siguiente se quejó por haberse sentido apático durante el ritual, por haber malgastado su dinero, por la falsa publicidad de la ayahuasca, y demás. Cuando varios días después dejó el recinto y se dirigió al aeropuerto, seguía enojado.

Por eso, me dio cierta satisfacción cuando a los pocos días me llamó por teléfono. Abordó el avión, me dijo, y a la mitad del trayecto comenzó a experimentar recuerdos, visiones y diálogos con espíritus, acompañados por emociones fuertes y lágrimas. Como reacción a este súbito paroxismo y para consternación de los otros pasajeros, se pasó buena parte del viaje andando por el pasillo del avión y acudiendo al baño para purgarse. Me dijo que, ahora que entendía de que se trataba, quería saber cuándo podía visitar de nuevo el campamento.

Peligros para el chamán
durante una ceremonia

Sabemos que es trabajo del chamán proteger al paciente del extremo más oscuro de la escala psíquica. Pero, en ese proceso, ¿quién o qué protege al chamán?

Muchas cosas.

La primera salvaguarda es moral. Ser un chamán requiere que la persona de Conocimiento recuerde que el propósito fundamental de su profesión es comportarse como un servidor de la Fuerza de la Vida y actuar como una especie de prisma para que la luz brille a través de él desde los mundos superiores. Un curandero está obligado a vivir de acuerdo con los dictados de su Conciencia del Alma, eligiendo con cuidado sus palabras y acciones para que no hagan daño a los demás. Debe ser fiel a las instrucciones que recibe de los espíritus, especialmente al amanecer (momento más propicio para que el chamán capte señales del mundo invisible), y obedecer esos mensajes que recibe cuando está en trance, ya sea con o sin el consumo de plantas psicoactivas. Si él cumple con todo esto, los espíritus van a protegerlo.

Cuando realiza sanaciones, un curandero se encuentra constantemente expuesto a la contaminación de las enfermedades mentales y emocionales de su paciente. Pero hay otras fuerzas que lo amenazan aún más. Los hechizos lanzados por un practicante de la oscuridad son riesgosos para los participantes, ni qué decirlo, pero en cierto sentido lo son más para el curandero, ya que es él quien tiene que enfrentar los hechizos para luego deshacerse de ellos, lo que no es poca cosa.

Muchas personas no comprenden el mecanismo de las maldiciones. Así como existen maneras para que un chamán encuentre al responsable de un hechizo, éste tiene también maneras de rastrear a la persona medicina que lo está buscando. Una vez que el hechicero se entera de que el curandero está tratando de desatar los nudos de su maldición y, lo que es peor, está construyendo un escudo protector alrededor del paciente que ha sido maldecido, se lanza contra el chamán con un arsenal de armas y sediento de sangre. Es un trabajo peligroso y técnico al mismo tiempo; porque al igual que el chamán, que cuenta con su propia Familia Curativa que lo protege, el hechicero está guiado por una pandilla de oscuros ayudantes que también lo auxilian y lo protegen en todas sus actividades.

No quiero profundizar demasiado en cuanto a los trucos de la magia negra, de los cuales podría escribirse todo un libro. Unos cuantos ejemplos servirán para aclarar la cuestión y conocer los maliciosos artificios que los chamanes deben superar cuando se enfrentan a las fuerzas del odio.

Por ejemplo, existe una técnica de hechicero conocida como

«vendar». Consiste en cubrir los ojos del chamán con un velo espiritual mientras está tratando de deshacer un hechizo, para cegarlo y apagar su pantalla mental con el fin de anular sus habilidades para combatir el hechizo.

Otro método es distraer al sanador en medio de la ceremonia con, digamos, un ruido, una luz, un contacto físico. Cuando el curandero voltea, el hechicero de magia negra le lanza al cuerpo virotes o dardos invisibles para paralizarlo momentáneamente y, en ocasiones, poner en riesgo su vida. Al perseguir a los chamanes, los hechiceros se valen de los mismos artilugios que se usan para cazar en la selva. Si, por otra parte, es el chamán quien persigue al brujo, al aproximarse a su círculo de poder, se dará cuenta de que el espacio que lo rodea está lleno de trampas, como pantanos que devoran el alma de una persona, o algo parecido a un pantano: arenas movedizas espirituales.

Para identificar y neutralizar estas trampas se recurre al espíritu de los animales y a la propia Familia Curativa, quienes le muestran al chamán formas para bloquear una emboscada o para evitarla, bordeándola o atravesándola. A veces, el halcón maestro de un chamán ofrecerá una vista aérea del espacio psíquico del hechicero. O bien el zorro o jaguar maestros le mostrarán dónde se encuentran los puntos débiles del hechicero y le explicarán cuál es la mejor forma de atacarlos. Los integrantes animales de la Familia Curativa pueden desplegar alas protectoras sobre el chamán o tejer un nido a su alrededor cuando es atacado. A veces cubren su cuerpo con telarañas o le proporcionan una armadura espiritual que ayuda a que la energía negativa literalmente rebote en ella.

En otras palabras, los poderes que protegen a los trabajadores de la sanación de las agresiones de un hechicero de magia negra no sólo son los conocimientos básicos del guerrero, sino las herramientas protectoras que le procuran los espíritus amigos y los animales sagrados de su Familia Curativa.

✳

Quisiera agregar que, en mi propio trabajo, en cuanto a la autopreservación, he tenido que adoptar una postura distinta a las mencionadas. En pocas palabras, no hago nada para protegerme de una emboscada psíquica.

Cuando, por ejemplo, estoy trabajando con un paciente en una sesión individual, me digo que estoy allí para sanar en nombre de la vida, en nombre del amor y en nombre de la justicia natural. Este enfoque o, si se quiere, esta devoción, me da toda la salvaguarda que necesito.

Lo cual no quiere decir que jamás utilice las técnicas de protección descritas. A veces lo hago. Pero he descubierto que, por lo general, con la intención basta, y que si deseo ayudar a que los pacientes destruyan un maleficio y arreglen lo que está roto en ellos, la acción más poderosa que puedo tomar es la de generar un flujo de la Fuerza de la Vida y dejar que actúe como un escudo protector. Una vez hecho esto, puedo emprender el trabajo sin preocupaciones; la Fuerza de la Vida se hará cargo del resto. Como alguna vez me dijo un maestro: «¿De qué manera puede un gran guerrero enfrentar bien una batalla si tiene miedo o si se preocupa demasiado por sí mismo? Un buen guerrero tiene fe en su naturaleza superior y no en sus armas. No le teme a su enemigo ni a la muerte. Esta confianza es lo único que necesita».

✳

A lo largo de los años, en algunas ceremonias he sido amenazado por fuerzas malignas que tratan de herirme y de las cuales nada sé.

En una ocasión trabajé con un grupo de sanación en Australia, y específicamente con una mujer llamada Beth, quien padecía un cáncer avanzado. Ella había probado muchos tratamientos convencionales y alternativos, pero ninguno de ellos logró detener el crecimiento del tumor. Como era parte del grupo con el que estaba trabajando, estuve de acuerdo en hacer sesiones prácticas con ella para ver qué tan bien respondía.

Por lo general, cuando enfrento una enfermedad difícil como el cáncer, mi primera sesión consiste simplemente en observar y esperar a que se manifiesten algunas pistas visionarias, al mismo tiempo que le transmito al paciente un continuo flujo de fuerza sanadora. Cuando concentré mi atención en Beth, lo primero que apareció fue el rostro de una mujer aborigen de cincuenta o sesenta años, con una cara de enojo y resentimiento que parecían dirigidos tanto a mí como a Beth, tal como si en realidad me estuviera mirando, así como yo a ella. El simple contacto visual con esta mujer me hizo sentir extrañamente alarmado.

Cuando terminó la sesión conversé con Beth sobre lo que había visto y le pregunté si tenía amistad con una anciana indígena. Al principio me dijo que no con un movimiento de cabeza. Sabía que, por lo general, los aborígenes rara vez establecen relaciones cercanas con los australianos anglos, por lo cual su respuesta tenía sentido. Pero luego, súbitamente, se acordó. En esos días estaba trabajando para una agencia gubernamental que distribuía ayuda financiera a los pobres. Una anciana aborigen la fue a ver varias veces en busca de ayuda, pero debido a la política administrativa no tenía derecho a recibir dinero del Estado.

—Vino varias veces —recordó Beth—. En todas las ocasiones le dije que me encantaría ayudarla si pudiera, pero que no calificaba. Cuando en su tercera visita volví a negarle la ayuda, se puso furiosa y me acusó a mí personalmente de retenerle el dinero y me amenazó con vengarse.

Beth estuvo desconcertada por esta confrontación, pero con el paso de los meses poco a poco comenzó a olvidarse del asunto. A mí, sin embargo, me quedó claro gracias a mis visiones que esta mujer tenía en los ojos el mismo brillo que muchas veces he visto en los ojos de los hechiceros de magia negra. Mi conclusión fue que esa mujer poseía conocimientos de ocultismo y era más que probable que hubiera invocado un maleficio para causar el cáncer que padecía Beth.

Algunos días después de esta conversación, le dije a Beth que tenía citas para visitar a varios pacientes cerca de donde ella vivía. Le conté que regresaría a la semana siguiente y que me gustaría que iniciáramos una serie de sesiones. Pero cuando regresé, diez días más tarde, ella se había marchado. Nadie sabía a dónde y nadie la volvió a ver. De cualquier manera, durante varios días seguí trabajando a distancia con ella, porque su caso me conmovió y porque quería contrarrestar la maldad que percibí en los ojos de la anciana indígena.

Durante las noches que siguieron a nuestro encuentro tuve una serie de sueños en los que vi grandes criaturas que parecían perros y tenían la piel pintada de colores intensos, como representaciones de arte aborigen. Estas criaturas se hallaban encerradas detrás de una reja, gruñendo y tratando de franquear las barreras para atacarme. Sin duda se trataba de ataques psíquicos, conectados al trabajo que había realizado con Beth y al hecho de que estaba interfiriendo con el hechizo de la anciana indígena. A la tercera noche, la mujer misma se apareció amenazándome con castigarme por tratar de sanar la enfermedad de Beth.

Qué asombroso, pensé, nunca había visto o hablado con esta mujer. Nada tenía que ver con su vida. Sin embargo, ella quería destruirme y lo habría logrado de no haber estado protegido por mi Familia Curativa. Cuán oscuro era el corazón de esta hechicera como para propagar el daño y el veneno aun en las personas que no conocía, simple y sencillamente porque no podía salirse con la suya. Ésa es la clase de espíritus cargados de odio que, de vez en cuando, un chamán debe enfrentar para poder ayudar a los demás.

Visitas sorpresivas durante la ceremonia

En los rituales sagrados, de vez en cuando tratan de unirse curiosos o visitantes no invitados, algunos humanos, pero la mayoría provenientes del mundo espiritual. Recordarán la historia de cómo permití que un grupo de espíritus de una tribu africana entrara en el círculo y bailara para un australiano de origen africano que no lograba conectarse con sus ancestros. Aunque generalmente me opongo a que los visitantes no invitados entren en el círculo, en algunos casos decir que sí, trae consigo beneficios inesperados.

En una ceremonia de hace ya varios años, el clima estaba muy cambiante, por un momento tempestuoso y luego tranquilo. Este extraño ir y venir creó tensión en el ambiente, como si algo dramático estuviera a punto de ocurrir. Entonces, a la mitad de la ceremonia, un grupo de unos cuarenta espíritus de hombres, mujeres, niños y ancianos apareció fuera del círculo. En cuanto llegaron, el clima se calmó. Aunque estaban pintados y arreglados de una forma que no reconocí, y tampoco tenía idea de quiénes eran o de dónde venían, eran inconfundiblemente peruanos de la Amazonia.

Esa gente se nos quedó viendo durante varios minutos con un aire de tristeza, hasta que un hombre con un tocado de plumas, sin duda una persona con autoridad, se acercó a la orilla del círculo y me dijo que su grupo pertenecía a un pueblo que había sido exterminado varios siglos atrás por una tribu vecina.

Entonces pregunté por qué estaban aquí.

El hombre explicó que él y su gente estuvieron vagando por el mundo de los espíritus desde el día que fueron asesinados y que sus enemigos habían lanzado un maleficio para impedir que algún día regresaran a su tierra natal. Al ver la luz que irradiaba desde nuestro círculo y al darse cuenta de que se estaba realizando un intercambio sagrado se acercaron para pedirnos: «Permítanos hacer nuestro hogar en los alrededores de su campamento y ayudaremos a mejorar su vida».

Al principio tenía dudas. Nada sabía de estas personas. Luego comencé a recibir señales positivas de mi Familia Curativa junto con un sentido de compasión hacia estos parias solitarios. Después de evaluar la situación, decidí aceptarlos. Fue conmovedor ver sus miradas llenas de franqueza y gratitud cuando les dije que eran bienvenidos.

Desde esa noche el grupo se instaló tranquilamente en la zona del campamento y fue aún más sorprendente verlos durante una ceremonia, parados muy cerca, resguardando y protegiendo nuestro círculo, ahuyentando las incursiones de los espíritus malignos, avisándome cuando un animal salvaje se acercaba y echándolo del lugar, apartando a personas sospechosas que trataban de acercarse al campamento. A veces, durante una ceremonia, los miembros del grupo que se especializan en el Arte de la Medicina me ayudan a realizar una sanación difícil. En definitiva, la decisión de permitir que los miembros de esta tribu amable se instalaran en nuestros aposentos fue acertada, tanto para ellos como para mí y para mis pacientes.

El final de la ceremonia

Aunque las ceremonias suelen durar de cuatro a cinco horas, nadie está tomando el tiempo, y fundamentalmente el incremento, el equilibrio y el declive de las interacciones con el mundo espiritual tiene su propia curva, que los participantes pueden sentir y se acoplan a ella.

Con frecuencia, los encuentros más vívidos ocurren durante las primeras dos horas de la ceremonia, cuando los colores y los comportamientos son más expresivos, las visiones y la clarividencia son comunes, y los niveles de energía tienen mayor intensidad. A medida que avanza la noche, la conciencia se estabiliza y es durante ese intervalo cuando los pacientes tienen más probabilidades de interactuar con los espíritus, los ancestros y los mensajeros psíquicos. Luego de tres o cuatro horas uno siente que su nivel de trance disminuye de manera sutil, con menos y más débiles visiones, aunque esto no es una certeza, pues a veces los pacientes tienen sus encuentros más contundentes con el mundo invisible hacia el final de la sesión. Hay una cosa que es absolutamente cierta: durante una ceremonia sagrada cada participante tiene su propio y singular encuentro con el mundo sobrenatural.

Cuando percibo que la ceremonia está llegando a su fin, se lo comunico a los pacientes. En ese momento, a menudo descubro gotas o esporas flotando sobre ellos, como una bendición final. Esta lluvia señala el fin de la ceremonia, y más tarde los participantes podrán experimentar sus beneficios en diferentes aspectos de sus vidas, aun cuando la mayoría de las veces no se den cuenta de que esos beneficios se deben a los dones recibidos durante las horas que pasaron interactuando en el mundo invisible.

꒦

Luego de anunciar el fin de la ceremonia, quito el domo de sanación y les aviso a los pacientes que, aunque la ceremonia ha concluido, es posible que en los días posteriores los espíritus sigan trabajando en sus mentes y sus corazones. Después de experimentar el ritmo constante del tambor, cargado de fuerza curativa durante muchas horas, los participantes están cansados y con sueño. La mayoría regresa a sus cuartos sin hablar con los demás. Esto ocurre el día siguiente y los días posteriores. Una vez que están en sus aposentos, por lo general disfrutan de una buena noche de descanso, a menudo poblada de sueños que prolongan su intercomunicación con el mundo espiritual.

A la mañana siguiente, la mayoría de los pacientes se despiertan sintiéndose notablemente alegres y renovados. Aunque pasaron la mayor parte de la noche en vela, sus sentidos están más agudos que de costumbre y sus mentes más tranquilas y despejadas. Esto no ocurre con todos, naturalmente, pero sí con muchos de ellos. La sensación de claridad posterior a la ceremonia puede durar varios días y hasta semanas. A diferencia de los estupefacientes, no hay «bajón» luego de la sesión. Es más como ir hacia arriba. Se dice que la ayahuasca es «la medicina», y con razón.

No hace falta decir que es mucho más lo que podría compartir con respecto a la experiencia que hora a hora ofrece una ceremonia con las plantas sagradas. Pienso, o al menos espero, haber cubierto los aspectos más importantes, y que aquellos que quieran probar las plantas se sirvan de esta información como un plano o una guía práctica.

Preocupaciones posteriores a la ceremonia

La actitud de un paciente con respecto a un encuentro chamánico suele manifestarse de dos maneras. Hay una coincidencia entre ellos, desde luego, pero existe una doble tendencia.

Primero, algunos consideran que una sesión con plantas no es sino una herramienta de sanación. Ellos se acercan a mí para que cure su hipertensión, sus problemas financieros, sus fracasos matrimoniales, su depresión o su insomnio. Cuando la ceremonia concluye, siguen su camino y generalmente no los vuelvo a ver. Los pacientes de este tipo tienden a considerar que una ceremonia con las plantas sagradas es equivalente a visitar a un médico o participar en una sesión grupal de terapia.

La segunda manera de ver una ceremonia es como un camino hacia la educación espiritual. A lo largo de los años mucha gente me ha contactado diciendo que ha escuchado cosas promisorias del curanderismo y que les gustaría probar. A menudo carecen de un sentido de urgencia moral o espiritual, simplemente tienen ganas de experimentar algo nuevo que pueda ayudarles.

Una vez que estas personas participan en una ceremonia, muchas de ellas comprueban la profundidad con la que ha penetrado la planta mágica en los recovecos de su inconsciente, donde gran cantidad de sus problemas habituales han realizado su trabajo sucio. Caen en la cuenta de que las puertas de un reino encantado se han abierto ante ellos y que ya no volverán a ser la misma persona. Una de las más increíbles recompensas en mi profesión es la de escuchar, después de una ceremonia, a quienes eran escépticos compartir con sus familiares y sus amigos cómo fue que su corazón se abrió y sus zonas espirituales despertaron. Al final de la noche se dan cuenta, como mucha gente, de que la ceremonia sagrada es una enseñanza y una sanación. A menudo vuelvo a encontrarme con estos pacientes, muchos de los cuales vienen a Perú más o menos cada año para participar en una ceremonia.

Después de que una ceremonia llega a su fin al anochecer, al día siguiente me reúno con cada miembro del grupo para hablar de su experiencia, conocer sus impresiones y hacer sugerencias. Durante nuestra conversación menciono que cuando un ritual concluye, hay una Regla de Oro a considerar, la Segunda Regla de Oro en este caso.

Recuerden que la Primera Regla de Oro nos dice que durante una ceremonia los participantes nunca deben ser expuestos a exigencias o a un encuentro psíquico que los empuje más allá de sus límites o les cause daño de alguna forma. Cualquier reto que enfrenten durante una ceremonia siempre puede ser superado. A nadie se le debe pedir más de lo que pueda hacer.

La Segunda Regla de Oro, como habrán de recordar, tiene que ver con el futuro, con el comportamiento que tendrán los pacientes durante las semanas y meses posteriores a la ceremonia. Se refiere a que cuando los mecanismos oscuros de la Conciencia del Sufrimiento son desmantelados (que en los viejos tiempos era conocida como expulsión demoniaca), los participantes se liberan de esas influencias represivas. Pero que su bote de basura interno haya sido parcialmente vaciado no significa que todos los patrones negativos de la personalidad de un paciente hayan desaparecido. Un determinado vicio puede volver a causar tentación, y a menudo lo hace. Pero cuando esto ocurre, en el mejor de los mundos posibles, los pacientes ya no están bajo su control, y de esa manera pueden tomar decisiones de vida basadas en sus nuevos conocimientos y no en sus antiguos comportamientos y malas conductas.

Durante las semanas y meses posteriores a la ceremonia, algunas personas tienen sueños y visitaciones que ofrecen un mejor entendimiento de las visiones que tuvieron durante la ceremonia. A otras, se les aparecen en la imaginación patrones de adornos y medallones, y se les explica cómo convertir esos diseños en amuletos para una protección psíquica. Las posibilidades de crecimiento luego de la ceremonia son infinitas si una persona sabe lo que busca y cómo aprovechar las oportunidades cuando se le presentan.

Por ejemplo, durante una sesión, muchos participantes se dan cuenta de que han dejado atrás grandes rencores. Pero éste sólo es la mitad del proceso de perdón. De acuerdo con la Segunda Regla de Oro, la otra mitad es tener el valor de enfrentar a la persona que despreciaban levantando el teléfono para llamarla, mandándole un mensaje o visitándola para poner las cosas en orden. Aun cuando el examigo no entienda lo que le dices o desprecie tu propuesta de paz, no importa. Lo que importa es tu gesto. El resto depende de la otra persona o del destino.

¿Qué pasa si los pacientes no practican la Segunda Regla de Oro? ¿Qué pasa si olvidan la lección que aprendieron o están muy distraídos y no la integran a sus vidas? La respuesta es que esas reglas permanecen en una especie de secuencia continua que gira alrededor de la conciencia interna de la persona, inactivas pero listas para ser puestas en práctica cuando la lección sea recordada. Esto no quiere decir que algo malo le sucederá al paciente. De ninguna manera. Sólo significa que para poder deshacerse por completo de los problemas que se les han presentado, pero que por negligencia ignoraron, los pacientes deberán enfrentarlos directamente mediante el trabajo espiritual interno o participando de nuevo en una ronda de ceremonias sagradas, esta vez con la resolución de no olvidar la Segunda Regla de Oro.

⚞

A lo largo del tiempo me he dado cuenta de que los pacientes aplican en su vida cotidiana sólo el diez por ciento de lo que han aprendido en una ceremonia. Pero un diez por ciento es mucho. Si un año después de una ceremonia vuelvo a encontrarme con un paciente y me cuenta que uno o dos de sus problemas se resolvieron, lo felicito. Regresa, le digo, para probar una nueva dosis.

Cuando los pacientes llevan a la práctica los principios aprendidos de las plantas sagradas, a menudo obtienen grandes recompensas. A mis pacientes les digo que cuando se desprenden de viejos enojos y resentimientos, sin por eso esperar algún premio especial por el esfuerzo, ayudan a que la sanación prosiga en su interior durante los años venideros. «Cuando una sesión concluye», me dijo alguna vez uno de mis pacientes, «es cuando verdaderamente comienza».

Llevar un cuaderno o un diario

A menudo los pacientes me dicen que luego de las ceremonias hacen una o dos cosas.

La primera es que inmediatamente después de la ceremonia, o a más tardar al día siguiente, escriben todo lo que pueden recordar sobre los sucesos de la noche. Algunos ilustran lo que vieron o incluso graban un audio para contar la experiencia. De vez en cuando consultan lo que registraron y se dan cuenta de que su lectura les trae recuerdos significativos de lo que sucedió en la noche.

El segundo grupo de pacientes me dice lo mucho que les disgusta que durante los días y semanas posteriores a la ceremonia hayan olvidado tantas lecciones vitales aprendidas esa noche y cómo lamentan no haber escrito sobre ellas cuando aún tenían fresco el recuerdo. En pocas palabras: recomiendo que escriban sobre su experiencia tan pronto haya terminado la ceremonia. Si se dejan pasar varios días sin apuntar tus recuerdos, se desvanecerán. ¡Escribe!

También es importante saber que las visiones que se tienen durante una sesión de la ayahuasca no necesariamente dejan de trabajar cuando la ceremonia ha terminado. Continúan en un nivel subconsciente y nadie sabe por cuánto tiempo. Si documentas estas visiones por escrito y de vez en cuando consultas este registro, alimentarás esta energía superior que trabaja de manera silenciosa dentro de ti y la mantendrás activa.

Unas palabras en torno a la práctica de la dieta de sanación

He mencionado la dieta varias veces durante este texto, y por una buena razón: es una parte importante de la práctica chamánica, tan importante que una descripción detallada de ella es obligatoria.

Una dieta es un prolongado proceso meditativo y estructurado que se lleva a cabo mediante el ayuno, la abstinencia, las plantas medicinales y las oraciones, y existen varias versiones de dietas que se practican en toda la cuenca del Amazonas. Entre ciertas tribus indígenas, la gente que realiza una dieta pinta sus manos y sus rostros con tintes brillantes o se viste con cierto tipo de prendas para que los demás en la aldea sepan que está en una etapa de aislamiento y mantengan su distancia. Este método es un ejemplo excelente de la cortesía natural que uno encuentra en muchos pueblos de las tribus en donde la necesidad de intimidad se expresa de forma visual sin tener que decirle agresivamente a la gente que se mantenga alejada.

De hecho, además de pedirle a los participantes que coman alimentos sencillos, realicen ayunos programados y eviten todo tipo de contacto sexual, una dieta es también abstenerse de las tentaciones e intercambios de la vida cotidiana, lo que requiere de un largo y exigente periodo de reclusión que puede realizarse por diversas razones, tanto mundanas como espirituales. Por ejemplo, los pacientes pueden desear tener una determinada capacidad o hacer que un evento importante tenga lugar (o que no suceda) en sus vidas. Otros requieren sanación o protección física. Algunos desean establecer un contacto permanente con determinados espíritus o poderes espirituales.

En zonas rurales del país, una de las razones más comunes para realizar una dieta es la de incrementar las habilidades de cazador, como por ejemplo el saber acercarse al animal que están tratando de cazar sin asustarlo o localizar entre los arbustos animales salvajes que nadie más puede ver o escuchar. Luego de realizar la dieta para cazador, uno de mis buenos amigos desarrolló la habilidad de detectar en un pantano a la rana más pequeña y escondida, y de ver a una serpiente verde perdida en el follaje a 30 metros de distancia. Dice que cuando busca una presa, lo que ve es un resplandor en los árboles o entre la maleza, lo cual le indica la presencia de vida salvaje, y yo imagino que es el resplandor que emana de la Fuerza de la Vida del animal.

También hay dietas que se hacen para mejorar la visión nocturna o para eliminar la pereza crónica en una persona joven. No es una sorpresa que las dietas jueguen también un papel en los entrenamientos chamánicos, permitiéndoles a los aprendices que exploren su Medicina personal o que establezcan un vínculo con el espíritu de determinada planta. Finalmente, pueden realizar una dieta las personas que deseen superar uno o varios comportamientos negativos para así convertirse en mejores seres humanos.

Sorprenderá saber que las dietas también se usan en animales, especialmente para domesticar bestias salvajes y lograr que sean amigables con los humanos. Hay dietas especiales para perros (que se hicieron comunes en la Amazonia desde hace varios siglos), diseñadas para mejorar su sentido del olfato para la cacería o para hacerlos más fieros o más mansos. En las primeras crónicas de los conquistadores españoles, donde escribieron sus comentarios sobre la cultura peruana, se leen pasajes donde se describe cómo los españoles encontraron jaguares y pumas sentados en un sitio tranquilo, junto a la entrada de algunos templos, sin molestar a quienes entraban. No puedo evitar pensar que los métodos utilizados para domar a estas feroces criaturas fueron dietas realizadas por curanderos incas.

Una dieta tradicional involucra tres puntos de conciencia que interactúan: el participante, una persona de Conocimiento y las plantas sagradas. A veces, durante la ceremonia o en un sueño, el espíritu de una planta busca a un paciente para pedirle que hagan la dieta juntos. El chamán puede proponer que un individuo perturbado o necesitado haga lo mismo. En algunas ocasiones, durante una ceremonia, el paciente solicita una dieta al espíritu de la planta y al curandero.

En el proceso de la dieta los participantes se encuentran totalmente aislados, sólo en contacto con el chamán y sus ayudantes
que reparten los alimentos y examinan la salud y el estado mental
de las personas que harán la dieta. Una vez que el confinamiento
ha iniciado, se les pide que no hablen e, incluso, que no miren a
las personas ajenas a la ceremonia, particularmente a las del sexo
opuesto. En algunas escuelas chamánicas, el intercambio social
puede nulificar la dieta, lo que hace necesario reiniciar la práctica
varios días después.

Por lo general, en las semanas de la dieta, los pacientes consumen plantas sagradas recetadas por el curandero. A algunos sólo
se les da una planta que les ayude para un determinado problema
físico o para establecer una relación con esta singular planta medicinal. En otras dietas se toma, una o dos veces al día, una mezcla de
plantas suaves, las cuales no necesariamente son psicoactivas, pero
pueden conectarlos con importantes energías sanadoras.

Algunas dietas requieren que el paciente se proteja con una
loción natural preparada por el curandero o que constantemente
humedezca su piel en sus vapores hirvientes. Cuando la práctica
se realiza de esta manera, resulta esencial que el paciente aplique
la loción en cada rincón de su cuerpo, incluidas las zonas privadas,
como la entrepierna, las axilas y otras partes, para así asegurarse de
que toda su anatomía sea bañada.

Para realizar la dieta, se les pide a los participantes que eviten los
pensamientos negativos, que acepten con tranquilidad los rigores de
la dieta y que constantemente busquen consejo del espíritu de la planta que estén tomando. De hecho, cuanto más tiempo pasa una persona comunicándose con su planta específica, mayor vínculo establece
con ella, de tal manera que cuando la dieta termina, la planta y el ser
humano siguen siendo compañeros por el resto de sus vidas.

Una persona que hace la dieta come una limitada selección de alimentos. El menú incluye pescado con determinadas características

físicas. Sus espinas deben de ser rectas, no curvas, no deben tener dientes y su carne no debe ser flemosa. En concreto, hay dos tipos de pescados locales que cumplen los requisitos: el boquichico y la sardina amazónica. En algunas ocasiones también se come carne, pero debe estar seca y consistente, no jugosa.

En cuanto a las plantas, se comen la yuca y la pituca hervidas, que son raíces comestibles, además de ciertos tipos de plátanos verdes maduros y cocidos. Las raíces y las frutas deben tener la forma más recta posible y sin manchas ni golpes. En tiempos modernos, el arroz hervido también puede ser parte del menú.

En particular, estos alimentos y algunos otros son los que especialmente se eligen. Representan en la selva lo que varios milenios de práctica y tradición han reconocido como proveedores de la menor cantidad de intromisión gástrica con la sutil acción de las plantas medicinales. Adviértase que el criterio para seleccionar los mejores alimentos para la dieta —sanos, sencillos, sin manchas, etcétera— es el mismo que se utiliza para seleccionar las mejores hojas de coca y otras plantas que se usan para ofrendarle a los dioses.

⚐

Tradicionalmente, la duración de la dieta sigue de cerca la influencia de la luna.

Ya he mencionado que la energía de la luna llena cristaliza y fija los acontecimientos durante un período de tiempo, dándoles permanencia, razón por la cual los procedimientos mágicos se realizan con frecuencia en noches de luna llena. Como el objetivo común de la dieta es lograr que los cambios positivos en la vida de uno permanezcan el mayor tiempo posible, la duración de la dieta corresponde a todo el ciclo lunar, de una luna nueva a la siguiente, o de una luna llena a la siguiente, aunque el tiempo puede extenderse para incluir varios ciclos lunares, si el usuario así lo desea.

Hoy en día, cuando el chamanismo se ha vuelto tan popular, he escuchado a gente hablar de dietas que sólo duran algunos días. Esas sesiones cortas por lo general son diseñadas para adecuarse tanto al calendario como a las necesidades del participante, que a menudo es de otro país y visita Perú sólo durante un par de semanas, lo cual está bien. Pero esas dietas truncas deben ser llamadas como lo que realmente son: retiros especiales. Esto no quiere decir que un período de soledad meditativa durante una o dos semanas, basado en un buen plan de curación, no sea valioso. Pero si queremos mantenernos fieles a la tradición y experimentar el poder curativo total de esta práctica ancestral, entonces lo mejor es permanecer aislados durante todo un ciclo lunar.

No es necesario decir que pasar varios días a solas, interactuando sólo con seres invisibles, y en ocasiones con un chamán y sus ayudantes, puede ser todo un reto. Sin embargo, al final, los pacientes casi siempre salen de ese aislamiento sintiéndose más sanos, con la mente extraordinariamente clara y muy dispuestos a, de inmediato, tomar posesión de los objetivos que se fijaron al iniciar la dieta.

Pasar un tiempo en aislamiento, meditando e interactuando con los espíritus durante una dieta, es una práctica común en todas las grandes religiones del mundo, incluidas el budismo, el islam, el hinduismo y el cristianismo. El mismo Jesús pasó cuarenta días solo en el desierto, sentando el precedente para que los futuros padres del desierto hicieran lo mismo. Como alguna vez dijo un chamán: «Si cada día lo vivimos como si estuviéramos haciendo la dieta, viviríamos muchos años más».

Una ceremonia diferente e ideal

La siguiente historia no está relacionada estrictamente con el trabajo con las plantas sagradas, pero de cualquier manera quiero compartirla porque ayuda a entender la sabiduría y el pensamiento de las comunidades originarias, el mismo tipo de pensamiento que acoge y estructura el trabajo con las plantas sagradas.

En una de mis primeras visitas a una tribu de la Amazonia, en la selva del norte, luego de varios días de establecer contacto con los pobladores, me invitaron a una fiesta de bienvenida. Pronto me di cuenta de que ese encuentro era una versión de las ceremonias chamánicas, aunque se realizó por la tarde y sin usar plantas psicoactivas. Los miembros de la aldea se reunieron dentro de una amplia cabaña, que pronto se llenó, y en la que era difícil moverse 15 centímetros en cualquier dirección, aunque el ambiente del lugar estaba tan animado que a nadie, ni siquiera a mí, pareció importarle. A pesar de lo claustrofóbica, la sensación de estar amontonados unos contra otros era en cierto modo reconfortante e incluso diría que embriagadora. Luego de varios minutos, la puerta de la cabaña se cerró y el sitio quedó a oscuras, no del todo, sino en una profunda penumbra.

En una esquina de la cabaña tres músicos comenzaron a tocar tambores y flauta. En otra esquina había gente mezclando unas enormes vasijas de masato, un brebaje suave hecho de raíz de yuca fermentada. Todos los presentes se balanceaban lánguidamente con el ritmo de la música. Algunas parejas bailaban, aunque había poco contacto visual y ninguna muestra de coqueteo. Más que sonriente, la expresión en el rostro de la gente era serena y distante.

Así estuvimos durante varias horas, hombro con hombro, en una especie de trance armónico y moviéndonos al unísono de los tambores. La gente se pasaba el masato en un recipiente hecho de fruta seca de huingo, todos tomaban un sorbo sin dejar de moverse. Luego de un rato, los fluidos y olores de nuestros cuerpos saturaron la atmosfera, pero de una manera elevada, como si todos fuéramos una entidad única que estaba transpirando.

De repente, un integrante del grupo abrió la puerta de la cabaña. Previendo este hecho, de inmediato todos los presentes salieron a la luz del sol sin dejar de bailar. Más tarde, cuando la ceremonia había concluido, recuerdo que sentí tal comunión en ese espacio lleno de desconocidos, quienes durante varias preciadas horas no fueron seres ajenos a mí sino hermanos y hermanas. Todos los distintos elementos de este encuentro habían sido diseñados tiempo atrás por los ancestros del grupo para integrar a la tribu. El hecho de que estuviéramos amontonados en un reducido espacio cerrado durante mucho tiempo, con nuestros cuerpos vibrando al mismo ritmo, que compartiéramos la misma bebida y nos bañáramos en el aliento y los humores de los demás, creó un perfecto sentido de unidad de grupo dentro de la oscuridad de un recinto en forma de útero. Luego, el súbito contacto con la luz fue como el nacimiento de un nuevo ser y todos parecíamos las células de su cuerpo. La plenitud de ese momento, pensé, reflejaba los más altos ideales del gozo y el conocimiento chamánicos.

CUARTA PARTE

REFLEXIONES SOBRE EL PASADO Y EL FUTURO DE LA HUMANIDAD

CAPÍTULO 8

SOMBRAS DE

LA PRÁCTICA CHAMÁNICA

Para aquellas personas que tienen planes de viajar a un centro de medicina tradicional en América del Sur, me siento obligado a proyectar un poco más de luz en cuanto a las zonas problemáticas del curanderismo. La razón por la que hago esto es para ayudar a que los buscadores se protejan mejor de los comportamientos inapropiados y las malas prácticas del chamanismo, para así garantizar que su experiencia en el círculo mágico sea una genuina renovación. Esta sección no pretende ahuyentar a nadie, debo aclararlo, sino más bien exponer los aspectos vulnerables de la práctica del chamanismo, a menudo adversos, con el fin de ayudar a que la gente los evite.

Aunque fueron muchas las influencias que me ayudaron a tomar la decisión de convertirme en un médico tradicional, una de las principales razones por las que decidí hacerlo, como lo detallé en el capítulo 2, fue darme cuenta de la manera en que la medicina institucional ignoraba a menudo a los ancianos pobres, negándoles una adecuada atención a quienes más la necesitan. Luego de ser testigo de cómo el sistema fallaba en su misión de ofrecer cuidado médico a esa gente, me interesé en aprender los métodos curativos de los indígenas del Perú ancestral.

Hoy me siento igualmente preocupado, esta vez porque el cuerpo de conocimiento de la antigua medicina peruana está en peligro debido al turismo de la ayahuasca, es decir, a la gran cantidad de personas que está llegando a Perú, algunas buscando una verdadera ayuda espiritual de las plantas sagradas, otras curiosas y aventureras, o aquellas consumidoras de drogas recreacionales en busca de un nuevo viaje. A lo largo de los años, muchos buscadores que han abrazado el arte peruano de la sanación se han dado cuenta de que su efectividad es cada vez menor, no sólo por el enorme número de buscadores que han llegado, sino por los contratistas comerciales y depredadores del chamanismo, quienes se aprovechan de los buscadores inocentes y se valen de una variedad de prácticas chamánicas falsas e incluso ilegales.

Esta situación se debe principalmente al choque de culturas. Muchos visitantes que llegan a Perú para una ceremonia buscan soluciones inmediatas. Dos o tres ceremonias sagradas, al costo de miles de dólares y con treinta o cuarenta participantes, y se piensa que bastan para deshacerse de todos los dolores y complejos que los pacientes han adquirido a lo largo de su vida. El problema es que las artes primordiales de la sanación no están diseñadas para realizarse a gran escala y menos a un ritmo veloz. Tampoco el chamanismo ha sido considerado jamás como una fuente de grandes beneficios económicos, ni para el curandero ni para sus colaboradores.

La decadencia comenzó en los cincuenta y sesenta, cuando viajeros de todo el mundo comenzaron a visitar países al sur de la frontera de Estados Unidos en busca de nuevos viajes exóticos. Escritores de la generación Beat, como Allen Ginsberg y William Burroughs, probaron la ayahuasca, los hongos alucinógenos y los cactus, para luego contar por escrito las experiencias que vivieron. En la década de los setenta, cuando la demanda de sustancias como el peyote y los hongos alucinógenos se incrementó notablemente en Estados Unidos, y los libros de Don Juan que escribió Carlos Castaneda aparecían regularmente en la lista de los más vendidos, el chamanismo se convirtió en una palabra de alto perfil en el léxico popular.

En años recientes, las noticias relacionadas con los poderes medicinales de la ayahuasca se han diseminado por todo el mundo a través de los medios tradicionales y de Internet, y han inspirado a decenas de miles de gentes a visitar comunidades en las selvas de Centro América y América del Sur en busca de la cura a sus males. Por eso, dondequiera que exista una afluencia, hacia un país en desarrollo, de fuereños ricos y desesperados por hallar alivio a sus problemas de primer mundo, la charlatanería y la especulación no suelen estar muy lejos.

Buscando salir de la pobreza, en la actualidad miles de campesinos y aldeanos peruanos están abandonando sus hogares ancestrales y trasladándose hacia pequeñas pero activas ciudades de la Amazonia, donde instalan puestos de baratijas o venden «artesanías» peruanas de producción masiva. Al mismo tiempo, en las ciudades y en las selvas inhóspitas de la Amazonia están surgiendo albergues y hoteles que ofrecen rituales chamánicos y costosas «vacaciones ceremoniales» a los fuereños adinerados.

Algunos de estos albergues están construidos de manera tradicional, mientras que otros son ultramodernos. Un número cada vez mayor ofrece lujosas instalaciones, con habitaciones decoradas, mesas de masaje, alberca y *spa*, un bar y un restaurante, lo cual las vuelve un centro turístico suntuoso y no un refugio espiritual. Ni el gobierno ni los ayuntamientos piden que esos especuladores soliciten permisos legales para abrir y tener en funcionamiento ese tipo de albergues, ni tampoco existen leyes que obliguen a comprobar la autenticidad de un chamán. A través de blogs y artículos en revistas, sitios web y documentales de YouTube autoproducidos, algunos centros especializados buscan atraer visitantes de América, Europa y Asia para ofrecerles un «chamanismo para llevar», de consumo rápido y popular.

En los últimos veinticinco años, la actividad económica en ciudades de la selva, como Iquitos, Pucallpa, Tarapoto y otras, que antaño fueron pequeños remansos de la Amazonia, se ha incrementado de manera considerable, transformando a muchos lugareños en capitalistas. El comercio en esas ciudades está en auge gracias a los aviones, camiones, autos y embarcaciones que todos los días llegan con montones de visitantes. En la mayoría de esos pueblos es común ver cómo son asediados por los restauranteros, taxistas y enganchadores que les ofrecen acceso a los hechiceros locales o les venden bebidas de la ayahuasca comercialmente envasadas. Incluso existen las llamadas «tiendas chamánicas», donde las botellas de la ayahuasca y de otras mezclas de plantas psicodélicas se alinean en los aparadores como si fueran productos de una vinatería.

Los curanderos que trabajan en centros comerciales de la ayahuasca suelen estar bien instruidos en la curación espiritual tradicional y muchos tienen el sincero deseo de ayudar. Pero un número sorprendente de ellos (cada vez mayor) son novatos inexpertos o incluso falsos curanderos —oportunistas que decoran sus locales con esqueletos y cristales, y ofrecen mezclas de plantas alucinógenas preparadas para producir un espectáculo de luces dentro de la cabeza, en lugar de sanar el alma—.

Durante siglos, la educación de un curandero en Perú ha sido motivo de castigo y con frecuencia un riesgo de muerte. Hoy en día las cosas han cambiado. Además de los farsantes, muchos autodenominados curanderos estudian durante un año o más para aprender los fundamentos básicos del oficio, y luego buscan ser contratados en campamentos de la ayahuasca. Estos guías semiformados, que conocen algunas técnicas básicas, suelen hacer más daño que aquellos que carecen de formación. Conocer poco es muy peligroso, incita a que los guías sin experiencia intenten sanaciones complejas y traten de deshacer embrujos que aun para los curanderos más experimentados serían un reto.

A todo lo largo del imponente río Amazonas, el oficio del chamán ha sido dañado de una manera nunca vista en la historia. Esta es una realidad profundamente preocupante para muchos en América del Sur. Como escribió el líder nativo americano Janet McCloud: «Primero vinieron para apoderarse de nuestra tierra y nuestra agua. Luego se hicieron de nuestros recursos minerales. Ahora quieren quitarnos también nuestra religión». En la siguiente sección espero poder ayudar a los potenciales usuarios de la ayahuasca para que logren distinguir entre las buenas y las malas prácticas, lo que hay que evitar y lo que hay que adoptar.

Los mecanismos de un centro chamánico que funciona mal

En el Perú, desde un principio, la práctica en el conocimiento de las plantas se ha dado a baja escala. Hoy en día, el deseo de ser iluminado por el poder de las plantas ha ido de lo local a lo internacional.

Naturalmente, si se realizan de manera apropiada, hay pocos motivos por los que un número grande de personas no pueda ser parte de reuniones chamánicas sin sufrir daños o afectar el espacio natural. Al mismo tiempo, la codicia que a veces acecha a los corazones de algunos curanderos puede transformar lo que comienza como una iniciativa filantrópica en una oportunidad para mercenarios. Existen un sinfín de variantes. Una de las más comunes es la siguiente.

Un empresario bien intencionado que ha bebido en innumerables ocasiones el brebaje sagrado y se considera parte de la nación chamánica decide compartir con el mundo este bien. Se dice a sí mismo que crear un centro de curación siguiendo los protocolos chamánicos apropiados contribuye a que la gente encuentre el auténtico curanderismo y es, además, una forma honesta de ganarse la vida. Cobrará una cuota justa por una o dos semanas de ceremonias llevadas a cabo por una persona confiable y con conocimiento. Todos saldrán beneficiados.

Impulsado por este sincero enfoque, nuestro empresario encuentra a un curandero tradicional y abre un pequeño albergue. Le dice a la gente que tal vez se anuncie a través de Internet y YouTube sólo para correr la voz. Porque si no, ¿de qué otra manera sabrán que su centro existe?

En un año o dos el negocio comienza a atraer interesados. Pronto, el dueño necesita ampliar la maloca, expandir el comedor y construir más dormitorios. Para eso necesita dinero. Incrementa las tarifas, pero a la gente no parece importarle y sigue llegando. Entonces, las vuelve a incrementar.

Aunque comenzó con grupos pequeños de diez o quince, el número de pacientes en una ceremonia crece de manera exponencial. Como los costos van a la par de sus tarifas, muy pronto deja de ser un modelo de la sabiduría chamánica para convertirse en un ejecutivo. A veces se ve obligado a reducir costos e incluso a maquillar las cuentas. Si su chamán se vuelve descuidado o malicioso, lo pasa por alto. Cosas indebidas ocurren en todo negocio, se dice a sí mismo. Quizá el chamán prepara medicinas de baja calidad o acosa a un paciente. Pero la gente sigue llegando y el dinero fluye.

En cierto momento, y esto es típico, el chamán decide abandonar el centro. Quizá a causa de una disputa, por lo general relacionada con el dinero. O siente que necesita regresar con su familia y su pueblo. O bien está cansado del ritmo frenético en el campamento abarrotado. O siente que la integridad del campamento y de su propietario está en peligro.

El dueño contrata a un sustituto. Si es alguien consciente, buscará a un practicante que tenga una reputación de honestidad, aunque hallar a una persona con verdadero conocimiento se ha vuelto cada vez más difícil. Si es irresponsable, no investigará a fondo al chamán y puede acabar con un guía cuya formación sea superficial o incluso con un impostor. Al mismo tiempo, el campamento va adquiriendo cada vez más popularidad y se vuelve caro. El falso chamán sabe cómo montar un buen espectáculo, proporciona poderosas plantas curativas, y los pacientes se van contentos. La creciente demanda también incita al propietario a permitir que participen personas que obviamente no están en condiciones mentales o físicas adecuadas para participar en una ceremonia grupal. A la larga, las buenas intenciones del propietario se olvidan por completo, enganchado por el dinero, las presiones administrativas y la charlatanería.

La influencia del ocultismo occidental

Asumiendo que el chamanismo tiene sus raíces en lo paranormal, muchos consumidores de la ayahuasca están involucrados con las practicas del ocultismo occidental. Cuando visitan la Amazonia traen consigo su magia.

Muchos de estos visitantes conviven con chamanes locales y con trabajadores relacionados con los albergues de plantas. En ese proceso los introducen en las prácticas del ocultismo europeo o versiones de espiritualidad moderna del *new age*, que para algunos chamanes resultan tan atractivas que terminan por incorporarlas en sus ceremonias. En algunos rituales encontramos personas de conocimiento que además de proporcionar plantas sagradas aumentan su trabajo con la curación a base de cristales, lecturas de la cábala, teosofía, numerología y otras prácticas que definitivamente no son peruanas ni pertenecen al chamanismo.

Hay una historia que me contó un viejo curandero sobre un verdadero representante del conocimiento tradicional de la selva, quien trabajó en uno de los primeros albergues que se abrieron en la Amazonia. Era un guía bien adiestrado y su reputación como alguien honesto y competente muy pronto se propagó y atrajo a mucha gente de Lima y más allá.

Luego de varios años de estar a cargo del centro, el hombre se debilitó y cedió su trabajo a sus hijos, quienes tenían una visión muy distinta de cómo debería funcionar un centro de curación. Al haber convivido con pacientes relacionados con la magia occidental, comenzaron a promover su centro con un menú de servicios que incluía prácticas *new age*, como cura con piedras, astrología, quiromancia, lectura del tarot, entre otras. Esta propuesta no fue una estafa intencional por parte de los hermanos. Ellos creían sinceramente que incluir métodos esotéricos no tradicionales podría aumentar el poder de su curanderismo. Pero no fue así. Después de algunos años, su gran reputación de la práctica que ofrecían se vino abajo de manera considerable.

Demanda excesiva de plantas

Debido al turismo de la ayahuasca, en décadas recientes la demanda por las plantas sagradas en el Perú se ha disparado. Si bien desde hace miles de años la liana de la ayahuasca y otras plantas maestras han crecido en abundancia a lo largo de las colinas y las selvas del Perú, la actual demanda está contribuyendo a una disminución de esta planta sagrada y de muchas otras plantas psicoactivas.

En otros tiempos, los curanderos de las aldeas recolectaban hierbas y plantas que crecían en los campos cercanos, muchas de ellas sembradas por sus padres y sus abuelos años atrás. Recogían uno o dos puñados de liana y sólo arrancaban una planta entera cuando una urgencia médica lo ameritaba. Actualmente, una generación de recolectores profesionales recorre las zonas del Perú ricas en flora sagrada, donde cosechan —aunque la palabra precisa es «saquean»— y llenan costal tras costal con las lianas de la ayahuasca cortadas en pedazos, hojas de chacruna, raíces de sanango y otra vegetación sagrada, tanto común como rara.

Muy pocas autoridades de la aldea se esfuerzan por combatir este abuso. Constantemente, las personas de escasos recursos que viven en la selva son abordadas por recolectores profesionales de plantas o miembros de albergues comerciales, quienes les ofrecen el equivalente a 50 o 60 dólares por cada costal de la ayahuasca que recojan. Todo lo que un lugareño necesita hacer es cruzar el bosque detrás de su casa, aproximarse a donde está el cultivo de la ancestral ayahuasca y machacarla para meterla en costales. El pago en efectivo lo estará esperando.

Al ver lo fácil que es ganar dinero de este modo, algunos aldeanos no sólo saquean los cultivos cercanos a sus casas, sino que se adentran cada vez más en zonas aisladas de la selva. A veces he visto canoas que se dirigen hacia los pequeños afluentes del Amazonas. Los hombres que van remando, varios de ellos conocidos míos, han abandonado una larga historia familiar de cacería o agricultura para apropiarse de hojas curativas y raíces. Zonas de la selva adonde rara vez acudía la población local, o lo hacía de vez en cuando, están siendo despojadas de la vegetación sagrada que durante miles de años ha crecido allí sin peligro.

En defensa de los aldeanos, muchos de ellos viven al margen de la red eléctrica en zonas aisladas del país y no tienen la menor idea de la crisis ambiental ni de la gran cantidad de plantas que están en peligro de extinción. Para ellos, cortar un cultivo de lianas sagradas representa un día de trabajo honrado. Lo más importante es que podrán alimentar a sus hijos y arreglar el techo de su casa, que se está viniendo abajo. Para la gente que habita en los márgenes de la sobrevivencia es difícil, si no imposible, resistir la seducción del dinero «fácil» que obtienen simplemente cortando unos manojos de hierbas en su patio trasero. Esta situación se repite a diario en todo el país y está llevando a una escasez alarmante y, quizás por fin, a la extinción, en todo el país, de estos arbustos, árboles y lianas psicoactivas que hacen posible la práctica del chamanismo en Perú.

Insuficiente renovación de
las plantas sagradas

¿Quién reemplaza las plantas que han sido cortadas? ¿Cómo se puede mantener el crecimiento del bosque ante la cada vez mayor demanda que propicia el turismo de la ayahuasca? ¿Qué responsabilidad asumen los dueños de los albergues comerciales dedicados al chamanismo para proteger la selva del Amazonas?

Tradicionalmente, las hojas sagradas y las lianas son recolectadas y vendidas por productores, cosechadores y comerciantes amigos de los chamanes, tal y como lo describimos en un capítulo anterior. Para refrescar la memoria, esos recolectores siguen los mismos métodos de cultivo que usaban sus ancestros. Compartiendo un profundo amor y entendimiento hacia las plantas, nunca cortan más de lo necesario y sólo las transportan y las venden a los curanderos que reconocen como verdaderamente comprometidos. Una de sus prácticas más importantes consiste en volver a plantar de inmediato las lianas y los arbustos que recolectan, sembrar nuevos cultivos y trasplantar las plantas en peligro de extinción a zonas más seguras y protegidas de la región.

Pero, una vez más, los métodos tradicionales desaparecen, son reemplazados por una cuadrilla de ladrones de plantas a quienes no les importa recuperar las plantaciones ni muestran la menor mesura o compasión a la hora de saquear los bosques y dejar a su paso una vegetación cercenada. Esta nueva oleada de recolectores acostumbra llevarse las plantas con todo y raíz para llenar más costales. A veces cortan el arbusto completo, aunque sólo necesiten un puñado de sus hojas o ramas. Así es más fácil y rápido. El Gobierno peruano hace poco para llamar al orden a estos saqueadores de plantas, aunque sabe que la situación se está volviendo cada vez más grave, y no hace nada para obligarlos a reforestar. Afortunadamente, no todos los nuevos recolectores son vándalos. En el caso de la chacruna y de otras plantas, los mejores recolectores cosechan sesenta o setenta por ciento de las hojas y dejan el resto para que el arbusto se pueda recuperar. Pero, aun así, cuando alguien pone sobre la mesa dinero en efectivo por cinco o seis costales, el mejor intencionado de los recolectores puede caer en la tentación.

Por esa y muchas otras razones, celebro y apoyo la iniciativa en curso para plantar, replantar y cultivar plantas que están bajo amenaza. Hay muchos visionarios involucrados en esta noble labor, entre ellos estudiantes y personas con mentalidad ecológica, tanto en Perú como en otros países. Mientras que muchos peruanos observan pasivamente y sin objetar la destrucción de sus bosques, los jóvenes idealistas están tomando cartas en el asunto. Éste es un esfuerzo fabuloso y necesita ser apoyado, tanto en mi país como en toda América del Sur.

Grande no quiere decir mejor

Como lo he dicho muchas veces, trato de que mis ceremonias sean con pocas personas, para asegurarme de estar en contacto directo con cada una de ellas. Los chamanes más tradicionales que conozco trabajan de la misma manera.

Pero debido al creciente número de gente interesada que está llegando a Perú, los encuentros ceremoniales han aumentado de tamaño, de cuarenta a cincuenta pacientes. Muchos de estos grupos se hacinan en espacios con capacidad para quince o veinte personas, y los participantes se pasan la noche amontonados, a veces sin ventilación, sin baños en buenas condiciones y con falta de agua para beber. A los que se quejan, el personal del albergue les asegura que esa «intimidad» forma parte del ritual tradicional. Por el contrario, a veces los propietarios de los albergues comerciales construyen malocas lo suficientemente grandes como para recibir a 100 o más pacientes, lo cual muestra lo lucrativo que se ha vuelto el negocio con la ayahuasca.

Para competir en este mercado, muchos albergues promueven una serie de noches mágicas, un bufet de plantas sagradas para los participantes ávidos de variedad: el cactus San Pedro el martes por la mañana, una noche de ayahuasca el miércoles, degustación de hongos sagrados las dos noches siguientes. Si un centro ofrece tres sesiones a la semana, otro mejorará la oferta con cuatro o cinco. Algunos albergues también les ofrecen a los principiantes unas plantas sagradas que son más fuertes y que exigen psíquicamente mucho más de lo que ellos pueden resistir. Para cualquiera de los recién iniciados en el mundo de los espíritus, la mezcla que se usa normalmente es suficiente para encaminar su viaje de curación.

Atraer a los chamanes de la aldea

Debido al creciente número de albergues, hoteles y *spas* que se han construido para hospedar al turismo de la ayahuasca, existe también una mayor necesidad de personas que tengan los conocimientos necesarios para orientar a los visitantes. Muchos de estos albergues contratan a una suerte de cazatalentos, cuyo único trabajo es buscar en el interior del país curanderos bien preparados, a quienes les ofrecen lo que equivale a una pequeña fortuna para que trabajen en esos centros.

Aunque a muchos chamanes poco les interesa el dinero, en especial en lo profundo de la selva, la situación puede complicarse si los integrantes de su familia necesitan más ingresos para sobrevivir. También puede ser que los colegas del chamán abandonen sus aldeas para irse a la ciudad y lo inviten a unirse al viaje, aunque sólo sea por un par de meses, le dicen, pero esos meses fácilmente se convierten en años.

Con frecuencia, cuando los chamanes abandonan su pueblo se llevan a sus discípulos y no dejan sustitutos, lo cual puede provocar el fin de un linaje que ha sobrevivido durante cientos de años en su comunidad. El resultado de esto es que los pueblos peruanos que durante siglos han sido guiados por el curanderismo, social y religiosamente, de pronto se quedan sin guías espirituales. Al mismo tiempo, cuando los buscadores llegan a los pueblos más lejanos, les hablan a los más jóvenes del wifi, de los teléfonos celulares y de trabajos bien remunerados; entonces los jóvenes se van a esas ciudades donde creen que les espera diversión y fortuna. De esta manera, el pueblo es dos veces vulnerado, ya que no sólo pierde a sus líderes espirituales sino también a sus jóvenes. Evidentemente, el «progreso» social no se detiene, pero para los pueblos indígenas significa dejar herida a toda la comunidad. Está claro que «progreso» es un término subjetivo.

Recetas defectuosas

A menudo, las recetas para preparar un brebaje sagrado requieren de una compleja mezcla de plantas y raíces. Es cierto, la curación puede darse con un brebaje que sólo contenga dos o tres plantas. Pero la mayoría de las mezclas mejor preparadas ejercen su poder cuando se cocinan juntas varias plantas, asumiendo que el curandero sabe cómo se relacionan una con la otra y qué efectos sinérgicos provocará la mezcla en sus pacientes.

En la actualidad, con tanta gente llegando a las malocas, y con la cantidad de albergues realizando sesiones de plantas curativas todas las noches, los chamanes tienen poco tiempo para preparar mezclas auténticas con muchas plantas, las cuales requieren de dos o tres días para conseguir una mayor concentración. Con frecuencia, los guías no saben cómo preparar de manera adecuada esos brebajes o inventan mezclas de plantas al azar que pueden o no funcionar. Como ocurre con los medicamentos en la industria farmacéutica, existen plantas que no se mezclan bien con otras y pueden ser potencialmente nocivas para el usuario. Los recién llegados a las ceremonias de plantas en Perú deben estar atentos para verificar la autenticidad del chamán y del albergue donde se quedarán antes de participar en la ceremonia.

Abrumado por el trabajo

Una vez conversé con un curandero que había practicado la medicina con plantas durante muchos años.

En confianza, me dijo que el creciente número de gente que llegaba a su albergue lo estaba haciendo sentir como si fuera una «máquina de producir ceremonias». Cada semana realizaba entre cuatro y cinco rituales y a veces dos en un día. Esto, dijo, lo hacía sentirse aburrido, cansado y triste.

Aunque desde el punto de vista económico toda esa actividad era gratificante, me dijo, ya no le quedaba tiempo para practicar otros aspectos del conocimiento tradicional que le interesaban, como, por ejemplo, el estudio de los sueños. Durante una ceremonia, admitió mi colega, su mente vagaba constantemente. Aunque no hablamos de eso, ambos sabíamos que la falta de concentración e interés en los pacientes durante una ceremonia es una señal de que el chamán ya no está practicando un verdadero chamanismo. Desde que tuvimos esa conversación, hace ya varios años, no he vuelto a hablar con él. A veces me pregunto si sigue practicando el curanderismo en su albergue y si, de ser el caso, sigue sintiéndose sobrecargado de trabajo o explotado, o si ha reducido el número de sesiones a una cantidad más razonable. El chamanismo, como otras profesiones intensamente emocionales, es un trabajo difícil y los índices de agotamiento pueden ser altos.

La pérdida de las prácticas tradicionales

Es común que los buscadores de estas experiencias malinterpreten el trabajo chamánico y piensen que el consumo y los efectos terapéuticos de las plantas sagradas son el único propósito del chamanismo. Sin embargo, nuestro Arte puede ofrecer mucho más que eso.

Por ejemplo, la práctica de la peregrinación, la contemplación de paisajes sagrados, como una caída de agua o un árbol especial, la oración reflexiva, el retiro meditativo, la comunicación con animales y muchas otras prácticas que no se basan en las plantas y que eran comunes en el curanderismo peruano actualmente se usan muy poco. En mi propio trabajo, como lo he mencionado varias veces, me he dado cuenta de que la terapia de contacto con las manos es una herramienta de alto valor, un método peruano ancestral que sólo requiere del tacto de un chamán bien preparado, pero que hoy en día casi no se recurre a ella.

Con respecto a esto, hace muchos años recibí un mensaje de los espíritus, pidiéndome que evitara usar plantas sagradas fuera de Perú, una petición que sigo hasta la fecha. Pero incluso sin esa valiosa herramienta, he ayudado a cientos de personas de todo el mundo sólo con mis manos. Ojalá que quienes están trabajando para revivir los aspectos más tradicionales del chamanismo peruano reintroduzcan nuevamente muchas de las prácticas olvidadas que mencioné antes, porque en ese proceso volverán a dotar a la humanidad de métodos regenerativos que son tan necesarios en la actualidad.

Peligros para la selva

Tal vez sea exagerado, o quizá no tanto, comparar el turismo de la ayahuasca con la otra invasión al Perú, que llega desde Europa y Estados Unidos, realizada por las corporaciones de la agroindustria. Cerca de mi refugio en la Amazonia, he sido testigo de la destrucción de miles y miles de metros de selva virgen, llevada a cabo principalmente por las grandes plantaciones, así como por la tala, los cultivos de café y cacao, la exploración de petróleo crudo, las empresas de soya y los extractores de aceite de palma. En la región donde vivo, las más dañinas son las plantaciones de cacao, que queman y talan cientos de hectáreas de árboles y arbustos cada mes para plantar enseguida una fila tras otra de arbustos de cacao que se pierden en el horizonte.

Todos los días contemplo los campos quemados y deforestados que han dejado estas empresas para convertir zonas de la selva amazónica (que cubre más del sesenta por ciento de nuestro país) en tierras de cultivo similares a las de Kansas. En ese proceso están matando y expulsando a millones de animales nativos, exterminando un número incalculable de plantas maestras y medicinales, y acabando con los árboles más preciados de la selva: palo de rosa, caoba, cedro, lupuna, machimango y especies que ya están al borde de la extinción, como el querido árbol shihuahuaco.

Las cantidades masivas de productos químicos tóxicos vertidos en la tierra por la agroindustria para fertilizar y los esprays para fumigar plagas contaminan el suelo y acaban con la población de insectos que polinizan las plantas y los árboles de toda la selva. Los animales también son envenenados, y sus caminos tradicionales de migración a través de la maleza son borrados por la tala y los aerosoles mortíferos.

Sorprendentemente, en Perú la deforestación de la selva es legal. Las leyes locales que limitan la tala son eludidas con facilidad mediante vías judiciales o sencillamente se las ignora. El gobierno hace poco para ayudar, alegando que la agroindustria da trabajo y sueldos a los pobres, y refuerza la economía. La mayoría de los estudios concluyen que esta afirmación es cuestionable y que el dinero acaba en manos de unos cuantos ricos.

Por lo pronto, la tala de la selva le está produciendo ganancias tan grandes a la agroindustria que su propósito es seguir cortando más y más árboles en la región norte de América del Sur hasta acabar con la selva tropical, una devastación que los expertos anticipan —dado el actual (y creciente) ritmo en el desgaste de los bosques— tomará de cincuenta a setenta y cinco años.

Entre agosto de 2019 y julio de 2020, alrededor de 7000 kilómetros de bosques en la selva amazónica fueron talados, una zona del tamaño de Delaware. Se espera que esta cantidad aumente cada año, a menos que algo o alguien le ponga un freno a esta situación. Considerando que el veinte por ciento del oxígeno y el veinticinco por ciento de la vida vegetal en el planeta Tierra provienen de la selva amazónica, no es una exageración decir que este ecocidio podría ser el mayor causante del exterminio de la naturaleza y del hombre. Tal como me lo dijo un ecologista, ver cómo despojan a la selva tropical es como ver desollar a un hombre vivo.

Cuando se produce la deforestación en una determinada parte de la selva, con frecuencia hay pequeños pueblos en sus alrededores.

Estos asentamientos dependen de la vida vegetal para la agricultura, pero también para los negocios, las artesanías, el refugio, la comida y mucho más. Cuando se venden sus tierras, se talan sus árboles y se destruye la vegetación, una gran cantidad de pobladores se quedan sin sus granjas, sin su tierra y, a veces, hasta sin su casa.

La deforestación también provoca grandes trastornos en los patrones de la naturaleza establecidos hace ya muchos millones de años. Desde que se tiene memoria, manadas de cerdos sajino y huangana de la selva han cruzado por la zona de mi campamento, una vez al año, en sus migraciones para buscar alimento. En las comunidades vecinas los cazan a baja escala para ahumar su carne y tener alimento de reserva durante varios meses. Los miembros de la comunidad esperan con gran entusiasmo esta migración anual, como lo han hecho desde tiempos inmemoriales, según los ancianos de la aldea. Para muchos, la visita anual de estos cerdos de la selva manifiesta la diferencia entre tener hambre y tener la barriga llena.

Hace cinco años, los cerdos no llegaron en la fecha de siempre. Lo mismo ocurrió al año siguiente y también al sucesivo. De pronto, caí en la cuenta de que las rutas de migración de estos animales son esas que las compañías de la agroindustria han cercenado.

*

A menudo he sido testigo de la manera en que los representantes de la agroindustria abordan a los aldeanos de la selva que viven cerca de mi campamento para ofrecerles préstamos. Por lo general, los propietarios son campesinos pobres y sin educación, y no tienen la menor idea de lo que son los bancos o los bienes raíces. No se dan cuenta de que el dinero que les ofrecen por su propiedad es sólo una parte del verdadero valor. Una vez vendida la tierra, llega la maquinaria recolectora y corta todos los árboles de su tierra ancestral. Mientras tanto, a la gente del pueblo, muchos de ellos ya desplazados de sus casas, no le queda más que trabajar para las corporaciones en la tala de esa misma selva que han amado y en donde han vivido.

Una variante más siniestra de este tema se manifiesta cuando una compañía, digamos de cacao, manda a un representante a una pequeña comunidad de la profundidad de la selva. El representante se reúne con los jefes de la aldea (la mayoría de ellos no saben nada sobre las finanzas del mundo moderno), les ofrece regalos, se hace amigo de las personas importantes y luego les propone un «paquete» en el que, según les explica, tanto ellos como la compañía podrán ganar una buena cantidad de dinero trabajando todos juntos.

Éste es el trato, les explica: «Comenzaremos ofreciéndoles un préstamo con el que van a comprarnos semillas de cacao, así como herramientas para plantar y cosechar, fertilizantes químicos y asesoría tecnológica. Ustedes limpian una pequeña parte de su tierra y nosotros les diremos qué semillas plantar y cultivar».

Una vez cerrado el trato, la empresa también puede darles a los propietarios un poco de dinero en efectivo como incentivo adicional. Le piden al dueño no sólo que desaloje esa pequeña porción de su tierra ancestral, sino también que tale una buena parte de ella para plantar semillas de cacao y trabajarla de sol a sol, al mismo tiempo que le pagan el préstamo a la institución financiera que trabaja con la compañía de cacao. La ganancia prometida al agricultor se vuelve diminuta, y está obligado a pagarle a la institución financiera una cuota mensual por el préstamo acordado, a un porcentaje mucho mayor que el habitual.

Es evidente hacia dónde va todo esto. Con frecuencia, el propietario no puede cumplir con los pagos del préstamo y se ve forzado a pedir otro préstamo para pagar el primero. Ahora está pagando por el privilegio de trabajar su propia tierra a cambio de un beneficio mínimo o inexistente, al mismo tiempo que se endeuda cada vez más. Cuando esto ocurre, las compañías de cacao lo convencen para que tale más árboles de su propiedad para así tener un mayor espacio donde plantar; luego son más y más árboles talados, hasta que su propiedad queda devastada.

En muchos casos, al cabo de un tiempo, el agricultor simplemente no puede pagar las mensualidades del préstamo (o prestamos), y entonces las compañías de cacao se aseguran de que los bancos ejecuten la hipoteca de sus tierras. Después, permite que el agricultor siga trabajando el terreno que ha pertenecido a su familia durante generaciones, de tal manera que él y su familia se conviertan, con toda intención y propósito, en vasallos. Se trata de una forma de esclavismo donde la sobrevivencia del expropietario queda en manos de los caprichos de la corporación, que así puede incrementar las hectáreas de selva tropical para talar sin que técnicamente viole la ley.

Muchas veces he sido testigo de este sucio negocio en la Amazonia, a veces en aldeas cercanas a mi propiedad. Cuando los representantes de una firma de cacao llegan sonrientes, prevengo a los propietarios locales y a los ancianos de la comunidad de que están a punto de caer en una emboscada financiera y les explico cómo es que funciona ese turbio negocio. También les digo cómo protegerse si una corporación amenaza con confiscarles sus tierras mostrándoles documentos que parecen oficiales, que «prueban» que las tierras les pertenecen a ellos, cuando en realidad son formularios alterados o del todo falsos. Sin una prueba legal de que son propietarios, las corporaciones no tienen ningún derecho sobre la tierra. Su amenaza es un acto engañoso sin sentido y hasta criminal. A veces los aldeanos me escuchan, a veces no.

Yo mismo he plantado en mi propiedad muchos arbustos medicinales, lianas y árboles, incluidas algunas variedades de la ayahuasca, unas bastante raras. Lo mismo han hecho otras familias interesadas que viven cerca de mi campamento y otros aldeanos en la cuenca del Amazonas. Pero con estos gestos no se puede enfrentar al Goliat de las corporaciones que amenaza con destruir la vida que durante miles de años ha existido en la Amazonia. Muchas veces me pregunto cuál es la mejor manera de ayudar para que la gente entienda la dimensión del daño que representa la vegetación amenazada de todo un país y las especies raras que están siendo exterminadas por aquellos que ven en la selva tropical una fuente de ganancias económicas y no un mundo natural hermoso, sostenible y frágil.

A menudo, cuando doy una conferencia para hablar de la voracidad de las corporaciones en la Amazonia, la gente del público pregunta qué puede hacer para «salvar» a la selva tropical. Cuando escucho esta pregunta mi respuesta es categórica: reduzcan su consumo de chocolate, les digo. O dejen de comerlo o beberlo por completo. Tomen café lo menos posible. Dejen de consumir azúcar. Absténganse de comer alimentos producidos a base de aceite de palma. No compren carne de reses criadas en el norte y el centro de América del Sur. Asegúrense de que la madera con la cual construyen su casa se cultive en bosques sostenibles. También les digo que la acción más útil que pueden llevar a cabo es apoyar personal y económicamente a la gente y las organizaciones que están tratando de proteger y cultivar los bosques tropicales de una manera sostenible.

Reconocer a los chamanes incapaces y al falso chamanismo

En varios capítulos de este libro he hablado acerca de los chamanes falsos o mal entrenados y los peligros que su ignorancia puede representar para ellos mismos y para sus pacientes.

Hace ya varios años, al otro lado del mundo, durante unas conferencias que ofrecí para un grupo que estudiaba las plantas sagradas de la Amazonia, una joven llamada Katherine se me acercó para compartir una triste y vergonzosa historia. Desde el primer momento me di cuenta de que estaba angustiada y a punto de sufrir una crisis nerviosa.

Los integrantes del grupo le habían hablado de mi relación con el chamanismo de la Amazonia y las poderosas plantas sagradas. A lo largo de su vida adulta, explicó, vivió atormentada por los traumas que le provocó un padrastro autoritario y cruel, ya fallecido. Ninguno de los remedios usuales —antidepresivos, psicoterapia, hipnosis— le ayudaron para aliviar su dolor y angustia, ni le sirvieron para borrar el daño psicológico que le había causado la crueldad de ese hombre.

Un día, un amigo que conocía muy bien los problemas de Katherine, le propuso que lo acompañara a un viaje a la Amazonia peruana para visitar a un famoso chamán que se especializaba en el uso de las plantas sagradas, especialmente la ayahuasca. Este amigo conocía a varias personas que habían ido a este centro de curación en la selva. Todos ellos regresaron con relatos entusiastas de cómo estas ceremonias cambiaron sus vidas, tanto física como psicológicamente.

Katherine no era ajena a la medicina alternativa. Había leído artículos sobre el chamanismo y sabía que se utilizaba en muchos países de América del Sur para sanar adicciones y trastornos de estrés difíciles de tratar. Sería bueno probar, se dijo, y se apuntó.

Pocos meses después, los dos amigos aterrizaron en el aeropuerto de Iquitos, una pequeña y prospera ciudad situada en el límite de la selva tropical peruana. Allí, un chofer los recogió para llevarlos a un albergue en la selva. Tan pronto llegaron, se unieron a un enorme círculo de treinta y cinco o cuarenta norteamericanos y europeos recién llegados, quienes ansiosamente aguardaban lo mismo que Katherine: una renovación emocional.

Dos horas antes de que comenzara la ceremonia, el chamán se presentó con sus acompañantes, vestido con túnicas de colores y un magnífico tocado de plumas. Hizo una breve presentación en inglés, preparó el círculo donde se realizaría la ceremonia usando hierbas y humo de tabaco, para luego ofrecerle a cada uno de los participantes una bebida preparada con la ayahuasca, que también él bebió. Al principio todo estuvo bien. Katherine entró en las profundidades de un trance de sanación, y de lo más oculto de su pasado emergieron revelaciones. Pero luego, a mitad de la ceremonia, las cosas comenzaron a ponerse mal y sus visiones adquirieron un rumbo siniestro. En pocos minutos sus peores miedos la atacaron de una manera que nunca hubiera imaginado. Comenzó a gritar.

Katherine me comentó que al inicio de la ceremonia no sólo estaba optimista, sino también feliz. Pero varias horas después comenzó a sentirse incomoda. De repente, una ráfaga de recuerdos aterradores se desató en su mente, la mayoría de ellos relacionados con el maltrato que sufrió en manos del hombre que la hizo sentir avergonzada y abusó de ella cuando era niña.

Como reacción a esos recuerdos, comenzó a gritar y a reclamarle al chamán que guiaba la ceremonia, porque en su estado de conciencia alterada se convirtió en símbolo de la figura masculina autoritaria que odiaba. Más tarde, Katherine me dijo que apenas recordaba lo que le había dicho.

Sin embargo, en lugar de que el chamán comprendiera que se trataba de una proyección psicológica, parte del proceso catártico que a menudo las plantas desencadenan y que mucha gente experimenta durante una sesión, se tomó su arrebato de manera personal y comenzó a discutir con ella. Por momentos, esa confrontación alcanzó niveles de violencia verbal.

Que un chamán se pelee con una clienta durante una ceremonia es algo inimaginable, porque quebranta el protocolo que durante siglos ha sido honrado por los chamanes tradicionales. Para empeorar las cosas, el chamán la insultó de manera paternalista, menospreciando la inteligencia de Katherine y acusándola de estropearle la ceremonia a todos en el círculo. Al final de la sesión, frente a los demás participantes, le reprochó con furia que hubiera ofendido el sacramento de las plantas y la acusó de ser una persona insolente que sólo causaba problemas, y que por lo tanto tenía prohibido volver a ese albergue. Pocos días después, Katherine se fue de Perú en un estado mental casi suicida.

Piensen en esto: una mujer se siente disminuida por el dolor psíquico que ha tenido durante toda su vida a causa de la brutalidad de un hombre de su familia. Esa mujer realiza un largo viaje desde el otro lado del mundo para participar en una ceremonia sagrada, esperando que los recuerdos de su atroz infancia finalmente la dejen en paz. En lugar de eso, termina pagando varios miles de dólares por una ceremonia donde es humillada por una figura masculina igualmente hostil, y en ese proceso se confirman de una manera aún más profunda sus sentimientos de vergüenza y vejación.

Lo más inquietante cuando se consumen plantas psicoactivas de cualquier tipo es que aumenta de manera excesiva la tendencia a ser influenciado por otro. Si una persona como Katherine es psicológicamente agredida mientras se encuentra en una condición sensible similar, el daño que se le cause puede ser mucho más devastador que bajo un estado de conciencia normal.

Me pregunto ¿por qué un chamán, que tiene a su cargo a un grupo de personas vulnerables, no entiende que un propósito central de la ceremonia con plantas sagradas es eliminar los residuos psíquicos negativos que se encuentran dentro del corazón y la mente de cada participante? ¿Cómo es que un curandero, que se supone está familiarizado con las plantas, carece de la conciencia, la compasión y el sentido común para reconocer que los arrebatos de Katherine eran manifestaciones de las malas experiencias que padeció de muy joven y no un ataque a su persona? Es más, aun si se hubiera tratado de un ataque personal, el chamán no tenía que tomarse a pecho estos insultos. Más bien debe reconocerlos como una respuesta normal, e incluso terapéutica, a la medicina y valerse de ese encuentro como una herramienta para transformar la rabia del paciente en una forma de autoconocimiento. Cuando Katherine me contó esa historia quedé impactado y sentí vergüenza de mi Oficio.

Ese día Katherine y yo comenzamos a trabajar para deshacer el daño que le había causado este guía incapaz y vengativo. Fue necesaria una enorme labor de curación antes de que ella comenzara a sentir cierto grado de serenidad y confianza.

Durante muchos días, luego de mis sesiones con ella, estuve pensando en su traumática experiencia. Es claro que el sufrimiento que vivió se habría evitado si ese chamán hubiera tenido el entrenamiento adecuado y la empatía necesaria para estar en sintonía con los otros miembros del grupo, y si hubiera sido amable.

Aquí se repetía la historia: el abuso de un rito indígena, concebido hace muchos años por nuestros ancestros peruanos para fortalecer y sanar. Ceremonias nocivas como ésta, pensé, supervisadas por un chamán incapaz como el que humilló a Katherine son cada vez más comunes en Perú, donde nuestra herencia nativa está siendo distorsionada.

Proteger a los novicios del falso chamanismo

Aunque hasta cierto punto lo que sigue puede coincidir con historias como la de Katherine y lo que ya se ha dicho respecto al falso curanderismo, me gustaría ofrecerles más ayuda a los novatos que están buscando auténticos curanderos, así como a quienes por primera vez van a participar en una ceremonia. En la siguiente sección hablaré un poco acerca de los brujos y hechiceros de la magia negra, pero sobre todo de los chamanes incapaces y pobremente entrenados. A diferencia de un brujo, un chamán inepto no es una mala persona. Es un mal chamán. O sencillamente es alguien sin experiencia y con pocos conocimientos. La mayoría no tiene ningún tipo de intenciones fraudulentas. Sin embargo, más vale prevenir que lamentar, incluso cuando las posibilidades de ser víctima de engaños graves o de algo más oscuro son relativamente pequeñas.

Existen dos tipos de chamanismo deficiente. El primero está relacionado con cierto tipo de persona que ha tenido buenas experiencias con las plantas sagradas. De tal manera que, como ha tenido vivencias poderosas durante las ceremonias, él o ella decide iniciarse en la práctica y enseñanza del chamanismo. Estudia durante un tiempo con un médico tradicional, o bien basa sus enseñanzas únicamente en las experiencias que ha tenido con las plantas y en lo que ha leído y escuchado; de esta manera, crea una especie de versión *new age* o cuasi religiosa del oficio. Esta versión difiere en muchas maneras de lo que es el chamanismo tradicional.

Por ejemplo, los protocolos que durante las ceremonias siguen las personas que han inventado su propia práctica son, por lo general, menos formales y carecen de la estructura que tienen los rituales chamánicos, especialmente los rituales de los chamanes guerreros. O a veces es lo opuesto: realizan ceremonias demasiado estructuradas, valiéndose de una buena cantidad de protocolos rígidos tomados de otras tradiciones, muchas de las cuales no son chamánicas.

Estas ceremonias inventadas suelen tener un gran número de participantes. A veces, durante la sesión, el guía puede hacer una presentación asombrosamente parecida a los sermones de un cura en una iglesia. El brebaje que esta persona ofrece es una mezcla líquida de ayahuasca, chacruna y tal vez algunas otras plantas. Son ceremonias que pueden incluir plegarias religiosas, reverencias a los cuatro vientos, danzas festivas, uso de tarot o astrología y música popular, actividades que están muy lejos de la practica austera del curanderismo. Aunque es cierto que este chamanismo *new age* puede sanar a sus participantes, carece de las herramientas necesarias para llegar a la profundidad del corazón de la Conciencia del Sufrimiento de los participantes y fortalecer su Conciencia del Alma, así como para protegerlos de las fuerzas oscuras.

En el lado opuesto de este panorama, a diferencia de los chamanes autodidactas descritos antes, que, aunque equivocados y fuera de lugar, creen sinceramente en lo que hacen, existen médicos tradicionales que engañan y abusan de sus pacientes.

Por ejemplo, una vez vino a mi casa un carpintero para hacer algunas reparaciones. Estuvo trabajando conmigo durante varias semanas y en todo ese tiempo de convivencia compartimos historias personales. En una de nuestras conversaciones, con una voz excitada me habló de un maravilloso y poderoso hombre de Conocimiento que vivía en su vecindario. Varias veces le pagó por sus servicios, me confió, y estaba convencido de sus enormes poderes, sobre todo porque en una de sus ceremonias fue testigo de cómo varios maleficios eran literalmente destruidos ante sus ojos.

El carpintero también me describió cómo el chamán le pidió que trajera a la ceremonia dos piezas de ropa interior, porque una enamorada celosa le había echado una maldición para destruir su potencia sexual. Al inicio de la ceremonia, que por cierto le costó al carpintero el equivalente a 800 dólares, el chamán colocó en un caldero de metal las prendas, junto con la ropa y otros objetos de los demás participantes de esa noche. Luego de las invocaciones para llamar a los seres divinos, a los dioses y a los ángeles, el chamán echó al fuego el contenido del caldero, afirmando que sus poderes y los de sus aliados destruirían las maldiciones de todos.

—Cuando la ropa y los calzoncillos ardían —me dijo el carpintero—, alcancé a ver que unas serpientes largas y oscuras salían del caldero y se deslizaban hasta confundirse con la tierra. El chamán nos explicó que esas serpientes eran las maldiciones. Este brujo era muy poderoso y auténtico.

Al término de la noche, continuó el carpintero, a los pacientes se les ofreció perfume y palabras de despedida para desearles lo mejor.

Todos regresaron a casa sintiendo que habían sido salvados del terrible sufrimiento que las maldiciones podrían haberles causado.

Al escuchar esta historia, le dije a mi amigo que tenía algo que enseñarle. Lo llevé hasta mi computadora, abrí un sitio de Internet para que viéramos el video de un experimento en el que se mezclan bicarbonato y azúcar refinada dentro de una olla que estaba sobre la lumbre, los cuales producían formas parecidas a una larga serpiente café. Al ver esto, el carpintero grito: «¡Pero si ésas son las mismas serpientes que vi en la ceremonia!».

Le expliqué que era un truco que desde hace muchos años utilizan los falsos chamanes en todo el mundo. Lo que esa noche vio no era magia, sino una simple reacción química que con frecuencia se lleva a cabo en las clases de química de la secundaria. Le dije que había sido víctima de una estafa chamánica.

Llegan muy tarde y se van muy temprano

Un ejemplo primordial, en la extensa lista de comportamientos chamánicos inadecuados, incluye a los practicantes que no hacen el menor intento por conocer a sus pacientes, sino que se apartan de la práctica de acercamiento previo y posterior a la ceremonia, descrita en capítulos anteriores.

Aunque normalmente podrían llegar a la maloca un día antes o por lo menos varias horas previas al inicio de la ceremonia, con frecuencia estos chamanes se presentan minutos antes, acompañados casi siempre por una camarilla de acólitos que parecen estar cuidando que el practicante no tenga contacto con los participantes, en lugar de facilitarlo. Cuando la ceremonia termina, los chamanes se marchan sin hacer el menor intento de dialogar con sus pacientes a propósito de su experiencia con las plantas. De esta manera, la ceremonia con la sagrada ayahuasca se ve frustrada de principio a fin, porque no hay dialogo con el curandero antes de la ceremonia, ni valoración de la experiencia cuando ha terminado.

En una práctica tradicional, como lo hemos visto, el chamán está obligado a comunicarse previamente con los participantes para conocer lo que buscan y lo que esperan. Puede que les haga muchas preguntas, algunas bastante personales, y que los anime a ser lo más posible sinceros en lo que se refiere a sus necesidades psicológicas y sus complejos. A un chamán auténtico también le interesará asegurarse de que sus pacientes estén sanos. Puede que les pregunte acerca de su historial médico, las medicinas que están tomando o las intervenciones quirúrgicas que recién hayan tenido. En algunas ocasiones, durante la entrevista, el chamán puede llegar a la conclusión de que un paciente no se encuentra mentalmente estable como para consumir la medicina. O que debe ser excluido debido a un mal crónico, como tener un corazón frágil. En ambos casos, una curación con las manos es lo más apropiado. Pero cualquiera que sea el caso, lo importante es que exista un diálogo directo. Los chamanes que no toman en cuenta esta comunicación esencial están haciendo mal su trabajo.

El factor prisa

En el pasado, muchos buscadores recorrían largas extensiones del Perú, caminando o a caballo, para visitar a un renombrado curandero. Si al llegar no lo encontraban y no se estaban realizando ceremonias, los buscadores tenían que esperar muchas semanas, e incluso meses, hasta que se programara una ceremonia, lo cual hacían sin quejarse porque tenían un gran respeto por el chamán y su trabajo.

Hoy en día nos encontramos con la situación contraria. Dado que la mayoría de los visitantes tienen boletos de avión para quedarse en Perú, digamos, una semana o diez días, y que en algunos centros prevalece la idea de que las ceremonias deben realizarse lo más frecuente y rápidamente posible, los pacientes se sienten como si estuvieran en una montaña rusa y no en un barco que avanza con suavidad sobre las aguas tranquilas.

Cuando prevalece esa actitud de hacer las cosas a toda prisa, viajar a Perú provoca un sentimiento frenético que muchas personas resienten. Luego, cuando regresan a casa y les preguntan sobre su estancia en el círculo mágico, los participantes cuentan que el chamán simplemente los consideró como un número que debía procesar rápido en una psicodélica línea de ensamblaje. Una paciente me dijo que, durante la sesión en la que participó, el chamán se la pasó mirando su reloj cada diez minutos. En primer lugar, podríamos preguntarnos, por qué un chamán tiene que portar un reloj durante la ceremonia. Por definición, una ceremonia con plantas sagradas sucede fuera del tiempo y el espacio. Cuídense del curandero que tiene prisa. El ritmo debe ser siempre lento y tranquilo.

Motivaciones mixtas

Hace unos años visité a un famoso curandero en su casa, cerca de la ciudad de Trujillo. Era un señor mayor, sano y avispado, con fama entre los otros chamanes de ser un médico tradicional de primera clase. Durante la visita me mostró álbumes fotográficos con imágenes donde él aparecía al lado de celebridades de los medios de comunicación, del mundo del entretenimiento y la política. Todos ellos lo habían visitado en busca de solución para sus problemas. En apariencia, vio en mí a un joven investigador que buscaba aprender el oficio de chamán y me trató de una manera bastante considerada. Incluso me invitó a un cuarto privado para mostrarme símbolos esotéricos, espadas enormes y extraños insectos, así como imágenes del ocultismo que tenía colgadas en la pared.

Una de las especialidades de este curandero parecía ser su conocimiento absoluto de las plantas sagradas de la región. Estaba familiarizado íntimamente con cada una de las variedades medicinales y psicotrópicas: conocía las mejores formas para hallarlas, cultivarlas, prepararlas y conservarlas, un aprendizaje que yo deseaba tener. En todas las horas que pasé a su lado me enseñó muchas técnicas relacionadas con plantas sagradas que yo ignoraba. Era un hombre con una sabiduría impresionante.

Tres meses más tarde, cuando estaba en la zona de plantas medicinales del mercado mayorista de Trujillo comprando hierbas para mis pacientes, lo encontré parado ante el mostrador haciendo lo mismo que yo. Le estaba comprando ciertas especies de haba a una vendedora de hierbas que él parecía conocer muy bien. Ella le dio las habas con una sonrisa cómplice, diciéndole que su «orden especial» estaba lista. Al principio no me vio, pero cuando se dio la vuelta nuestros ojos se encontraron y lo saludé. Su rostro palideció. Bajó la mirada y guardó las habas de manera disimulada, alejándose de inmediato y haciendo una leve reverencia. Se dio cuenta de que lo vi comprar las habas y que, por lo tanto, sabía la razón de esa compra.

Esta peculiar variedad de haba es un laxante extremadamente poderoso que por lo general sirve para purgar las lombrices intestinales y otros parásitos del ganado. Son habas que en absoluto son recomendables para el consumo humano, aunque algunos chamanes deshonestos las usan de todos modos. En ese momento me di cuenta de lo que ese viejo chamán pretendía y por qué me evadía. Tener diarrea durante la ceremonia, como recordarán, es considerado un gran beneficio, capaz de deshacer las maldiciones de los pacientes y eliminar traumas heredados de sus ancestros. Es muy fácil desencadenar una intensa evacuación con la simple mezcla de laxantes en el brebaje de un paciente. Cuanto más explosivo sea el movimiento intestinal, mayor será la creencia en la purga espiritual.

Lo que ese día descubrí en el mercado fue un aspecto paradójico que no sólo se manifiesta en el chamanismo, sino en el comportamiento humano en general: si bien los individuos pueden ser brillantes y exitosos, hay veces en que son capaces de seguir el camino equivocado. En el caso de este viejo practicante, yo sabía que mezclaría el zumo de esa haba en el brebaje para congraciarse con un paciente importante que, sin lugar a duda, creería que el chamán le había deshecho las maldiciones, cuando en realidad fueron las habas las que le provocaron la tremenda evacuación. Me parece muy extraño que curanderos tan preparados y valorados utilicen recursos fraudulentos. Pero así es. Esto no quiere decir que todas las personas de Conocimiento practican esos trucos. Pero algunos sí, y ésta es una razón más para investigar de antemano a su chamán y saber lo que se dice sobre su manera de trabajar antes de ponerse en sus manos.

El mal uso de las medicinas

Las sustancias psicoactivas de una planta siempre iluminarán la mente de una persona. Pero hasta allí. Se requiere de la sabiduría y las habilidades del chamán para convertir esa luz en curación. Sucede lo mismo cuando un guía no hace alianzas con los espíritus de las plantas: los pacientes podrán tener un viaje, pero no necesariamente sanarán.

En ceremonias cuestionables, la ayahuasca se prepara con lianas que no están maduras o que tienen poca efectividad. O en ocasiones no se da la activación psíquica que conecta a la Familia Curativa del chamán con el brebaje preparado. Pero lo peor sucede cuando algunos practicantes mezclan cortezas y flores en el brebaje o le agregan drogas recreativas para incrementar los efectos psicoactivos. Existen reportes en todo el país de practicantes que mezclan LSD y otras drogas sintéticas en los preparados, para inducir rápidamente la aparición de visiones meteóricas en participantes hambrientos de explosiones místicas.

Hace poco llevé a varios amigos al mercado tradicional de Iquitos, donde recorrimos los puestos de varios vendedores de medicina tradicional. Uno de mis amigos le preguntó al vendedor si tenía la ayahuasca. La mujer le dijo que sí señalando dos costales que estaban cerca de la pared. Aunque nunca había comprado plantas en ese mercado, me dio curiosidad y eché un vistazo. Cuando me asomé al costal me di cuenta de que la mitad de su contenido incluía trozos de ayahuasca muy joven, de la variedad llamada «cielo». La otra mitad era un montón de plantas trepadoras, una de ellas el barbasco, una enredadera venenosa que contiene rotenona, un veneno que se utiliza para matar peces y que a veces también mata a la persona que come el pescado contaminado. Cuando se compran hierbas y plantas en un mercado peruano, el comprador debe tener cuidado.

Protocolos inventados

Cada linaje chamánico tiene sus propias maneras de realizar los rituales con plantas sagradas. Pero aparte de las diferencias tradicionales, hay practicantes que inventan sus propios métodos e ignoran los principios básicos del oficio con el propósito de hacer que sus pacientes sientan que valió la pena el gasto.

A estos practicantes los llamo «facilitadores histriónicos o teatrales». Durante una sesión nocturna, el facilitador puede estar cantando o tocando un sonajero de una manera convencional, pero de repente salta y hace gestos de guerrero, gritando que todos en el círculo están siendo atacados por los demonios. Corre hacia la esquina de la maloca y boxea en el aire, como si enfrentara a invasores invisibles. Escupe y esparce saliva, hace juramentos, patea el suelo, e incluso se lanza sobre sus pacientes como si los estuviera protegiendo de un ataque.

Mientras que algunos participantes observan estas reacciones con escepticismo o sonriendo, otros entran en pánico y sienten que están en una zona de guerra y que fantasmas diabólicos los persiguen. Como consecuencia, se pasan la noche aterrados, una condición totalmente opuesta al estado de introspección necesario, en una ceremonia, para alcanzar la paz y la cura.

Una combinación de magia negra y magia blanca

En alguna ocasión me hablaron de un muchacho del norte de Perú que entró en un estado de depresión cuando su novia lo dejó. Un amigo le sugirió que viera a un chamán para que le hiciera una reconexión interna que lo llevara a recobrar la normalidad en su vida. El muchacho le contestó que le parecía una buena idea, siempre y cuando él lo acompañara. Su amigo había escuchado de varias fuentes que el chamán de la localidad que planeaban visitar era un brujo capaz, pero era todo lo que sabía.

Los dos amigos cruzaron el país hasta llegar a una pequeña casa de adobe en lo más profundo de un valle. Acababa de oscurecer cuando llegaron, y un grupo de siete u ocho personas se preparaban para participar en la ceremonia nocturna. El curandero les dio la bienvenida y los invitó a sentarse alrededor del círculo, el cual tenía en el centro una fogata, contrario a la práctica común. El curandero también hizo una extraña petición. Le dio a cada paciente una sábana o una cobija y les pidió que con ella se cubrieran la cabeza cuando se les indicara.

Durante la velada, el brujo caminó alrededor del círculo interactuando con cada uno de los integrantes del grupo, entre ellos el muchacho, quien se sorprendió al darse cuenta de que el chamán sabía que su novia lo había dejado. «Tu novia te hirió sin motivo», le dijo el chamán, «y todavía tienes el dolor dentro de ti. Yo lo sacaré». El muchacho se lo agradeció, pero el chamán siguió hablando: «Esa puta que te ha hecho sufrir pagará por sus actos. Le voy a quemar las piernas».

Cuando escuchó eso, el muchacho sintió rechazo: ¿Quemarle las piernas? ¿Castigarla? «No, maestro», protestó. «No vine a buscar venganza. Estoy aquí porque me siento deprimido. Por favor no la involucre, ella no hizo nada malo».

El chamán se quedó callado y continuó con la ceremonia.

Cinco minutos más tarde les pidió a todos que se cubrieran la cabeza. Todos obedecieron, menos el amigo del muchacho, tentado por la curiosidad. Al asomarse de reojo por debajo de su manta, lo que vio lo sobresaltó. El chamán estaba sentado en el centro del círculo, sosteniendo sus dos pies sobre el fuego, aparentemente sin sentir dolor. Su rostro parecía haberse transformado de su expresión normal a una máscara de odio. Por miedo a este hombre, obviamente peligroso, el amigo se guardó lo que había visto.

Dos semanas más tarde, el muchacho le pidió a su amigo que lo acompañara a visitar a su exnovia. Tenía un mal presentimiento y quería saber si estaba bien, le dijo.

Cuando los dos amigos llegaron a su casa, la madre les abrió la puerta y pidió que esperaran. Un minuto después apareció llevando a su hija en silla de ruedas. La exnovia explicó que varias noches atrás las venas de sus piernas se habían reventado repentinamente, después de calentarse e inflamarse. En este momento se hallaba bajo tratamiento médico en el hospital, con la esperanza de que la hinchazón bajara y pudiera volver a caminar.

Es evidente que el chamán consideraba que él sabía más, y probablemente reaccionó de acuerdo con sus propios impulsos misóginos al practicar una magia dañina en esa inocente mujer, cumpliendo así su promesa, y al quemar sus propias piernas quemó las de ella. En definitiva, tanto el muchacho como su amigo se dieron cuenta de su gran error de no buscar más información sobre ese chamán antes de contratarlo. Según les contaron después, se trataba de un curandero dual, mitad brujo de magia negra y mitad de magia blanca, lo cual significa que era adepto a la cura noble y a los hechizos sádicos.

Prácticas eclécticas

Ya conocimos al chamán que inventa sus propios protocolos, al facilitador que mezcla plantas con LSD y al chamán teatral que convierte la noche en un drama psíquico al confrontar a un batallón de atacantes inventados. Existen muchas otras maneras de falsificar un ritual o de distorsionar algunos de sus aspectos.

Algunos ejemplos fuera de lo común incluyen introducir a un cómplice entre el grupo de participantes, quien a la mitad de la ceremonia se levanta y finge estar diciendo palabras que le dictan los dioses. A veces, un guía les pide a sus pacientes que realicen danzas «sagradas» o ejercicios físicos que nada tienen que ver con el verdadero curanderismo. A veces se tocan instrumentos musicales no tradicionales, como guitarras eléctricas y saxofones, que hacen que la ceremonia parezca más un concierto de jazz que un evento espiritual.

Por lo demás, hay veces que la ceremonia no es una falsificación, sino que se compone de creencias espirituales extrañamente yuxtapuestas. Un sincretismo en particular común en Perú es la combinación de técnicas chamánicas con elementos del cristianismo.

El cristianismo, por supuesto, se encuentra profundamente enraizado en la sociedad peruana desde hace siglos. Cuando sus creyentes se refieren a las practicas chamánicas, con frecuencia usan palabras y simbologías que aprendieron en la iglesia. Al mismo tiempo, los peruanos de las zonas rurales tienen un gran respeto y confianza en la medicina natural de sus ancestros. Este paralelismo puede llevar a extrañas prácticas, como cantar una plegaria cristiana mientras se toma el brebaje, recitar citas de la Biblia o portar un crucifijo y desgranar el rosario en medio de la ceremonia. Personalmente, tengo sentimientos encontrados con respecto a mezclar el cristianismo con el curanderismo. Como chamán tradicionalista, trabajo en la recuperación de la mentalidad ancestral que pone a la naturaleza y a sus espíritus en el centro de la práctica sagrada. Por otra parte, puedo dar fe de los poderes curativos psíquicos en ciertos aspectos del chamanismo impregnado de religión. Esa peculiar combinación de cristianismo y curanderismo puede funcionar bien cuando se une en ciertos momentos mediante la evocación de plegarias, visiones y un buen nivel de purificación durante una misma ceremonia nocturna. Incluir elementos religiosos en una sesión chamánica también puede ayudar a los creyentes del cristianismo a sentirse seguros, con la confianza de que no están cayendo en la herejía. Sin embargo, en otros casos, si no se integran apropiadamente las creencias cristianas y el chamanismo, se producirá una combinación absurda de puntos de vista incompatibles que anulará el poder de ambos. Prefiero mantener mis ceremonias lo más cerca posible de las normas precolombinas y no mezclarlas con otros métodos espirituales.

⚹

A la gente le sorprenderá saber que muchas de las canciones y los ícaros que los chamanes cantan en el Perú de la actualidad, reunidos en discos de música chamánica y en Internet, de hecho, están inspirados en armonías que provienen de Europa. Como los cantos y los himnos religiosos fueron creados originalmente para inducir estados de meditación y para conectar a los escuchas con sus emociones más elevadas, también los icaros híbridos pueden crear a veces un extraordinario estado de iluminación espiritual en ellos.

En un escenario más sospechoso, algunos curanderos integran a sus ceremonias adornos importados, como figuras del vudú, máscaras africanas o estatuas de Buda, y crean en esencia una extraña amalgama ajena a nuestro oficio. Algo en lo que a menudo mis maestros enfatizaban es que a una ceremonia con plantas sagradas no se le debe poner ni quitar nada. Tiene un modelo más o menos convencional, organizado mediante reglas y prácticas aceptadas, para llevarse a cabo (con sus variaciones locales) de la misma manera en que se ha realizado desde hace cientos de años. Cuando en una ceremonia se combina el arte y los tótems sagrados de otros países y culturas, los pacientes están expuestos a símbolos irrelevantes que pueden causar confusión o algo peor tanto para el paciente como para el curandero.

Luego están esos practicantes que también dañan la tradición del chamanismo peruano al ofrecer clases sobre cómo realizar una ceremonia en casa, ya sea solos o con amigos. Ésa es la misma gente que te dice cómo iniciar tu propia escuela chamánica o cómo transformar aquella en la que ya estás involucrado. Algunos permiten que los participantes realicen partes del ritual. Otros incluyen actividades sexuales encubiertas o públicas como parte de los actos nocturnos, un tema del que hablaremos más adelante.

Hay, incluso, otra práctica cuestionable, pero sorprendentemente común, que consiste en contratar a indígenas de la localidad para que se sienten alrededor del círculo y toda la noche canten canciones en su idioma nativo mientras el chamán realiza su trabajo. Estos indígenas, el guía lo sabe muy bien, no están entrenados y desconocen el oficio, y muchas de sus canciones no son canciones para sanar sino canciones de cuna o música para niños. El guía sabe que los participantes estadounidenses o europeos ignoran la diferencia entre ambas, pero como son tonadas armoniosas piensan que están escuchando los sonidos curativos del Perú espiritual.

En resumidas cuentas, los buscadores que participan en ceremonias de curación merecen mucho más que rituales inventados, improvisados o desorbitados. Además de ser prácticas abusivas, faltas de ética y falsas, dejan a los buscadores varados en el laberinto de su Conciencia del Sufrimiento sin ninguna ruta de escape.

Acoso sexual

Una de las críticas más perturbadoras que se le hace al chamanismo está fundamentada en quejas, principalmente de mujeres, de acoso o abuso sexual por parte de un curandero en apariencia de confianza.

A lo largo de los años, y sobre todo en los últimos tiempos, se han denunciado tocamientos, caricias e incluso violaciones de algunos guías, antes, durante y después de las ceremonias. Estos abusos son innumerables. Por ejemplo, una relación íntima puede tener lugar cuando un chamán convence a su paciente de que así tendrá una curación más profunda o le transmitirá poderes sobrenaturales si tienen relaciones sexuales. La alquimia que produce la unión de energía sexual masculina y femenina, le explica, triplicará el poder de su encuentro con el mundo espiritual.

Son muchas las variaciones de este tema. La mayoría ocurre cuando un guía tiene un carácter autoritario y el paciente muestra una devoción sumisa hacia él y hacia el chamanismo en general. Si él lo dice, tiene que ser cierto. Después de todo, él es un maestro espiritual. Este síndrome del «chamán como hombre sagrado» es una creencia que abre las puertas para todo tipo de comportamiento abusivo por parte de un facilitador despreciable. Y, por supuesto, trabajar con un autodenominado gurú o un practicante sexualmente impulsivo nunca podrá ofrecer una sabiduría superior o el autoconocimiento.

Alguna vez trabajé en Francia con una mujer que tuvo una relación duradera con un chamán de Iquitos, pero que con el paso del tiempo se dio cuenta de que el chamán la había estado utilizando sólo para satisfacer sus instintos. Ella rompió la relación de una manera abrupta y regresó a casa. Durante los meses siguientes, su examante la estuvo acosando en sueños, tratando de hacerla volver mediante visiones amenazantes y conjuros violentos.

Cuando la conocí, ella me pidió ayuda y yo dediqué tiempo para rastrear y neutralizar ese embrujo. Al final, ella pudo recobrar su tranquilidad, aunque todavía se sentía mal por haberse dejado engañar. Estos son casos en los que nuestro preciado Arte se gana una mala fama por culpa de un chamán nefasto.

En este mismo sentido, existen testimonios a propósito de supuestos chamanes que manosean los senos de las pacientes, las obligan a que los besen y les piden que se desnuden, o a veces las llevan a cuartos contiguos bajo cualquier pretexto y tienen relaciones sexuales con ellas —es decir, las violan—, para luego pedirles que regresen al círculo donde la ceremonia sigue su curso. Incluso hay reportes de abusos sexuales que ocurren a la vista de todos durante una sesión de curación en grupo.

Al leer sobre estos abusos se nos dice que las plantas psicoactivas conducen a los participantes a un trance de sonambulismo o son hipnotizados por un chamán, lo que provoca que pierdan el control de sus deseos y, por ende, de su cuerpo. Esta afirmación carece de sentido, a no ser que el brebaje administrado sea adulterado y produzca algún tipo de sedación. Si se siguen adecuadamente los protocolos, las plantas medicinales jamás provocarán que los pacientes olviden quiénes son, dónde están, por qué están allí y lo que es apropiado hacer o no en cualquier situación cuestionable. Es más, si durante la ceremonia es la Conciencia del Alma la que está al pendiente de las conductas, las mezclas de plantas ayudan a que los pacientes vean las cosas de una manera más clara que en su estado de conciencia natural. Si una ceremonia se realiza de la manera adecuada, ningún paciente debe experimentar algún tipo de hipnosis o interrupción de su voluntad.

Chamanes que provocan daños de manera intencional

Por último, existen brujos bien entrenados y talentosos que utilizan sus poderes para dañar intencionalmente a la gente, por lo general porque les pagan para hacerlo. En el peor de los casos, estos brujos actúan de tal manera alentados por la idea de dañar a los demás.

Los practicantes malvados siempre han existido, y ni siquiera el chamanismo tradicional o ancestral está siempre del lado de la Fuerza de la Vida. En ciertas culturas tradicionales, una de las formas más comunes en que se abusa de los poderes mágicos es cuando un brujo hace, con toda intención, que un miembro de su comunidad caiga enfermo. Un método común para realizar esto es el siguiente: el brujo se interna en la selva para buscar determinado tipo de árbol. En la selva existen por lo menos tres especies que conozco —debe haber más—, que procuran buena suerte y protección, pero si se activan de una forma especial pueden enfermar a una persona. Cuando el brujo encuentra uno de estos árboles, toma una prenda de vestir o un mechón de pelo de la víctima y, realizando los pases mágicos e invocaciones apropiadas sobre ellas, las coloca dentro del árbol. Uno o dos días después la víctima cae enferma.

Cuando los familiares de la persona que ha caído enferma se dan cuenta de que no pueden hacer nada para que su pariente mejore, le piden ayuda al brujo, quien luego de recibir una buena paga deshace el hechizo y cura el mal que había causado, advirtiéndole a la familia que es necesario que el paciente vaya a verlo de manera regular para evitar que la enfermedad regrese. Tanto la familia como la víctima, al no saber el verdadero origen del mal, se muestran inmensamente agradecidos, y la fama del chamán como alguien capaz de sanar enfermedades incurables se extiende de pueblo en pueblo.

Otra práctica turbia tiene lugar cuando un chamán trata de robar los saberes de su rival averiguando cuándo realizará una ceremonia para espiarla. Durante ese momento el practicante está particularmente sensible y no es difícil despojarlo de su fuerza medicinal. El chamán también puede atacar a su rival con dardos invisibles o mandándole víboras venenosas para que lo muerdan mientras duerme.

Si se encuentra en armonía con el mundo espiritual, el chamán atacado podrá descubrir que lo tienen en la mira. Pero si no, también podrá prevenirlo su Familia Curativa o los animales de poder que siempre están vigilantes durante la ceremonia. Él mismo se defiende a nivel psíquico realizando una serie de contorsiones defensivas que a menudo son tan frenéticas que los pacientes del círculo se le quedan viendo, preguntándose si se ha vuelto loco. Pero no, simplemente se está autoprotegiendo.

No hay nada nuevo bajo el sol o en el reino de los espíritus. El chamanismo tradicional, puro en sí mismo, no está exento de aquellos que pueden utilizarlo como un arma para su propio beneficio y gloria.

¿Qué se puede hacer?

Cada vez que una práctica alcanza reconocimiento se vuelve vulnerable al abuso. Esto sucede también con la reciente popularidad del chamanismo, que pone en riesgo al mundo de las plantas al igual que a la poderosa, y a la vez frágil, práctica del curanderismo y a aquellos que buscan la sanación en él. Se requiere de un delicado balance para asegurar que estas ancestrales rutinas de curación sean protegidas, y esto es lo que el presente capítulo busca dejar en claro.

Cuando hablo de estos asuntos con amigos y pacientes, la pregunta que a menudo nos hacemos es: ¿qué se puede hacer? Debemos impedir o controlar el número de turistas de la ayahuasca que vienen a Perú, con la esperanza de que así se limite también la cantidad de falsificaciones. ¿Es ésta una propuesta realista? ¿Deberíamos tratar de retornar a nuestras antiguas costumbres, previas al advenimiento del cultivo masivo de la ayahuasca y de los campamentos chamánicos comerciales?

Si lo vemos de manera realista, esto no es posible. A fin de cuentas, hay mucha gente que merece visitar la Amazonia en busca de alivio para su sufrimiento, y la ayahuasca ha adquirido tal popularidad que volver a los tiempos antiguos resulta imposible. La gente acude masivamente, se está curando y está ganando dinero.

La buena noticia es que los buscadores y, de hecho, la humanidad misma no están solos en esto. Las plantas sagradas del mundo están allí para ayudarnos. Todo el tiempo están tratando de hacerse escuchar diciéndonos: «Déjennos ser parte, déjennos ser parte. Escúchennos, nosotros podemos ayudar».

Ellas lo pueden hacer. De esto hablaremos en el siguiente y último capítulo.

CAPÍTULO 9

¿PUEDEN LAS PLANTAS

SALVAR AL MUNDO?

El Arte del chamanismo está diseñado para ayudar a los pacientes de manera individual, es cierto. Pero también es cierto que el chamanismo y su relación con la flora sagrada tiene un objetivo paralelo: proteger el cuerpo y el alma del planeta Tierra.

Con relación a este objetivo, un momento mágico suele ocurrir al amanecer, justo en el momento en que despierto. Todavía flotando en el mundo de los sueños, veo un túnel que, a través de una bruma, se extiende hacia el horizonte y me absorbe con suavidad. Una vez dentro, de inmediato soy transportado hasta un círculo de gente vestida con ropa de colores tenues, personas que transmiten una gran sabiduría. Por la expresión de sus caras, puedo darme cuenta de que la mayoría de esas personas son espíritus del tipo tres y sabios de una comprensión extraordinariamente avanzada.

Sentado al lado de este distinguido grupo con otros que parecen ser invitados como yo, trabajamos juntos en la curación de cierta parte del planeta, como si estuviéramos sanando los órganos de un paciente. Luego de estimular mi energía medicinal, me piden que me enfoque en cierta región del planeta que necesita orientación, aunque nunca me enteró del motivo. ¿Hay una guerra o está ocurriendo un desastre natural en esa región? ¿O simplemente hay mucho sufrimiento y pena en los corazones de sus pobladores? Nunca lo sé.

Cuando termino de transmitir la fuerza curativa hacia la zona atribulada, siento un suave gozo místico y de inmediato soy transportado de nuevo a mi cama. Recostado en ella siento una felicidad y plenitud especiales. La repetición periódica de esta jornada matutina refuerza mi entendimiento de que ser curandero tiene un propósito universal tanto como personal.

⚜

En el año 2011, cuando, de paso por algunos países, di unas conferencias, el público siempre me hacía la misma pregunta: ¿Qué nos dice sobre las profecías mayas? ¿De veras se acabará el mundo el 21 de diciembre de 2012?

Les contestaba que nunca me habían hablado de esa profecía, ni mis maestros ni mi Familia Curativa. Estas profecías, les explicaba, son un oráculo que pertenece a los pueblos mexicanos más que a los peruanos y no son parte de nuestra tradición. Sin embargo, les dije, lo que han predicho los mayas en su extraordinariamente profunda sabiduría es similar a lo que otros médicos tradicionales de todo el mundo han visto en sus meditaciones.

Pero, aun así, esas predicciones me inquietaban y, al final, le pregunté a mi Familia Curativa qué era lo que en verdad querían decir. La respuesta que me dieron —pueden escuchar lo que dije en varias conferencias en YouTube que ofrecí en esa época— es que la profecía no debería ser tomada literalmente como si se acercara el fin del mundo, sino como una alerta con respecto a una polarización nunca vista entre diferentes personas y países de todo el mundo; es decir, lo que ya está ocurriendo con el futuro de la humanidad, y ese futuro es ahora. En tiempos presentes, sin siquiera darse cuenta, la humanidad está sustituyendo la compasión y la tolerancia con la hostilidad y la intolerancia, una condición que llevará a guerras terribles nunca imaginadas: guerras en casa, guerras entre hermanos y hermanas, conflictos en el interior de la mente y el corazón de la gente, guerras sin fin, guerras que vuelven imposible la paz y la alegría, y que terminarán causando la muerte de millones de inocentes. Esta deformación en el juicio y el comportamiento de los humanos, asegura la profecía, borrará nuestra conexión con los sentimientos del corazón y convertirá el odio en algo normal en todo el mundo. Durante la última década, esta polarización ya se ha vuelto realidad en gran medida y, de hecho, es el problema más urgente que debemos enfrentar en tanto comunidad global si queremos evitar una degradación mayor.

Si bien las profecías mayas nos dicen que esta polarización es una fase inevitable en la cronología de la historia de la humanidad, mi Familia Curativa también dice que la rectitud, la verdad, la gratitud, la compasión y el amor en todas sus formas, si se comparten y se promueven, nos ayudarán a sobrevivir ante la tormenta oscura que se avecina, a menguar el daño causado por la enemistad y la codicia industrial, y a revivir nuestra relación con la Madre Tierra. La compasión, la clemencia y la ayuda de los espíritus de las plantas son las herramientas que necesitamos para encontrar un camino seguro que nos ayude a cruzar las turbulentas aguas de estos tiempos.

Renovar la Alianza Ancestral

Hay otro poderoso mensaje que nos ha llegado a través de las visiones de muchas personas sabias: un buen número de plantas sagradas olvidadas o perdidas alrededor del mundo están regresando para ayudarnos, como alguna vez ayudaron a los pueblos en el pasado. De hecho, el redescubrimiento y el uso de plantas sagradas que fueron sembradas por el Gran Espíritu en todo el mundo y que ayudaron a las primeras comunidades humanas, desde el Ártico hasta los desiertos del Medio Oriente, nos están permitiendo usar de nuevo su poder como antídoto ante la destrucción del medioambiente. Aunque estas plantas y hongos han existido siempre, ahora se están integrando como nunca en nuestras vidas, dispuestas a colaborar para restituir lo que previamente he descrito como la Alianza Ancestral —una profunda afinidad y pacto con la naturaleza que alguna vez trajo prosperidad a nuestros antepasados—. Sin embargo, aunque el mundo natural está tocando a nuestra puerta, nada tenemos garantizado. De nosotros depende aceptar esta ayuda. La naturaleza no nos obligará a hacerlo.

Felizmente, la renovación de la Alianza Ancestral ya está en acción. Adondequiera que voy encuentro gente comprometida con el poder y la sabiduría de la naturaleza: ambientalistas, amantes de la naturaleza, ecologistas, conservacionistas, agricultores orgánicos, activistas preocupados por el control climático. Gente que, intuitivamente, cultiva el conocimiento tradicional y la sabiduría de la botánica para ayudar en la reconexión con la medicina de la naturaleza. Al mismo tiempo, hoy se está dando en el mundo un resurgimiento del interés científico a gran escala por la medicina psicoactiva. Resulta que los investigadores y los psiquiatras de las décadas de los cincuenta y sesenta —quienes dejaron constancia de las notables mejoras que estas sustancias provocaban en sus pacientes— estaban ante un descubrimiento que cambiaría el mundo, antes de que la corrupción y el uso indebido hicieran que los gobiernos lo prohibieran.

Esta Alianza con la naturaleza, como veremos, no se limita únicamente a la selva amazónica o, para el caso, a los bosques tropicales de cualquier parte del mundo. Esto puede manifestarse allí mismo donde ustedes viven, en el lugar que aman y cuidan. Puede empezar en su jardín, en su patio trasero o en las macetas. Investiguen un poco y se darán cuenta de cómo muchas de las hierbas, árboles, pastos y plantas salvajes que crecen a su alrededor pueden sanar muchas enfermedades, tanto agudas como crónicas, físicas y psicológicas.

No olvidemos que, desde hace mucho tiempo, innumerables generaciones hicieron su hogar en la tierra donde ahora vivimos, y esa gente usaba las plantas locales para sanarse. Muchos de esos mismos arbustos, árboles y vegetación siguen creciendo en las cercanías, y con frecuencia son los remedios que necesitamos. Los espíritus de esas plantas siguen allí y siempre estarán allí para cuidarnos y ayudarnos, esperando que a cambio las respetemos y las reconozcamos.

Una historia antigua

Alguna vez escuché esta historia contada por un viejo curandero.

Cuando el Gran Espíritu creó al mundo, me dijo, lo hizo con regocijo místico. Su creación se convirtió en un jardín donde los seres humanos fueron designados como sus guardianes.

En el principio, me explicó, la humanidad hizo lo mejor que pudo para cumplir esa misión. Pero a menudo los humanos estaban al borde de la sobrevivencia, atacados por depredadores, bajo un clima adverso, viviendo bajo condiciones inhóspitas y otras calamidades. Al ver que estaban a punto de extinguirse, el Gran Espíritu, para salvarlos, envió al mundo vegetal plantas sagradas que les ayudaran a sobrevivir y a prosperar; arbustos y árboles que servirían de alimento, refugio, agricultura, ropa, tejidos, manifestaciones artísticas y medicina para el alma y para el cuerpo. No fuimos nosotros quienes descubrimos a las plantas y sus usos, fueron ellas quienes se nos acercaron para revelarnos sus usos y sus capacidades, para ayudarnos a sobrevivir y, finalmente, prosperar.

Esta colaboración con la Alianza Ancestral es quizá uno de los sucesos más importantes en la historia de la humanidad y sigue siendo una piedra angular para la vida humana y para el chamanismo. Según el viejo curandero, el aprendizaje moderno nos dice que nuestras habilidades para trabajar en la agricultura y en la naturaleza han evolucionado a lo largo de miles de años de experiencia. Los médicos tradicionales consideran que sí, que este conocimiento se ha basado hasta cierto punto en el aprendizaje práctico, pero que buena parte nos ha llegado a través de la revelación directa de los espíritus.

El mundo de las plantas está tocando a nuestra puerta. ¿Le abriremos?

Ésta es una pregunta fundamental que he planteado a lo largo de todo el libro.

No importa lo que los tecnócratas optimistas quieran hacernos creer, un observador objetivo puede ver con claridad que los poderes de la naturaleza que nos sostienen se encuentran en peligro y que la sobrevivencia humana está al borde del precipicio de una manera nunca vista en la historia. La creencia de que la felicidad consiste en la armonía con la Fuerza de la Vida y el respeto por los ciclos de creación y destrucción ha sido secuestrada, reemplazada por la noción de que los seres humanos son el centro del universo y que nada de lo que hagamos para preservar nuestros placeres y nuestro estilo de vida egoísta, por muy disoluto y destructivo que sea, está justificado.

Durante años, un sinfín de gente bien informada y con buenas intenciones ha tratado de encontrar formas de evitar el sinsentido de la destrucción de la naturaleza. Pero nuestros intentos son pequeños, tardíos, y nada parece disuadir el impulso que guía a que los seres humanos profanen el planeta Tierra. Esto es así, creo, porque ninguno de esos programas aborda las verdaderas causas del problema, que no son ni sociales ni políticas, sino meramente psicológicas: el egoísmo, la ignorancia y la codicia; en otras palabras: la Conciencia del Sufrimiento.

Sin embargo, las culturas no tienen que regirse por esos impulsos destructivos.

Los pueblos indígenas, como los de la Amazonia, aunque están lejos de vivir libres de conflictos, tienden a ser más amantes de la paz, más comunitarios, y a estar en sintonía espiritual más que aquellos de las sociedades del primer mundo, cuya urgencia está guiada por el mantra del materialismo: «¡Quiero, quiero, dame, dame!» y alentada por la Conciencia del Sufrimiento. Ante los ojos de un chamán tradicional, las sociedades más armónicas son aquellas que regulan sus vidas de acuerdo con el día y la noche, el sol y la luna, los ciclos de crecimiento y las estaciones, el buen vecino y la bondad, y principalmente con el respeto y el cuidado de los árboles, los pastos, los arbustos y las lianas que reverdecen nuestro planeta.

No pierdan de vista que el chamanismo fue creado por y para el mundo de las plantas. Esto es cierto no sólo porque los curanderos usan plantas para sanar y conectarse con los espíritus, sino porque es la misma naturaleza quien los guía. Ellos viajan solos a través de lugares salvajes como parte de su entrenamiento. Se les enseña a relacionarse con los animales salvajes. Aprenden técnicas de curación que los conectan con los poderes del campo y los ríos. Cultivan su Arte en los desiertos, junto a las cascadas, en las montañas y en los bosques. Aprenden a usar las plantas psicoactivas. De hecho, el chamanismo es naturaleza en su fase dinámica; o si lo prefieren así: es la naturaleza encarnada en humanos.

Por lo tanto, no es casual que los relatos de la creación en las principales religiones del mundo (incluidos el cristianismo, el islam y el judaísmo) comenzaran con humanos que vivían en un jardín de árboles florecientes y arroyos, fascinados por una sensación paradisíaca de paz y gozo. El simbolismo es claro: el mundo de las plantas es nuestro hogar primitivo. Es el lugar del que todos venimos y el lugar al que regresaremos. Todos estamos psicológicamente construidos para vivir, pensar y trabajar en un entorno natural, para sentir cada noche la calma que sobreviene luego de haber realizado una jornada de trabajo en los campos y ser arrullados por los sonidos de la naturaleza con sus cantos de insectos y otros animales. Cierto, la tecnología que hace el trabajo que nos toca procura que tengamos ocio y placer, salud y protección, pero anula la fuerza unificadora del trabajo en la naturaleza al apropiarse de nuestras habilidades físicas, nuestra inventiva y la creatividad que nos hace humanos.

¿Qué hacer para que el mundo de las plantas esté más cerca de nuestras vidas?

Además de los esfuerzos que hagamos para frenar el consumismo, la sobreexplotación de la tierra, la industrialización desenfrenada, la destrucción del clima y la contaminación de nuestro aire, nuestra tierra y nuestra agua, también tenemos que fijarnos otro objetivo. Si podemos llegar al alma y los corazones de aquellos que contaminan, para ayudarles a entender que si siguen haciéndolo, sus nietos jamás nacerán, entonces quizá aún es posible salvar a nuestro planeta, aunque parezca que ya es tarde. Necesitamos ayudar a los individuos que se niegan a entender para que se den cuenta de que si ponen la naturaleza y la sobrevivencia humana por encima de las ganancias, entonces aún podremos proteger el orden natural de la Tierra. ¿Es ingenuo decir esto? Tal vez. Pero seguro que todavía existe gente en el poder con algún sentido del deber moral.

Una vez que nos movamos cerca de nuestra Conciencia del Alma, dejemos de sabotear la naturaleza y aprendamos a relacionarnos con los otros de manera armoniosa, la tecnología ocupará, lo creo, el lugar que le corresponde como servidora y colaboradora de la raza humana en lugar de su gobernante. Cuando suceda esta transformación, automáticamente se dará un retorno a nuestro verdadero centro, tanto en la naturaleza como en nosotros mismos. Nuestra misión es hacer el esfuerzo. Hay cosas que podemos llevar a cabo.

Lo que sigue no es una lista de lo que debe y no debe hacerse. Obviamente, el tema de la alienación de la naturaleza y las cosas que se pueden hacer para remediarla es algo demasiado complejo para tratarlo en un breve análisis. Aun así, ofrezco algunas sugerencias, unas sencillas y otras complejas, que en parte provienen de mi experiencia, en parte del mundo espiritual y en parte de mis pacientes. Son recomendaciones que podemos poner en práctica ahora mismo para restaurar nuestra relación con la Madre Naturaleza y ayudarla a que nos ayude.

Y recuerden que, con el tiempo, cuando todos los esfuerzos se van sumando, aun el más pequeño es importante. Hagan lo que puedan cuando puedan. Todas las sugerencias que siguen, espero que quede claro, están basadas en las enseñanzas del chamanismo, como lo he explicado a lo largo de este libro, y en su vínculo con el dominio de la naturaleza aquí abajo y el mundo espiritual de arriba.

La moderación es lo mejor

Los buscadores pueden alcanzar la profundidad del conocimiento espiritual simplemente con la experiencia que les procure un brebaje sagrado poderoso en vez de estar probando un sinfín de sustancias del universo chamánico. No es necesario ir en busca de esa legendaria hoja medicinal en un lugar remoto del planeta, si basta con lo que tienes en casa. Experimentar no es malo, la codicia espiritual sí.

Entre paréntesis, debo decir aquí que también he tratado con personas que piensan que para avanzar en su crecimiento interior necesitan experimentar una amplia variedad de disciplinas sagradas. Creen que no basta con una vía espiritual, y que es necesario aprovechar lo mejor de cada religión o práctica esotérica, combinándolas para formar su propia maquinaria iluminadora; aunque, de hecho, si una vía es real, siempre será suficiente. De hecho, y por definición, una verdadera vía espiritual contiene todos los elementos sagrados necesarios para que una persona alcance un entendimiento superior. No se necesita nada más, porque de otra manera esa vía no sería verdadera. No pretendo decirle a la gente qué debe hacer en su búsqueda personal. La experimentación espiritual es una fase legítima. Pero es importante reconocer que debe ser una fase, no el destino final, y que el exceso de información que actualmente tenemos a la mano puede llevarnos a que esa búsqueda se pierda en un laberinto.

⚜

Aunque las reacciones psicológicas que producen las plantas de poder de distintas partes del mundo son muy diferentes, sus efectos curativos son a la larga los mismos: domestican la Conciencia del Sufrimiento y abren el flujo de la Fuerza de la Vida y la Conciencia del Alma. Gracias a su inagotable generosidad, la naturaleza se ha encargado de que todas las regiones del planeta estén bendecidas por su propio conjunto de plantas maestras. Como en el pasado, la ayuda que hoy ofrecen estas plantas está disponible para toda la gente en todo el mundo.

Por ejemplo, los egipcios de la antigüedad usaban el loto azul y los hongos sagrados, como lo muestran las imágenes representadas en los muros de sus tumbas. Los griegos y otras culturas del Mediterráneo tenían predilección por el loto, la amapola y pócimas psicodélicas desconocidas, algunas de las cuales se dice que eran consumidas durante los Misterios de Eleusis y por la sacerdotisa de Delfos para acrecentar su trance.

A lo largo de los siglos, los hindús y los budistas han usado una gran variedad de estimulantes, como el hachís, y plantas psicoactivas aún no plenamente identificadas, como el soma; mientras que en Asia y en el Medio Oriente el opio de las plantas de amapola ha curado graves dolores estomacales y ha transportado a sus usuarios a un adictivo mundo de los sueños. En el suroeste de los Estados Unidos y en la zona central del norte de México, como parte de su religión, los indígenas consumen la mezcalina del peyote, junto con una variedad de cactus y hongos que expanden la mente. En Europa, la raíz de mandrágora, el beleño negro, la belladona, el acónito y muchas otras pócimas mantienen despierta a la gente e inducen a la euforia, y también ayudan a que los hechiceros realicen sus conjuros. El tabaco, el cacao, el café, el rapé, el té negro y otras sustancias de la alacena están clasificadas como «drogas» porque alteran, aunque sea un poco, nuestro estado de conciencia. Hay muchas otras, y quién sabe qué tantas plantas psicoactivas y recetas de plantas se han perdido a lo largo del tiempo, pero han de estar en algún sitio, esperando ser redescubiertas.

Honrar la santidad de la naturaleza

Nos deleitamos con la belleza de una puesta de sol o de un paisaje desértico que florece en primavera. Pero para conectarnos con la naturaleza desde dentro, el chamanismo considera que debemos entender que esta belleza no es algo en sí mismo, sino la representación de una inteligencia superior. Como escribió Platón: «la belleza es el esplendor de la verdad».

La tradición chamánica, como sabemos, relaciona al mundo natural con el mundo sutil, lo cual significa que sintonizar con el canto de la naturaleza es una forma de conectar con lo sublime. La próxima vez que camines en el exterior y contemples un arroyo cercano, un árbol o el horizonte montañoso, no dejes de contemplarlos, como alguna vez me propuso un maestro, «con el corazón y con los ojos, escuchando como si los sonidos surgieran de los espíritus, dejando que el olor de las flores y el aire de las montañas te recuerden el lugar de donde eras antes de que hubieras nacido». En los asuntos de la Fuerza de la Vida y la compasión de las plantas, la puerta siempre estará abierta, pero tenemos que tocar.

꙳

Una manera fácil de acercarnos a los dones espirituales de la naturaleza es a través de nuestro amor y aprecio por el agua. Además de beberla y de usarla para bañarnos, el agua es medicina, un jabón que realiza una limpieza emocional, algo que nos calienta y nos enfría, nos calma, es la sangre de la tierra. En capítulos previos hemos hablado mucho de las maravillas del agua, pero nunca hemos valorado lo suficiente esa Fuerza de la Vida que se manifiesta en el fluir de los ríos, los lagos y los océanos. Cuando estés nadando en ella, cuando caiga sobre ti en forma de lluvia, piensa que estás inmerso en el Gran Espíritu.

Otra fuente de lo maravilloso que es la naturaleza es la tierra fértil, el generoso legado del cuerpo de la Madre Tierra. Generación tras generación ha considerado el suelo como la vida misma y como el bien más valioso que una comunidad puede tener. Por esa razón, la mayoría de los asentamientos de la antigüedad se construían al lado de la tierra fértil y no sobre de ella, pero no sólo porque así lo requiere la agricultura, sino porque la riqueza de la tierra les transmite a los pobladores una dotación especial de vitalidad. Uno de los peores crímenes del que he sido testigo en mi país, causado por el desarrollo urbano descontrolado, es la forma en que el cemento y otros materiales de construcción han sepultado la tierra fértil. Este valioso suelo, considerado como el más preciado don que nos ha dado la Madre Naturaleza, se ha perdido para siempre a causa de las fábricas, los complejos habitacionales y los estacionamientos.

⚹

Otra manera práctica de rendir tributo a la naturaleza consiste en dedicarse a alguna forma de agricultura, ya sea en tu jardín o en una maceta a la orilla de la ventana de tu departamento. Permítete el gusto de plantar una semilla, ver cómo brota y crece día a día y disfruta de la planta o las flores que te regalan. He visto gente que experimenta reacciones de gozosa revelación cuando ven cómo crecen las plantas y las flores que sembraron, como si se tratara de un parto.

Excava para crear un jardín. Cuelga helechos de tus ventanas. Planta árboles, y por cada árbol que sea talado, planta dos en su lugar. Cultiva un lecho de enredaderas y ayúdalas a trepar por las paredes y los edificios. Cultiva un huerto. Alienta a tus hijos para que jueguen en la tierra y se hagan amigos de las piedras, del musgo, del barro y de las hojas secas. Llévalos a caminar por el bosque. Muéstrales las paredes musgosas de una cueva y la vista panorámica desde lo alto de una colina. Si tienes acceso a la tierra, a lechos de flores y plantíos de verduras, eso te acercará un poco al patrimonio de la naturaleza. Cultivar y nutrir plantas es una manifestación de la devoción chamánica. A lo largo de los años, éste es el mensaje que he recibido de sus espíritus. Aunque la gente no siempre lo crea, el amor y el cuidado por las plantas es casi tan importante como ser parte de las ceremonias sagradas en donde se usan.

Establecer un dialogo verbal y psíquico con el mundo de las plantas

Si conversas con jardineros de toda la vida o con personas que trabajan la agricultura a baja escala, especialmente en huertas orgánicas, encontrarás que la mayoría de ellos hablan con sus plantas, con la mente o en voz alta, como si mantuvieran una conversación. Por supuesto, hay quienes se burlan porque no creen que las plantas entiendan lo que se les dice ni que puedan respondernos. Si las plantas nos entienden, entonces, ¿por qué no responden?

Por supuesto, hay muchas respuestas para esa pregunta, y una de ellas es que el mundo de las plantas se desarrolla en un nivel temporal que muchas veces es más lento que el nuestro, y cuando hablamos con ellas es necesario más tiempo para obtener una respuesta: ¿una hora, un día, una semana?, ¿quién sabe? A veces nunca llega esa respuesta, pero en algunos casos sí, aun cuando no la reconozcamos como una reacción a nuestro intercambio. Como alguna vez escribió un poeta: «lanza una semilla al río y en un año brotará en el desierto».

Es más, cuando las personas que tienen una relación cercana con cosas que crecen le preguntan algo a una planta, muchas veces aparece en su mente una respuesta que tiene sentido. Desde tiempos inmemoriales las sociedades siempre han creído —y yo diría que siempre han sabido— que las plantas y los seres humanos pueden comunicarse, y que las plantas pueden ser tanto nuestras maestras como nuestras amigas. Por eso, conviene abordar la cuestión de la comunicación con el reino de la naturaleza como un niño se acerca a un juego en el que interviene la fantasía. Háganlo con el espíritu del juego, con fe y amable cortesía, y es probable que se sorprendan.

El buen lugar

Hay dos actividades que puedes hacer para vivir cerca del mundo natural.

Primero, si eres dueño o vives en un pequeño terreno, conviértelo en un santuario. Míralo como algo inmaculado y trátalo de ese modo. A quienes disponen de una tierra se les invita a dejar que la vegetación que adorna su patio o jardín sea podada pero sin dañarla. Si tienes un prado, déjalo que crezca durante un año para que alcance su mayor altura. Si estás construyendo una casa, trata de no tirar todos los árboles alrededor de la propiedad. Deja que todo lo verde crezca. El espíritu de una planta le dijo a uno de mis pacientes: «Si queremos que la naturaleza sobreviva, necesitamos proteger cada hoja y cada capullo de las flores».

Una vez me contaron que varios indígenas de la selva tropical, a los que estaban mostrándoles unas fotografías de los glamorosos jardines de Versalles, de inmediato manifestaron su tristeza por esas plantas, afirmando que las habían doblado de una manera antinatural y estaban sufriendo por eso. Esto no quiere decir que se debe dejar que la naturaleza crezca de manera salvaje, sino que es preferible no arreglarla en exceso. Lo mejor es considerarla un ser vivo y no una simple extensión de pasto y arbustos.

La segunda actividad que puedes llevar a cabo para acercarte a la tierra es indagar sobre algún lugar cercano de la naturaleza por el cual sientas una afinidad intuitiva: tu «buen lugar». Este sitio debe darte felicidad y comodidad, como si estuvieras en casa: debe hablarte. Una vez que lo encuentres, visítalo tanto como sea posible.

No necesitas subir hasta lo alto de una montaña. Basta con encontrar un lugar natural, agradable y cercano, y agradecerle que te haya invitado a ser su amigo.

Si vives en la ciudad busca un lugar en algún parque o zona recreativa. Si estás fuera de la ciudad, tu buen lugar estará en algún rincón del bosque, cerca de un río o de una colina que fue habitada siglos atrás por gente que probablemente consideraba ese lugar como sagrado.

De ser posible realiza visitas periódicas a tu buen lugar. Dile que estás muy feliz de verlo, y valora su paz y su belleza. Pero, por favor, evita pedirle favores o ayuda de ningún tipo, porque esto sería una grosería.

También, asegúrate de que nadie te acompañe en esas visitas. Existen zonas emocionales en nuestro interior a las que no podemos llegar si está con nosotros otra persona. Además, evita tomar fotografías. Trata de no hablar de esas visitas con otra gente. De algún modo, hablar de tu relación con ese buen lugar debilita el vínculo, porque sólo te pertenece a ti. Finalmente, si lo visitas con frecuencia, luego de algún tiempo se establecerá una relación profunda. La alegría de estar en ese lugar tan especial proviene de la conexión. La relación entre la humanidad, la naturaleza y el mundo de las plantas tiene que ver siempre con la conexión.

Puede que tu lugar favorito en la naturaleza sea un sitio tranquilo e inofensivo, pero cuando lo visites, no olvides que la tierra tiene historias que van más allá de los orígenes de la humanidad, y puede ser que la gente que lo habitó en el pasado haya hecho cosas notables y que quizá haya dejado huellas que aún se pueden percibir y sentir hoy en día.

Cuando camines por una calle arbolada o por un sendero rural, te parecerá que siempre han sido así. Pero vale la pena recordar que a lo largo de miles de años un número incalculable de pueblos, ciudades e incluso reinos han surgido y caído en estas apacibles tierras. A veces me da por levantar del piso un trozo de piedra caliza o de granito para analizarla, tratando de entender que una piedra común tiene más de mil millones de años. La vida multicelular, los dinosaurios, el hombre neandertal, los imperios maya e inca, las revoluciones de Francia y Estados Unidos se han sucedido en todo ese tiempo, pero la piedra ha perdurado. Cuando miro esa roca y otras formaciones geológicas que están a mi alrededor, caigo en la cuenta de que todas ellas son emisarias de la eternidad.

El respeto hacia los insectos

La mayoría de nosotros consideramos a los insectos y a las arañas como invasores repugnantes. Es una lástima que así sea, porque el papel que estos seres tienen en la vida es una herramienta básica para la sobrevivencia del mundo, así como un elemento fundamental del chamanismo.

Los occidentales tienden a mirar a los insectos con una mezcla de ansiedad y repulsión. Es verdad que algunos se lo tienen bien ganado. Cierto, las mariposas, las catarinas, los grillos, las cigarras, las abejas, las hormigas y algunas otras especies pintorescas son admiradas por su belleza o apreciadas por su ingenio para organizarse. Pero, en general, los bichos son considerados como algo espeluznante que debemos aplastar, si no es que eliminar totalmente con aerosoles venenosos y artefactos para controlar plagas en el exterior, los cuales eliminan todos los insectos del jardín, tanto los útiles como los dañinos.

Las comunidades indígenas tradicionales tienen una perspectiva diferente de nuestros diminutos vecinos de seis patas, porque saben el papel que juegan en la sobrevivencia de la selva tropical, el desierto y la vegetación de la montaña. Sin ellos todo lo verde de la naturaleza se marchitaría. Los indígenas saben que los insectos buscan excrementos y criaturas muertas para mantener limpia la tierra. Airean el suelo y reciclan los nutrientes en la tierra creando una arcilla fresca. Sus cuerpos sirven para crear sedas, tintes, medicinas, productos químicos, lacas y muchas otras cosas. Las abejas producen cera y miel. Los insectos excavadores, como las hormigas, hacen hoyos subterráneos que permiten que el agua penetre los campos y los bosques. Los insectos ocupan un lugar destacado en la cadena alimenticia, sirven como alimento para otros insectos y animales, como reptiles, pájaros, pesces, anfibios y mamíferos. En algunos países, incluido el Perú amazónico, los humanos se alimentan de insectos (hormigas gigantes, enormes larvas de insectos, arañas) y obtienen una dosis saludable de proteína en ese alimento.

Pero lo más importante es que sin la labor que realizan los insectos para hacer posible la polinización, todo el sistema agrícola del planeta perecería. Por esta razón, el Instituto Earthwatch de Boston nombró a las abejas (principales polinizadores en el mundo) como «las criaturas más importantes del planeta». Las abejas, entre paréntesis, son los únicos seres vivos que no son portadores de patógenos, y la miel que producen es la única sustancia natural que no alberga bacterias y jamás se descompone. En excavaciones de tumbas que datan de hace 3500 años, los arqueólogos han encontrado residuos de miel en vasijas funerarias, que no sólo estaba intacta, sino que aún era comestible.

Recuerdo una ceremonia que se realizó en un claro del bosque durante una noche extremadamente calurosa. El acostumbrado torrente de mosquitos, moscas y jejenes zumbaba sin cesar alrededor de las cabezas de mis pacientes extranjeros, muchos de los cuales se pasaron buena parte de la noche tratando de espantarlos con las manos. Al día siguiente, varios de los pobladores nativos que asistieron a la ceremonia me preguntaron por qué la mayoría de mis pacientes no dejaba de golpearse en la cara durante toda la ceremonia. Por lo general, para los indígenas que viven en la profundidad del bosque o la selva, los insectos que pululan son parte natural de la vida. De manera que, aunque los bichos crepiten en sus manos o en su cara, pasan desapercibidos.

✴

A menudo he visto cómo mis pacientes se preparan para dar un paseo por la selva rociando sus cabezas y sus manos con repelentes tóxicos. Más tarde, en su andar por la selva tocan hojas, enredaderas y flores, como parte de su experiencia de descubrimiento. Al hacerlo esparcen veneno en las plantas y contaminan a las criaturas que se las comen. Es decir, si no tienes una necesidad imperiosa de usar repelentes, no los uses. Si eres compasivo y evitas los aerosoles venenosos, no sólo ayudas a proteger el reino de los insectos y los vegetales sino también a los seres humanos.

Finalmente, ante los ojos de los curanderos, la metamorfosis de ciertos insectos es una revelación que ayuda a explicar los misterios de la vida, la muerte y la transformación espiritual. En el ciclo de incubación de las mariposas ven cómo una oruga entra en su letargo dentro de un capullo, como si estuviera muerta. Ven cómo se convierte en una crisálida, con aspecto de cadáver embalsamado. Al final emerge de la crisálida transformada, con las alas desplegadas e intensos colores radiantes similares a los de los espíritus. La simbología de esta transformación de gusano a criatura divina tiene obvias connotaciones de renacimiento espiritual, aun para quienes no están acostumbrados a ver la naturaleza como un libro de parábolas místicas.

Para mí, es un gozo especial ver la enorme mariposa morpho azul volar a través de la selva. Me recuerda la visita de un espíritu; su color azul es tan intenso como una de las coloridas energías de curación que a veces utilizan los chamanes cuando aplican la Fuerza de la Medicina. Cuando un chamán realiza una curación, ese azul iridiscente se utiliza para impregnar psíquicamente los órganos o tejidos del cuerpo de un paciente, ya que actúa como una tintura curativa.

Como hemos visto, las abejas son amigas de los humanos. También algunas clases de avispas, abejorros y cigarras pueden convertirse en aliadas y crear con el chamán una asociación duradera. Con todo, la mayoría de los chamanes raramente están dispuestos a explicar cómo la relación con estos seres, que parecen estar en lo más bajo de la jerarquía de la creación, tiene un valor espiritual. Lo que puedo decir es que la razón de esa reticencia es que estos seres no están en lo bajo de la escala como la gente cree, y que cuando actúan en niveles psíquicos, las hormigas, las abejas y otras especies superiores de insectos están observando y analizando nuestro comportamiento con una visión penetrante y a veces casi sobrenatural.

¿Pueden las plantas salvar al mundo?

Las plantas han sido un sostén mundial que por generaciones ha fluido como un río, a veces se encuentran en la superficie para ayudar a la humanidad, a veces están sumergidas en lo invisible hasta que nuevamente se las necesita. Hoy en día, la comunidad de la ayahuasca, tanto en América del Sur como en el resto del planeta, está convencida de que el mundo vegetal vuelve a ser nuestro mentor, en esta ocasión para evitar un nivel de destrucción ecológica mundial que era impensable hace un siglo. Como una red de enredaderas psíquicas irradiando desde las profundidades de la selva tropical, la fuerza del mundo vegetal se está canalizando dentro de la civilización contemporánea en un intento de realinearnos con la hegemonía de la naturaleza antes de que lleguemos a un punto donde no habrá retorno. En este punto de inflexión en la historia del mundo, el reino de las plantas sagradas está apelando a lo más profundo de nuestra conciencia, tratando de enseñarnos a actuar como guardianes de nuestro jardín planetario y a oponernos a las fuerzas que lo están destruyendo y a nosotros con él.

Sin embargo, hay que dejar claro que es un error pensar que las plantas, y en particular las sagradas, pueden salvar al mundo. No se trata de si las plantas pueden salvar al mundo. Más bien se trata de si los humanos, de manera individual y colectiva, podemos desarrollar las aptitudes que se necesitan para salvar a las plantas, es decir, al mundo vegetal, para poder salvarnos a nosotros mismos y así evitar la degradación de la Madre Naturaleza. El reino vegetal nos ofrece conscientemente toda su ayuda en estos tiempos difíciles, sí, pero esta ayuda sólo tiene valor si la creemos, la aceptamos, y trabajamos con ella para convertir sus dones en una herramienta que permita nuestra supervivencia.

Las tremendas amenazas que la humanidad y el mundo están enfrentando en la actualidad —la contaminación, el calentamiento global, el aumento del nivel del mar, la disminución del agua disponible para beber y del agua en general, las mortíferas oleadas de calor, las hambrunas, el envenenamiento de nuestros océanos y la muerte de su vida marina, la deforestación mundial, la extinción de especies de animales— se deben al hecho de que los sistemas naturales han perdido su equilibrio porque han sido drásticamente devastados por la acción de los seres humanos. Pero si miramos esta situación de otra manera, también se podría decir que los cataclismos enumerados arriba no tienen tanto que ver con el ecoterrorismo en sí, sino con el sufrimiento del mundo de las plantas a causa de nuestro comportamiento, y nos lo hacen ver a través de los recientes desastres climáticos y medioambientales sin precedentes. Las plantas y las condiciones meteorológicas tienen su propia noción de la sobrevivencia del mundo; hoy se encuentran tan perturbadas por lo que les estamos haciendo que nos están forzando a detener su exterminio o, de lo contrario, seremos exterminados por ellas. En otras palabras, así como pueden nutrirnos, las plantas pueden destruirnos. Pero en su gesto de abrazar la justicia y la compasión, el mundo verde no pretende castigar a la humanidad, porque la ama, sino que nos ofrece una alianza planetaria. Arruinen la tierra, dicen, y acaben con ustedes y con nosotros. O propongan nuevas y creativas formas para controlar la tecnología, para que nos ayude a sobrevivir, pero sin destruir la tierra y el cielo —y la naturaleza humana— en ese proceso. Esto se puede lograr mediante la reducción drástica de la contaminación del aire, el agua y el suelo, la deforestación, el uso de químicos tóxicos, la contaminación a través de las chimeneas y todas esas prácticas del fin del mundo que minuto a minuto nos están acabando.

En pocas palabras, las plantas y los humanos deben actuar y trabajar juntos en todo el planeta. O moriremos.

En síntesis

Hablar de la inteligencia de las plantas y de si el reino vegetal puede salvar al mundo es llegar al fin de nuestro viaje por el reino del curanderismo.

Espero que se hayan quedado con la sensación de que este libro les ha explicado de un modo razonablemente claro que los buscadores que quieran encontrar a un chamán, deben hacer todo lo posible por llegar hasta un practicante que no sólo esté bien capacitado, sino que se esfuerce en conocerlos de manera personal para entender sus necesidades y que se tome el tiempo necesario para ayudarlos a asimilar lo que han aprendido y visto durante la ceremonia.

También espero que este libro les ayude a entender lo que es y lo que no es el chamanismo, y lo que significa participar en uno de sus rituales formales. De la misma manera, espero que se queden con la idea de cómo una ceremonia puede examinar la Conciencia del Sufrimiento de una persona, exponer sus zonas siniestras una a una y, al mismo tiempo, revelar la vital importancia de la Conciencia del Alma como un medio para guiarnos hacia una existencia más armoniosa.

Finalmente, espero que este libro les muestre qué tan posible es desarrollar lo que yo llamo ubicación interna —es decir, la capacidad de salir de la Conciencia del Sufrimiento para reconectarse con la Conciencia del Alma—. Las plantas sagradas nos ayudan a lograr esta ubicación y nos enseñan a convertirla en una práctica cotidiana.

Si algo aprendimos del contacto con los mundos invisibles es que tanto el lado luminoso como el oscuro de nuestro ser deben reconocerse e integrarse en nuestra autoperecepción. Ambos configuran lo que somos como seres humanos y seres espirituales. A fin de cuentas, todo se trata de aprender a usar lo mejor de nosotros mismos, lo bueno y lo malo, para transformarnos en mejores personas. Como el poeta alemán Rainer Maria Rilke expresó: «No te lleves mis demonios porque también se irán mis ángeles».

Debe quedar claro que los pacientes que experimentan alivio en sus aflicciones durante una ceremonia no son por fuerza unos iluminados o quedan libres espiritualmente al final de la noche. Lo más común es que sientan como si les hubieran quitado de su espalda un peso de muchos kilogramos. Sin ese peso, un paciente puede entonces andar con mayor liviandad sobre la tierra y esforzarse más para sostener su evolución espiritual. No pierdan de vista que la medicina natural puede ser amorosa y reconfortante, pero también puede manifestarse con una sinceridad sin reparos y mostrar esas características perturbadoras de su personalidad que preferirían no conocer. Sin embargo, durante la ceremonia los impulsa a realizar una reconstrucción positiva de ustedes mismos.

En definitiva, lo que el chamanismo y el reino de las plantas están tratando de decir con desesperación es que el mundo, después de todo, es un territorio de lo espiritual y de lo mágico, un reino de bendiciones, sanaciones y espíritus. En ningún momento duden que los espíritus de las plantas están allí, tocando a nuestras ventanas y puertas, esperando encontrarnos para tomarnos de las manos. Cuando se participa en una ceremonia de plantas sagradas, lo que hacemos es volver a alinearnos con las leyes de la naturaleza, haciéndonos amigos de los poderes de los vegetales y reconociéndolos como aliados y maestros en nuestra búsqueda para rescatar la biosfera. Al hacer esto también estamos encaminando la atención lejos de nuestros egos y nos dirigimos hacia una vida de servicio a nuestros semejantes, en un proceso en el que cultivamos las virtudes que habitan dentro de nosotros y que desean abrir el jardín de nuestros corazones. Estas prácticas que reafirman la vida nos convierten en mejores personas y también en guardianes de nuestro planeta.

Esto, en suma, es el propósito del curanderismo: volver a lo sagrado para que podamos ayudarnos a nosotros mismos y a otros en el proceso de hacer de la tierra un mejor lugar para vivir, respirar y amar. Encauza el viaje de tu vida con seguridad y precaución, sin olvidar el diálogo que un hombre de Conocimiento tuvo con un gran espíritu: «¿A dónde nos lleva este camino?», le preguntó el hombre de Conocimiento al espíritu. «Se va trazando a medida que lo recorres», fue la respuesta. Así que, viaja con sabiduría.

AGRADECIMIENTOS

De Hachumak

Quiero agradecer la ayuda y la paciencia de David L. Carroll, quien a pesar de su edad avanzada tuvo el coraje de venir a mi casa en la ribera del río Amazonas. Luego de cumplir con sus metas personales, decidió salir de su retiro y me ofreció su ayuda con este libro. David también me alentó a incluir historias personales, más ejemplos y un dialogo más amplio en cuanto a los principios de la Sanación Natural. Gracias a él, este libro creció para llegar a ser lo que es.

También quiero agradecer la ayuda de Sue Kagan, quien me presentó a David L. Carroll y visitó varias veces el Perú hasta convertirse en testigo de lo que busco llevar a cabo para preservar la selva tropical y sus tesoros. A lo largo de los años ella ha sido una fuente constante de apoyo moral.

Finalmente, quiero agradecerle a Karen Rinaldi, quien decidió darle una oportunidad a este libro luego de una acalorada conversación telefónica, donde yo expresé mis propósitos con respecto a su contenido. Luego de conocer a Karen en persona, más de un año después, entendí sus razones. Ella es una auténtica buscadora con un largo camino recorrido.

De David L. Carroll

Quiero agradecerle a las siguientes personas por su ayuda en la escritura de este libro: a la editora Karen Rinaldi, por su incondicional apoyo y su enorme confianza en este libro; a Kirby Sandmeyer, por su valioso apoyo editorial; a Sue Kagan, la más entusiasta; a Jean Gates, por sus habilidades como agente; a Karen Murgolo, por apoyar desde el principio este libro; a *Parabola Magazine*, por publicar un artículo acerca del trabajo de Jorge Araoz; a Jocelyne Beaudoin, precisamente por estar allí.